"十四五"职业培训规划教材

职业技能等级认定培训教材

互联网营销师

（平台管理员）（初级 中级 高级）

汪洪涛 主编

中国劳动社会保障出版社

图书在版编目（CIP）数据

互联网营销师：平台管理员：初级 中级 高级 / 汪洪涛主编． -- 北京：中国劳动社会保障出版社，2024． --（职业技能等级认定培训教材）． -- ISBN 978-7-5167-6344-5

Ⅰ．F713.365.2

中国国家版本馆 CIP 数据核字第 2024TV5803 号

中国劳动社会保障出版社出版发行

（北京市惠新东街 1 号　邮政编码：100029）

*

北京市科星印刷有限责任公司印刷装订　　新华书店经销

787 毫米 ×1092 毫米　16 开本　20.75 印张　338 千字
2024 年 9 月第 1 版　2024 年 9 月第 1 次印刷

定价：58.00 元

营销中心电话：400-606-6496

出版社网址：http://www.class.com.cn

版权专有　　侵权必究

如有印装差错，请与本社联系调换：（010）81211666
我社将与版权执法机关配合，大力打击盗印、销售和使用盗版图书活动，敬请广大读者协助举报，经查实将给予举报者奖励。

举报电话：（010）64954652

编审委员会

主　　任　董红祥
副 主 任　蔡呈祥　郝金亭
委　　员　袁　筝　冯程程　何颖丽　夏　敏　张晓静　姜少莉　闻姝清
　　　　　杜淑琳　史诚瑛　赵　红　王扬宇

本书编审人员

总主编　董红祥
主　编　汪洪涛
副主编　陈思铭　高玉春
编　者　姜　婷　董　瑞　朱　丽　景莎莎　张　贺　林治纯　尚凤武
　　　　周健林　方　博　付丽丽　雷俊红　李昕燃　秦念平
主　审　夏　敏
审　稿　梅金龙　王云龙　彭　源　董正汉　殷志平　汪刘芳

前　言

为加快建立劳动者终身职业技能培训制度，全面推行职业技能等级制度，推进技能人才评价制度改革，促进职业培训包制度与职业技能等级认定制度的有效衔接，进一步规范培训管理，提高培训质量，互联网营销师职业技能等级认定培训教材编委会组织有关专家依据《互联网营销师国家职业技能标准（2021年版）》（以下简称《标准》）和职业培训包（以下简称培训包），编写了互联网营销师职业技能等级认定培训教材（以下简称等级教材）。

互联网营销师等级教材紧贴《标准》和培训包要求编写，内容上突出职业能力优先的编写原则，结构上按照职业功能模块分级别编写。该等级教材共包括《互联网营销师（基础知识）》《互联网营销师（选品员）（初级 中级 高级）》《互联网营销师（选品员）（技师 高级技师）》《互联网营销师（直播销售员）（初级 中级 高级）》《互联网营销师（直播销售员）（技师 高级技师）》《互联网营销师（视频创推员）（初级 中级 高级）》《互联网营销师（视频创推员）（技师 高级技师）》《互联网营销师（平台管理员）（初级 中级 高级）》8本。《互联网营销师（基础知识）》是各级别互联网营销师均需掌握的基础知识，其他各级别教材内容分别包括各级别互联网营销师应掌握的理论知识和操作技能。

本书是职业技能等级认定推荐教材，也是职业技能等级认定题库开发的重要依据，已纳入职业培训包教材资源，适用于职业技能等级认定培训和中短期职业技能培训。

本书在编写过程中得到吉林省人力资源和社会保障厅、安徽省竞争力企业管理咨询有限公司、吉林建筑大学、安徽智训机器人技术有限公司、合肥市中航职业培训学校等单位的大力支持与协助，同时也得到吉林大学管理学院陈海涛教授、吉林建筑大学经济与管理学院王宇杰教授等有关专家的精心指导，在此一并表示衷心感谢。

目 录 CONTENTS

初 级

职业模块一　工作准备 ⋯⋯⋯⋯⋯⋯⋯⋯⋯⋯⋯⋯⋯⋯⋯⋯⋯⋯⋯⋯⋯⋯⋯⋯ 1
　培训项目一　宣传准备 ⋯⋯⋯⋯⋯⋯⋯⋯⋯⋯⋯⋯⋯⋯⋯⋯⋯⋯⋯⋯⋯⋯⋯⋯⋯ 3
　培训项目二　设备、软件和材料准备 ⋯⋯⋯⋯⋯⋯⋯⋯⋯⋯⋯⋯⋯⋯⋯⋯⋯⋯ 23
　培训项目三　风险评估 ⋯⋯⋯⋯⋯⋯⋯⋯⋯⋯⋯⋯⋯⋯⋯⋯⋯⋯⋯⋯⋯⋯⋯⋯ 43

职业模块二　技术支持与互动管理 ⋯⋯⋯⋯⋯⋯⋯⋯⋯⋯⋯⋯⋯⋯⋯⋯⋯⋯ 53
　培训项目一　技术支持 ⋯⋯⋯⋯⋯⋯⋯⋯⋯⋯⋯⋯⋯⋯⋯⋯⋯⋯⋯⋯⋯⋯⋯⋯ 55
　培训项目二　互动管理 ⋯⋯⋯⋯⋯⋯⋯⋯⋯⋯⋯⋯⋯⋯⋯⋯⋯⋯⋯⋯⋯⋯⋯⋯ 73

职业模块三　售后与复盘 ⋯⋯⋯⋯⋯⋯⋯⋯⋯⋯⋯⋯⋯⋯⋯⋯⋯⋯⋯⋯⋯⋯ 87
　培训项目一　售后 ⋯⋯⋯⋯⋯⋯⋯⋯⋯⋯⋯⋯⋯⋯⋯⋯⋯⋯⋯⋯⋯⋯⋯⋯⋯⋯ 89
　培训项目二　复盘 ⋯⋯⋯⋯⋯⋯⋯⋯⋯⋯⋯⋯⋯⋯⋯⋯⋯⋯⋯⋯⋯⋯⋯⋯⋯⋯ 112

中 级

职业模块四　工作准备 ⋯⋯⋯⋯⋯⋯⋯⋯⋯⋯⋯⋯⋯⋯⋯⋯⋯⋯⋯⋯⋯⋯⋯ 123
　培训项目一　宣传准备 ⋯⋯⋯⋯⋯⋯⋯⋯⋯⋯⋯⋯⋯⋯⋯⋯⋯⋯⋯⋯⋯⋯⋯⋯ 125
　培训项目二　设备、软件和材料准备 ⋯⋯⋯⋯⋯⋯⋯⋯⋯⋯⋯⋯⋯⋯⋯⋯⋯⋯ 144
　培训项目三　风险评估 ⋯⋯⋯⋯⋯⋯⋯⋯⋯⋯⋯⋯⋯⋯⋯⋯⋯⋯⋯⋯⋯⋯⋯⋯ 151

职业模块五　技术支持与互动管理 ⋯⋯⋯⋯⋯⋯⋯⋯⋯⋯⋯⋯⋯⋯⋯⋯⋯⋯ 165
　培训项目一　技术支持 ⋯⋯⋯⋯⋯⋯⋯⋯⋯⋯⋯⋯⋯⋯⋯⋯⋯⋯⋯⋯⋯⋯⋯⋯ 167
　培训项目二　互动管理 ⋯⋯⋯⋯⋯⋯⋯⋯⋯⋯⋯⋯⋯⋯⋯⋯⋯⋯⋯⋯⋯⋯⋯⋯ 184

职业模块六　售后与复盘···199
培训项目一　售后···201
培训项目二　复盘···221

高　级

职业模块七　工作准备···231
培训项目一　宣传准备···233
培训项目二　设备、软件和材料准备·····································244
培训项目三　风险评估···252

职业模块八　运维管理与技术支持·······································265
培训项目一　运维管理···267
培训项目二　技术支持···280

职业模块九　售后与复盘···297
培训项目一　售后···299
培训项目二　复盘···308

初级

职业模块 工作准备

培训项目 一

宣传准备

学习单元 1　网络搜索工具使用

1. 网络搜索工具的发展历程。
2. 网络搜索工具的工作原理。

一、网络搜索工具概述

网络搜索工具是基于互联网系统的一项搜索技术。网络搜索工具根据既定的策略,运用特定的计算机程序,在互联网中搜集相关信息,并对信息进行组织和处理后呈现给特定的用户,旨在提高搜集信息的速度,为用户提供更好的网络使用体验。

随着计算机硬件、软件技术的发展,网络搜索工具的基础架构和算法在技术上已经日臻成熟,并向智能化、简单化、全景化的方向发展。

1. 发展历程

网络搜索工具是伴随互联网的发展而产生和发展的,互联网已成为人们在学习、工作和生活中不可缺少的信息交流和沟通工具。

根据历史数据,网络搜索工具大致经历了 4 个阶段。

（1）第一代网络搜索工具

第一代网络搜索工具是基于互联网、以人工分类目录为基础搜索功能的网络搜索工具。其特点是使用人工分类目录，代表有 Lycos 和 Yahoo。目前，部分此类网络搜索工具仍在使用。

（2）第二代网络搜索工具

随着网络应用技术的发展，信息搜集成为主流需求趋势，即利用关键词进行信息搜集，进而促进了第二代网络搜索工具的出现和发展，如 Google。其核心技术建立在网页链接分析技术的基础上，使用关键词进行搜索，涵盖互联网大量的网页内容。该技术还可以智能分析被搜索网页的重要性，并将相应的结果呈现给用户。

（3）第三代网络搜索工具

随着网络信息的迅速扩张，快速且精准地搜索，找到特定的信息成为需求趋势。第三代网络搜索工具应运而生。相比前两代网络搜索工具，第三代网络搜索工具更加注重个性化、专业化、智能化，基于自动聚类、分类等人工智能技术，采用区域智能识别及内容分析技术，并利用人工介入方式，实现技术和人工的完美结合，增强网络搜索工具的搜索性能。它以宽广的信息覆盖面和出色的搜索性能，为网络搜索工具技术的创新与发展开创了崭新的局面。

（4）第四代网络搜索工具

随着网络信息多元化的快速发展，在现有硬件技术条件下，利用通用的网络搜索工具，难以从互联网海量的数据中获得全面的、特定的信息。目前，数据全面、更新及时、分类细致且面向主题的网络搜索工具成为新的需求方向。此类网络搜索工具采用特征提取、文本智能化等智能技术策略，比以往的网络搜索工具更精准、有效，被称为第四代网络搜索工具。

2. 工作原理

网络搜索工具的工作原理可简略分为以下步骤。

（1）在互联网中，抓取特定的网页信息，并将其存入原始网页数据库。

（2）网络搜索工具对原始网页数据库中特定的网页信息进行提取和组织，并建立索引库。

（3）根据用户输入的、特定的信息中的关键词，快速检索、搜索到相关的文档，并对搜索结果进行基于既定程序的、有组织的排序，然后将搜索结果呈现给用户。

3. 搜索过程

（1）网页抓取

网络爬虫遇到新文档时，会搜索其对应的网页链接。网络爬虫访问网页的过程与普通用户使用浏览器访问网页的过程类似，也称为 B/S 模式（浏览器 / 服务器模式）。网络爬虫首先向网页提出访问请求，服务器接受访问请求并返回 HTML 代码，网络爬虫把获取的 HTML 代码存入原始网页数据库。

网络搜索工具一般使用多个网络爬虫，以提高搜索速度。网络搜索工具服务器遍布世界各地，每台服务器都会派出多个网络爬虫，同时抓取相关的网页链接。

（2）建立索引

为便于用户在数万亿级别的原始网页数据库中快速便捷地搜索到结果，网络搜索工具必须对网络爬虫抓取的原始页面进行预处理。预处理的主要内容是为网页建立全文索引，然后分析网页，最后建立倒排文件（也称反向索引）。

在建立索引的过程中，最复杂的是建立相应的索引库。

（3）搜索服务

在网络搜索工具界面，输入关键词，点击"搜索"后，网络搜索工具开始对关键词进行处理，包括分词处理，根据情况判断是否需要启动整合搜索，找出错别字和拼写错误。随后网络搜索工具便把包含关键词的相关网页从索引库中找出，并对网页进行排序，最后按一定的格式呈现给用户。

搜索服务的核心是对搜索结果进行排序，它决定了搜索工具的质量及用户满意度。在实际应用中，影响搜索结果排序的因素较多，其中主要因素之一是搜索结果与用户需求的相关度，即相关性。影响相关性的主要因素一般包括以下方面。

1）关键词的常用程度。经过分词后的多个词汇，对关键词的意义贡献并不相同。越常用的词汇对关键词意义的贡献越小，相反，越不常用的词汇对关键词意义的贡献越大。因此，不常用的词汇权重系数高，常用的词汇权重系数低，排名算法更关注不常用的词汇。

2）关键词的词频及密度。通常情况下，关键词的密度与其在网页中出现的次数呈正相关。出现的次数越多，说明其密度越大，搜索结果与关键词的相关性也就越大。

3）关键词的位置及形式。关键词在网页中出现的位置越重要，如标题标签等，说明搜索结果与关键词的相关性越大。

4）关键词的距离。关键词被分词后，如在搜索结果中出现，说明其与关键词的相关性较大。例如，关键词为"搜索工具"，当"搜索工具"在搜索结果中连续完整出现，或"搜索"和"工具"成对出现且距离比较近，都被认为其与关键词的相关性较大。

5）链接分析及网页权重。网页间链接和权重关系也会影响关键词的相关性。链接分析还包括链接源网页本身的主题及周围文字等。

（4）搜索方式

搜索方式是网络搜索工具的关键内容。搜索方式大致可分为全文搜索方式、元搜索方式、垂直搜索方式和目录搜索方式4种类型。搜索方式各具特点并适用于不同的搜索环境。因此，灵活选用搜索方式是增强网络搜索工具性能的重要途径。

1）全文搜索方式。全文搜索方式是利用网络爬虫抓取互联网中所有相关信息予以索引的搜索方式。一般网络用户适用全文搜索方式。这种搜索方式容易获得所有的相关信息，但搜索获得的信息过于庞杂。因此，用户需要逐一浏览并甄别所需信息。在用户没有明确搜索意图的情况下，全文搜索方式非常有效。

2）元搜索方式。元搜索方式是基于多个网络搜索工具的搜索结果，并对其整合处理的二次搜索方式。元搜索方式适用于广泛、准确地收集信息。不同的网络搜索工具由于性能和信息反馈能力的差异，各有优劣。元搜索方式有利于各网络搜索工具优势互补。而且，元搜索方式有利于对全文搜索方式进行全局控制，进而引导全文搜索方式持续改善。

3）垂直搜索方式。垂直搜索方式是对某一特定行业内的信息进行快速搜索的专业搜索方式。垂直搜索方式适用于有明确搜索意图的情况。例如，用户购买飞机票、火车票、汽车票时，或浏览网络视频资源时，都可以直接选用行业内专用的网络搜索工具，以准确、迅速地获得相关信息。

4）目录搜索方式。目录搜索方式是依赖人工收集处理信息并置于分类目录链接下的搜索方式。目录搜索方式是网站内部常用的搜索方式。其不足之处在于用户需预先了解网站的内容，并熟悉其主要模块构成。目录搜索方式的适用范围非常有限，且需要较高的人工成本来支持维护。

4．主要特征

（1）信息抓取迅速

大数据时代，巨量的网络信息令人难以找到所需的信息资源。在网络搜索工具的帮助下，利用关键词、高级语法等，可以快速搜索到相关性高的信息。

（2）深入开展信息挖掘

网络搜索工具在搜索用户所需信息的同时，还能对信息进行一定维度的分析，以引导用户对信息的使用与认识。例如，用户可以根据搜索信息的条目判断搜索对象的热度，还可以根据搜索信息的分布找到高相关性的同类对象，利用搜索信息智能化为用户提供解决方案等。

（3）搜索对象多样化和广泛性

随着网络搜索技术日益成熟，网络搜索工具几乎可以支持各种数据类型。目前，不仅可以搜索视频、音频、图像，还可以搜索人类面部特征、指纹、特定动作等。未来，几乎所有的数据类型都可能成为网络搜索工具的搜索对象。

5. 体系结构

网络搜索工具的基本结构一般包括搜索器、索引器、检索器、用户接口等功能模块。

（1）搜索器

搜索器也称网络爬虫，是网络搜索工具用来抓取网页的自动程序。搜索器在系统后台不停歇地扫描互联网的各个节点，尽可能快地搜索、发现并抓取网页。

（2）索引器

索引器的主要功能是理解搜索器所采集的网页信息，并从中抽取索引项。

（3）检索器

检索器的主要功能是快速查找文档，进行文档与搜索的相关性评价，并对预输出结果进行排序。

（4）用户接口

用户接口的主要功能是为用户提供可视化搜索输入和结果输出界面。

6. 功能模块

（1）网络爬虫

网络爬虫是指在互联网中搜索网页信息，并存储于文档知识库服务器的功能模块。

（2）文档知识库服务器

文档知识库服务器是指用于存储网页信息的功能模块，通常为键值数据库（key-value database），能根据URL/UID（即具有唯一属性的相应ID号）快速获取特定的网页信息。

（3）索引

索引是指读取网页信息、分析网页、抽取有效字段、生成索引数据的功能模块。索引数据的生成方式通常具有增量性，且分块、分片，并能够进行合并、优化和删除。生成的索引数据通常包括字典式数据、倒排文件、正排文件、文档属性等，这些数据大多存储于索引服务器中。

（4）索引服务器

索引服务器是指存储索引数据的功能模块，主要以倒排文件的形式存在，通常为分块、分片存储，并支持增量数据更新和删除。当索引数据的数量庞大时，还可以根据类别、主题、时间、网页质量等，划分数据分区，以便更好地支持搜索服务。

（5）检索

检索是指用于读取倒排文件的索引，响应前端的搜索请求，返回相关文档列表数据的功能模块。

（6）排序

排序是指基于文档和搜索的相关性、文档链接的权重等属性，对检索器返回的文档列表进行排序的功能模块。

（7）链接分析

链接分析是指用于收集各网页的链接数据，以此计算各网页链接的得分，最终作为网页属性参与返回结果排序的功能模块。

（8）网页去重

网页去重是指用于提取各类网页相关特征属性、计算相似网页组，提供离线索引和在线搜索去重的功能模块。

（9）网页反垃圾

网页反垃圾是指用于收集各类网页和网站的历史信息，提取垃圾网页的特征，从而对在线索引中的网页进行判定，去除垃圾网页的功能模块。

（10）搜索分析

搜索分析是指用于分析用户搜索，生成结构化搜索请求，指派到相应的类别、并对主题数据服务器进行搜索的功能模块。

（11）网页描述/摘要

网页描述/摘要是指为检索和排序完成的网页列表，提供相应的描述和摘要的功能模块。

（12）前端

前端是指用于接收搜索请求，分发至相应的服务器，返回搜索结果的功能模块。

7. 关键技术

网络搜索工具的工作流程主要包括信息采集、信息预处理、信息处理、结果呈现等阶段。各阶段应用了网络爬虫技术、中文分词技术、大数据处理技术、数据挖掘技术等关键技术。

（1）网络爬虫技术

网络爬虫技术是网络搜索工具抓取系统的重要组成部分。网络爬虫根据相应的规则，以特定的站点作为起始站点，通过各网页的超链接布满整个互联网，从一个 HTML 文档（HTML 即超文本标记语言或超文本链接标记语言，是一种制作网页的标准语言）"爬行"到另一个 HTML 文档，抓取特定的信息。

（2）中文分词技术

中文分词技术是中文网络搜索工具中的关键性技术。在建立索引前，需通过中文分词技术将信息进行合理分词。对于输入的中文信息，应用中文分词技术进行分词，可以达到自动识别语句含义的效果。中文分词技术是文本数据挖掘（从大量文本数据中抽取隐含的、未知的、可能有用的信息）功能实现的基础。

（3）大数据处理技术

大数据处理技术是运用大数据处理计算框架，对信息进行分布式计算处理系统的总称。由于互联网中的信息量相当庞大，利用大数据处理技术提高信息处理的效率已经成为趋势。大数据处理技术应用在网络搜索工具中，主要用来执行网页重要性打分等数据计算。

（4）数据挖掘技术

数据挖掘技术是从互联网的海量数据中采用自动的或半自动的建模算法，搜索隐藏在数据中的信息处理系统的总称。数据挖掘技术一般与计算机科学相关，并通过机器学习、模式识别、统计学等方法实现数据挖掘。数据挖掘技术应用在网络搜索工具中，主要是进行文本数据挖掘。

8. 面临问题

（1）网页的时效性

互联网中的用户众多，信息来源极广，网页实时动态变化，更新、删除等变化极为频繁。在实际应用中，经常出现新网页在网络搜索工具还来不及抓取时，就已经被删除的情况，影响搜索结果的准确性。

（2）大数据存储问题

网络搜索工具抓取信息经过预处理后，信息量依然较庞大，为存储技术带来挑战。当前，大部分网络搜索工具都是使用结构化数据库存储信息的。结构化数据库存储的信息具有高共享、低冗余等特点。

（3）搜索结果的可靠性

目前，由于数据挖掘技术及计算机硬件的限制，使信息处理的准确性未能达到理想效果，且现有的网络搜索工具不完备，影响搜索结果的可靠性。

9. 发展趋势

（1）社会化搜索

目前，社交网络平台应用已成为互联网的主流，社交网络平台强调用户间的联系和交互，对传统的搜索技术提出了新的挑战。

传统的搜索技术强调搜索结果和用户需求的相关性，社会化搜索还要求搜索结果的可信赖性。例如，若某个搜索结果是用户的社交网络内其他用户发布的、点评的或验证过的信息，则更容易被信赖，这与用户的心理活动密切相关。社会化搜索可以为用户提供更准确的、更值得信赖的搜索结果。

（2）实时搜索

对网络搜索工具实时性的要求日益增高，也是网络搜索工具未来的发展方向。实时搜索最突出的特点是时效性强。越来越多突发事件首次发布在微博上，实时搜索的核心是"快"，用户发布的信息第一时间就能被网络搜索工具搜索到。

（3）移动搜索

随着移动智能终端设备快速发展，基于手机等移动智能终端设备的移动搜索日益成为流行趋势。但移动智能终端设备具有一定的局限性，如屏幕过小、显示区域小、计算能力有限、打开网页速度慢、输入烦琐等。

目前，随着移动智能终端设备的普及，移动搜索将快速地发展。所以，移动搜索的市场占有率也会逐步上升。

（4）个性化搜索

目前，个性化搜索主要面临如何建立用户个人兴趣模型的问题。个性化搜索的核心原理是根据用户的网络行为，建立一套准确的个人兴趣模型。而建立此类模型，需全面收集与用户相关的信息，包括搜索历史、点击记录、已浏览网页、电子邮件信息、收藏夹信息、已发布信息、微博等内容。

为不同用户提供个性化的搜索结果是网络搜索工具的总体发展趋势。目前，技术欠缺以及存在的问题还比较明显。例如，互联网用户的兴趣呈不断变化趋势，过度依赖搜索历史信息，搜索结果可能无法反映用户的兴趣变化。

（5）地理位置感知搜索

目前，移动智能终端设备应用 GPS 已经成为普遍现象。基于地理位置感知的网络搜索工具可以通过陀螺仪等设备感知用户朝向，为用户提供准确的地理位置服务以及相关搜索服务，如手机地图应用程序（Application，App）等。

（6）跨语言搜索

将中文搜索信息翻译为英文搜索信息，目前主流的方法有机器翻译、双语词典搜索和双语语料挖掘等。对网络搜索工具而言，具备跨语言搜索功能是必然的发展趋势，一般应用搜索翻译、网页机器翻译等技术实现。

（7）多媒体搜索

目前，网络搜索工具大部分基于文字搜索，即使是图片和视频搜索也基于文本形式。多媒体搜索形式除了文字，还包括图片、音频和视频。因此，多媒体搜索比纯文本搜索要复杂许多，一般多媒体搜索包含多媒体特征提取、多媒体数据流分割、多媒体数据分类和多媒体数据搜索工具等主要模块。

（8）情境搜索

情境搜索是融合多项技术的综合搜索工具，社会化搜索、个性化搜索、地理位置感知搜索等都支持情境搜索。例如，某个用户在苹果专卖店附近发出"苹果"的搜索请求，基于地理位置感知及用户个人兴趣模型，网络搜索工具就有可能认为搜索请求是针对苹果公司的产品，而非对水果的需求。

二、网络搜索工具的使用方法

1. 关键词

若要搜索以"鸟"为主题的网页，一般可以在网络搜索工具中输入关键词"bird"。网络搜索工具普遍会呈现大量无关的信息，如高尔夫运动中的"小鸟球（birdie）"等信息。为避免此类问题，可使用更具体的关键词进行搜索，如"ornithology"（鸟类学，动物学的一个分支）。关键词越具体，网络搜索工具呈现无关信息的可能性越小。

关键词搜索在网络搜索工具中是非常重要的一项功能，网络搜索工具对于关键词的排名有自己的规则。关键词智能优化是网络搜索工具优化的方向。

网络搜索工具优化又称 SEO，其主要工作就是利用现有网络搜索工具的规则，提高目标公司在相关网站的排名，使与目标公司相关的关键词在网络搜索结果中高频率出现，从而带动相关收益，进而达到自我营销的目的。

2. 使用方法

（1）简单搜索方法

在网络搜索工具的文字框输入关键词，点击"搜索"，网络搜索工具将迅速呈现搜索结果，即简单搜索方法。搜索结果往往包含较多的无用信息，准确率较低。

（2）图片搜索方法

在互联网中搜索相似的图片，可以利用百度的"百度识图"、Google 的"以图搜图"等功能模块。用户通过在网络搜索工具中上传图片或输入图片的 URL 地址，搜索互联网中与该图片相似的其他图片，同时，也可以找到与该图片相关的链接信息。

3. 使用技巧

（1）使用双引号（""）搜索

将关键词加双引号（""），一般可以实现精确搜索。此方法的搜索结果多为精确匹配，不包含演变信息。例如，在网络搜索工具的文字框输入"电传"，会呈现网页上含有"电传"关键词的信息，而不会呈现如"电话传真"等信息。

（2）使用加号（+）搜索

在关键词前使用加号（+），即表示加号连接的所有关键词必须同时出现在搜索结果中。例如，在网络搜索工具的文字框输入"+电脑[①]+电话+传真"，即表示搜索结果必须同时包含"电脑""电话""传真"3个关键词。

（3）使用减号（-）搜索

在关键词前使用减号（-），即表示减号后的关键词不能出现在搜索结果中。例如，在网络搜索工具的文字框输入"电视台-中央电视台"，即表示搜索结果中一定不包含关键词"中央电视台"。

（4）使用通配符搜索

通配符包括星号（*）和问号（?）等。前者表示匹配字符的数量不受限制，后者表示匹配字符的数量受限制，主要应用在英文网络搜索工具中。例如，在网络搜索工具的文字框输入"computer*"，就可以搜索到"computer""computers""computerised""computerized"等单词，而输入"comp?ter"，则只能搜索到"computer""compater""competer"等单词。

[①] 本书中电脑是指台式电脑、笔记本电脑、平板电脑等多种形式的个人计算机。

（5）使用括号（（））搜索

当两组关键词用另一种操作符连在一起，但需要把它们列为一组时，就可以将这两组关键词加上括号。例如，在网络搜索工具的文字框输入"（电脑－计算机）+（程序设计）"，表示搜索结果为包含"电脑"，不包含"计算机"，但同时包含"程序设计"的网页。

（6）使用元词搜索

大多的网络搜索工具都支持元词（metawords）搜索功能。使用此功能时，用户可以把元词放在关键词前面，即告知网络搜索工具搜索的内容具有明确的特征。例如，在网络搜索工具的文字框输入"intitle：北京大学"，即可以搜索到标题含有"北京大学"的网页（或网站）。

在关键词后加"domain：org"，即可搜索到所有以"org"为后缀的网页（或网站）。其他元词还包括："image"用于搜索图片；"link"用于搜索链接到某个指定的网页（或网站）；"inurl"用于搜索地址中含有某个关键词的网页（或网站）。

（7）注意区分字母大小写

搜索英文信息时，需注意字母大小写问题。许多英文网络搜索工具都有区分关键词字母大小写的功能，对搜索专有名词有很大帮助。

学习单元 2　产品图文素材搜集与核对

产品图文素材搜集的步骤与核对的方法。

一、产品图文素材概述

素材是指从现实生活中搜集的、未经整理加工的、感性的、分散的原始材料。产品图文素材是指与产品相关的，以图片、文本形式展现的原始材料。

二、产品图文素材搜集的渠道

1. 网络搜索工具

可以使用百度、360、搜狗等网络搜索工具搜索产品图文素材。若搜索到素材网站，则可以点击链接跳转查看。

2. 社交网络平台

知乎是国内比较可靠的知识分享平台之一，不仅可以用来分享知识，可以搜索产品图文素材，也可以通过关注"热榜"或专业人士的自媒体账号，搜集更多的产品图文素材。

3. 短视频平台

随着短视频行业的产生、发展，短视频平台逐渐成为重要的产品图文素材搜集渠道，图文类素材、视频类素材的数量已经呈现几何级数增长。

4. 学习类网站

在学习类网站（或网址）或 App 中，利用关键词进行有效的、精准的搜索，可以获取关键词的相关信息。在此类渠道中，应多关注正规的、合法的学习类网站或 App，以确保搜集更多的产品图文素材。

5. 社群渠道

通过各行业的社群渠道，可以结识不同行业的精英，获取不同行业的知识、经验以及产品图文素材。

通过上述渠道搜集产品图文素材后，应根据产品的类型与要求进行整理。

三、产品图文素材搜集的步骤

1. 了解产品信息

全方位了解产品的相关信息，才能准确描述产品的营销优势。

2. 选择适合的互联网平台

不同的互联网平台的内容形式大相径庭。例如，短视频平台以视频形式表达内容；微博、微信公众号等平台以图文形式表达内容。搜集产品图文素材首选微博、微信公众号等互联网平台。

3. 参考竞品信息

由于竞品的相似处较多，所以可以参考竞品信息，将搜集的产品图文素材编辑成新的文案。

四、产品图文素材核对的方法

1. 检查图片

仔细检查、判断图片是否真实有效且合法、合理、合规。若图片来源于他人,则需征求图片创作者同意后再使用。

2. 检查文案

首先,确定文案是否有错别字、语句不通顺、措辞不当等问题。其次,检查文案是否符合需求,尽量选择表达清晰的、文字优美的、精炼的文案。最后,若文案中含有数据信息,需确保数据真实、准确,切忌主观臆造。

学习单元3 产品图文素材整理

产品图文素材整理的注意事项。

一、产品图文素材整理的方法

将搜集与核对后的产品图文素材整理,按照类型、时段、方式等分别归档保存。

二、产品图文素材整理的注意事项

1. 应做好产品图文素材的分类、分时段归档保存。不要将所有的产品图文素材随机保存在一起,以免影响正常使用。

2. 应做好产品图文素材的使用登记,并注意区分已使用的和未使用的产品图文素材,避免重复使用同一产品图文素材。

3. 应做好产品图文素材备份。相对于实物素材而言,产品图文素材更容易丢失,应做好备份,防止丢失。

学习单元4　产品图文信息预告发布

1. 产品图文信息预告的版面布置方式。
2. 产品图文信息预告发布的技巧。

一、产品图文信息预告概述

产品预告即预先告知产品的相关信息。产品图文信息预告会间接影响产品的受欢迎程度及用户对产品的认知。产品图文信息预告的目的是让用户提前了解产品，并产生兴趣，进而产生购买欲望。

二、产品图文信息预告的版面布置方式

1. 骨骼型布置方式

骨骼型布置方式是一种规范的、理性的版面布置方式。骨骼型布置方式是将图片和文本严格按照比例布置，给人严谨的、和谐的、理性的美感。常见的骨骼型布置方式有竖向通栏、双栏、三栏、四栏、横向通栏、双栏、三栏、四栏等。一般以竖向分栏布置方式居多。

2. 满版型布置方式

满版型布置方式是指用图片填满整个版面，以图片为主，视觉传达直观且强烈，文本通常布置在版面的上下、左右位置。满版型布置方式一般给人大方的、舒展的直观感受，通常为产品广告的常用布置方式。

3. 上下分割型布置方式

上下分割型布置方式是指将版面分为上下两部分，在上半部分或下半部分布置图片，另一部分则布置文本。布置图片的部分感性且有活力，布置文本的部分则较为理性且严谨。

4. 左右分割型布置方式

左右分割型布置方式是指将版面分成左右对称的两部分，分别布置图片及文

本。图片与文本对称布置形成对比，可以造成视觉冲突及不平衡感，从而引起强烈的关注。也可以进行分割线虚化处理，或用文本进行左右版面的重复或穿插，整体效果会更加自然、和谐。

5. 中轴型布置方式

中轴型布置方式是指将图片按水平或垂直方向布置，文本以上下或左右对称位置布置。水平布置版面会给人稳定的、安静的、平和的、含蓄的视觉感受。垂直布置版面会给人造成一定的视觉冲击。

6. 曲线型布置方式

曲线型布置方式是指将图片或文本在版面上以曲线布置，从而给人具有节奏和韵律的视觉感受。

7. 倾斜型布置方式

倾斜型布置方式是指将版面的主体形象或图片倾斜布置，造成强烈的动感和不稳定感，从而产生引人注目的视觉效果。

8. 对称型布置方式

对称型布置方式是指将版面对称布置，给人稳定的、庄重的、理性的视觉感受。对称型布置方式一般分为绝对对称和相对对称。在实际应用中，以相对对称居多。

9. 中心型布置方式

中心型布置方式会产生"视觉焦点"效应，起到强烈的、突出的暗示作用。中心型布置方式一般包括3种形式。

（1）中心型

中心型布置方式即直接以独立且轮廓分明的形象占据版面中心的形式。

（2）向心型

向心型布置方式即视觉元素向版面中心聚拢的形式。

（3）离心型

离心型布置方式犹如石子投入水，产生"涟漪现象"，即由中心向外扩散的圆弧线运动形式，具有独特的美感。

10. 三角形布置方式

正三角形（金字塔形）布置方式是最安全稳定的，也可以给人稳定的、安全的视觉冲击和心理暗示。倒三角形布置方式则产生动感效果。

11. 并置型布置方式

并置型布置方式是指将相同的或不同的产品图文信息布置成大小相同而位置

不同的版面。采用并置型布置方式的版面有"比较""说解"等隐含意味,给人秩序、调和与节奏感。

12. 自由型布置方式

自由型布置方式是指将产品图文信息无规律的、随意的布置。自由型布置方式可给人活泼的、轻快的视觉感受。

13. 四角形布置方式

四角形布置方式是指在版面四角以及连接四角的对角线的位置上布置产品图文信息。这种版面布置方式,一般会给人严谨的、规范的视觉感受。

三、产品图文信息预告发布的平台

现阶段,可以发布产品图文信息预告的平台一般分为3种类型。

1. 社交网络平台

例如,微博、知乎、今日头条、小红书等社交网络平台。

2. 短视频平台

例如,抖音、快手、西瓜视频等短视频平台。

3. 电子商务平台

例如,淘宝、京东、拼多多等电子商务平台。

四、产品图文信息预告发布的技巧

1. 确保文案中不出现敏感词、违禁词

文案的文字比较多,出现敏感词、违禁词的可能性较高。所以,在发布产品图文信息预告前,需经过认真的、谨慎的审核,以确保文案的正规性和严谨性。

2. 明确产品图文信息预告发布的时间

应对目标用户群体有明确的认知,了解目标用户群体的作息时间,以确保产品图文信息预告可以被目标用户群体第一时间看到。

3. 提升产品图文信息预告的视觉感受

根据产品图文信息预告的内容,设计产品图文信息预告的版面布置方式,以实现效果最大化。

五、产品图文信息预告发布的技巧

产品一旦受到大众喜爱,就会拥有忠实的用户,即产生粉丝效应。产品图文

信息预告发布不仅可以吸引更多的目标用户，同时，也能起到维护粉丝的作用。

1. 设置专属粉丝福利

让粉丝感觉被"特殊优待"，即产生身份认同感，进而提高粉丝的幸福感和满足感。而且，粉丝福利会成为其与朋友分享的趣事，达到产品宣传效果。

2. 组织趣味活动

任何群体都有其共性特征，粉丝群体也是如此。充分利用粉丝群体的共性特征（如喜好、兴趣等），举办线上或线下的互动活动，从而调动其情绪，增强粉丝的黏性，进而使粉丝对直播产品及其销售渠道产生信任感和依赖性。

3. 改善粉丝的用户体验

认真严谨地对待每个粉丝的用户体验。"以服务满足作为舞台、以产品作为道具"，让粉丝在消费中体验被尊重，已经成为新的营销趋势。

六、产品图文信息预告发布的注意事项

1. 突出产品特点

设计产品图文信息预告时应分清主次关系，将版面集中在突出产品特点上。

2. 把握整体节奏

产品图文信息预告还需与策划方案相配合，采用紧扣主题的图片，文笔流畅、语言通顺的文字，保证产品图文信息预告能够全面地展现产品的优势和特点。

3. 增强艺术渲染

产品宣传需增强艺术渲染，提高产品图文信息预告的艺术水平，带给目标用户群体震撼的同时，也能在短时间内加深目标用户群体对产品的印象，从而达到产品宣传的目的。

学习单元5　网络舆情风险信息监测与收集

网络舆情风险信息监测的方法。

一、网络舆情风险信息概述

大数据时代，体量巨大的、多样化结构的、爆发式传播的信息，使得网络舆情风险信息监测成为新的挑战。

在网络舆情风险信息监测领域，应用大数据，研究重点一般为大数据技术应用对网络舆情风险信息监测体系的变革性影响；大数据技术在网络舆情风险信息监测机制，如监测预警机制、决策指挥机制等的具体应用；针对微博、微信等网络社交媒体，展开网络舆情研究，包括内容分析、趋势分析、社会网络分析等。

二、网络舆情风险信息监测的目的

在互联网时代，正面信息或负面信息都很容易通过互联网传播，进而形成公共热点事件。因此，各企业若想树立良好的公众形象、避免因负面信息产生危机，就必须防患于未然，及时了解与自身密切相关的网络舆情风险信息，做好网络舆情管理，这是网络舆情风险信息监测及网络舆情管理的底层逻辑。

三、网络舆情风险信息监测的意义

各企业应适时、及时地监测网络舆情风险信息，深入了解市场对于产品的反馈，调整营销策略，提高企业形象，为企业提供科学的决策依据。

四、网络舆情风险信息监测的方法

1. 全网监测法

全网监测法也称关键词监测法，即通过确定监测关键词，进行网络舆情风险信息监测的方法。借助舆情监测平台，利用网络爬虫等技术，并通过关键词搜索，对网络舆情风险信息进行 7×24 h 监测与采集，随时掌握网络舆情风险信息。应用全网监测法，关键词设置是否精准会影响网络舆情风险信息监测的准确性。

2. 自定义渠道监测法

自定义渠道监测法是满足用户对某类平台重点信息的监测需求的监测方法，如微博、微信、抖音、大众点评等。通过舆情监测平台，助力用户实现多渠道获取网络舆情风险信息，并全天候实时监测分析。自定义渠道监测法既可以自动设定或自定义设定主流舆情监测平台，也可以同时监测多个平台。

3. 负面或重点舆情监测法

负面或重点舆情监测法是指通过舆情监测平台的智能语义识别功能，根据用户自定义的负面或重点舆情关键词，自动提取与该关键词相关的网络舆情风险信息的监测方法。负面或重点舆情监测法可以用多个词组组合的形式监测，也可以用某一地域、话题、事件等的形式监测。

五、网络舆情风险信息收集的方法

1. 组建工作团队

组建网络舆情风险信息收集工作团队，工作人员可以直接从企业内部的市场、公关、宣传等部门挑选，也可以采用外部招聘的方式，确保网络舆情风险信息收集工作高效、有序开展。

2. 采取现代化手段

面对浩繁纷杂的网络信息，需采取有效的现代化监测方法和管理手段。例如，与正规的舆情监测公司合作，确保网络舆情风险信息早发现、早预防、早处理。

3. 建立引导处置机制

针对各类网络舆情风险信息，及时采用"化、沉、删、正、热"等策略，提高网络舆情引导化解的能力，及时消除或淡化网络舆情风险信息的影响。

六、网络舆情风险信息收集的注意事项

1. 深刻理解网络舆情风险信息收集的重要性

网络舆情风险信息收集并非简单地监测企业自身的信息，竞品、行业、政策等方面的信息也同样重要。及时收集、整理、分析网络舆情风险信息，有助于更好地制定符合市场需求的决策方案。

2. 加强人才队伍及制度体系建设

建设专业人才队伍及完善相关制度体系，是网络舆情风险信息收集的有力保障。通过不断提升专业人才队伍的综合素质，从整体上提高网络舆情风险信息收集的效率。

3. 建立完善的网络舆情监测系统

建立综合实力强的、服务体系完善的网络舆情监测系统，是整个网络舆情风

险监测的支撑。确保网络舆情风险信息及时被发现,也能保障网络舆情风险信息收集的全面性。此外,借助完善的网络舆情监测系统,还能进行综合分析,将网络舆情风险信息分析结果可视化,为网络舆情风险信息应对处置方法、方式、政策等提供决策参考。

培训项目 二

设备、软件和材料准备

学习单元 1 直播硬件设备安装调试

1. 直播硬件设备安装的方法。
2. 直播硬件设备调试的方法。

根据直播场地、预算费用等因素，选择直播类型。目前，在实际应用中，常见的直播类型包括基于移动智能终端设备直播、基于电脑端设备直播、基于移动智能终端设备或电脑端设备虚拟直播等。

不同直播类型使用的直播硬件设备也不同，可以根据实际情况，选择合适的直播硬件设备。

一、直播硬件设备概述

1. 拍摄类设备

在直播过程中，常见的拍摄类设备包括摄像头、摄像机等。摄像机一般用于基于电脑端设备直播，光学变焦范围较大、清晰度较高，可以提高直播的专业水平，使直播画面更清晰、更流畅。

摄像头一般分为红外线摄像头和高清摄像头，不同摄像头的像素、分辨率、可视角度和帧率（以帧为单位的位图图像连续出现在显示器上的频率或速率）等不同。大部分摄像头都配备了麦克风，部分摄像头还有光线矫正、自定义背景更换以及自动对焦等功能，可以根据直播的需要选择。

2. 收音类设备

在直播过程中，常见的收音类设备为麦克风，包括领夹式蓝牙型无线麦克风和搭配专业声卡的有线电容型麦克风。其中，搭配专业声卡的有线电容型麦克风可以调音，增强直播的音效，从而营造直播的氛围。

此外，麦克风一般具有指向性。指向性也称为麦克风极性，是指麦克风收集来自不同方向声音的能力。根据此性能，可将麦克风分为全向型麦克风和指向型麦克风。全向型麦克风即无方向型麦克风，是指对各方向声音的收集能力均相同。指向型麦克风（包括心形、超心形和8字形等），一般着重收集某一特定区域的声音。

3. 灯光类设备

光线的亮度、照射角度、柔和度等对直播至关重要。可以使用补光灯等设备调节直播光线。常见的补光灯有环形补光灯（主要用于直播销售员面部光线及正面补光）、矩形补光灯（即柔光灯，主要用于直播销售员侧面补光）、球形补光灯（主要用于提高光线的亮度），如图1-1、图1-2、图1-3所示。

图1-1　环形补光灯

图1-2　矩形补光灯

图1-3　球形补光灯

4. 辅助类设备

（1）直播、拍摄类设备支架

直播、拍摄类设备支架一般包括手机支架、摄像头支架或摄像机支架等。常用的直播、拍摄类设备支架大致可以分为固定式支架和移动式支架。固定式支架又可以分为落地式支架和台式支架，部分支架可以支持多个机位同时使用。云台是典型的移动式支架，可以使直播画面更稳定。

（2）视频采集卡

在直播过程中，视频采集卡将摄像机采集到的直播画面传输到电脑端设备中，再通过相应的软件上传至互联网平台，实现直播。

（3）LED 显示屏或液晶电视

LED 显示屏或液晶电视是指在直播过程中，放置在直播销售员身后，展示产品图文信息的设备。

（4）提词器

提词器是指在直播过程中，为直播销售员提示具体流程或直播脚本的设备。

（5）音响

音响是指在直播过程中，利用有线或蓝牙型无线音响，配合直播销售员的销售话术和直播节奏，调节直播气氛的设备。

（6）监听耳机

监听耳机是指在直播过程中，用于监听直播销售员或直播现场声音的耳机。

（7）直播背景

直播背景是指在直播过程中，直播销售员身后的墙面（注意：墙面或墙纸尽量避免使用纯白色）、KT 板、背景布和货架。在虚拟直播中，常用绿幕技术实现。

在实际应用中，根据直播的不同需求，直播硬件设备选择及组合也不同。

二、直播硬件设备选择的方法

1. 选择直播场地

可以根据直播产品类目和直播规模选择直播场地。根据直播场地，确定直播类型和直播形式，确保直播顺利进行。

2. 确定直播类型

不同直播类型的特点不同，根据直播的具体要求确定直播类型。基于移动智能终端设备直播，形式较为灵活、预算费用较低。为了保证直播效果，体现直播的正规性和专业性，一般选择基于电脑端设备直播。

确定直播类型后，可以根据直播类型选择直播硬件设备。

3. 确定直播形式

直播形式一般是指直播的展现形式。直播类型相同，直播形式也会因需要不同而不同。基于移动智能终端设备直播，一般分为站播、坐播和走播等形式；基于电脑端设备直播，一般分为坐播和站播等形式。

确定直播形式后，可以根据直播形式选择直播硬件设备。例如，站播或走播时，选择领夹式蓝牙型无线麦克风最为适合。

4. 增强直播效果

可以从拍摄、音效和灯光等方面增强直播效果。

（1）基于移动智能终端设备直播，可以满足直播画面的基本需求。为了使直播画面的色彩还原度更高、更逼真，可以采用高清摄像头连接电脑端设备。使用专业的拍摄类设备，如摄像机连接视频采集卡可以呈现高清的、完美的直播画面。

（2）在直播过程中，为了达到满意的声音效果，可以使用设备内置的麦克风。为了使声音效果更专业，需连接外置麦克风，通常选择"无线小蜜蜂"或有线电容型麦克风连接专业声卡等方式。

（3）在直播过程中，环形补光灯是基础的灯光类设备。同时，也可以搭配其他补光灯使直播的整体光线明亮、均匀。

5. 配合直播产品

选择直播硬件设备，需根据直播产品进行综合分析。例如，对于食品类产品，可以选择暖色系灯光光源和等效光源，使人更有食欲；对于彩妆、服装类产品，可以选择冷色系白光光源和等效光源，使产品颜色更鲜明；对于有声音效果类的产品，可以选择收音效果更好的外置麦克风。

6. 参考同类型直播

在直播过程中，为了达到满意的直播效果，参考同类型直播是简捷的、快速的、有效的方法。分析、对比同类型直播使用的直播硬件设备、直播效果，取长补短、事半功倍。

7. 追求性价比最大化

根据同类直播硬件设备的技术参数、功能及价格等相关因素，选择最适合的、性价比最高的直播硬件设备，可以提高直播效率、节省直播成本。

三、直播硬件设备安装的方法

直播硬件设备安装一般包括移动智能终端设备和电脑端设备的安装，需根据直播类型，选择直播硬件设备连接和安装。

1. 学习直播硬件设备安装的常见渠道

（1）查阅直播硬件设备安装说明书。查阅直播硬件设备安装说明书，根据安装步骤及注意事项，连接和安装直播硬件设备。

（2）观看直播硬件设备安装教程视频。根据安装教程视频，连接和安装直播硬件设备。

（3）搜索直播硬件设备安装的方法。搜索直播硬件设备的信息，根据相关文本或视频讲解的内容，连接和安装直播硬件设备。

2. 直播硬件设备安装的常见方法

（1）基于移动智能终端设备直播硬件设备的安装

1）确定移动智能终端设备支架的位置，在保证直播顺利进行的同时，为移动智能终端设备预留空间。

2）为了保证直播的声音效果，可以使用移动智能终端设备内置的麦克风直接收录声音，也可以使用领夹式蓝牙型无线麦克风收录声音。

3）通过音频线，将移动智能终端设备与专业声卡连接。若移动智能终端设备没有合适的插孔，需与相应的转换器连接。

（2）基于电脑端设备直播硬件设备的安装

1）确定高清摄像头或摄像机支架的位置，并确保连接电源。若需增强整体空间的光照效果，可以搭配补光灯等设备。使用高清摄像头直播时，需安装高清摄像头驱动程序。

2）直播时，部分拍摄类设备可以不通过视频采集卡，直接连接至电脑端设备，但需提前在电脑端设备下载相应的驱动程序。

3）电脑端设备与麦克风的连接方式与移动智能终端设备的连接方式相同。

（3）虚拟直播硬件设备的安装

虚拟直播主要通过相应的软件实现。直播硬件设备的安装与非虚拟直播硬件设备的安装相同。

四、直播硬件设备调试的方法

1. 视频调试

（1）直播开始前，需确认网络的传输速度与稳定性，保证直播画面清晰稳定。

（2）保证直播硬件设备可以实时采集直播画面。若直播画面不能显示或中断，应立即检查电源以及直播硬件设备的连接情况。

（3）在硬件条件允许的情况下，应尽量选择蓝光1080P画质。电脑端设备直播画面的帧率并非越高越好。在直播软件中，将直播画面的输出帧率和拍摄类设备的采集帧率设置为30 fps，即可满足大部分直播的画质要求。

（4）调节直播的光线，使光线明亮、通透，保证直播销售员面部的光线均匀，且与身体其他部位无明显色差。为了使光照效果更佳，可以采用不同类型的补光灯。

（5）在直播过程中，为了提高直播销售员的亲和力，可以通过直播软件调整美颜、锐化等参数。不宜将参数设置得过高，影响画面的真实感和清晰度。

2. 音频调试

（1）在直播过程中，为了达到较好的声音效果，麦克风的电量要充足，且处于正常连接状态。

（2）打开控制面板，将收音类设备设为录音设备。检查直播软件的音频设置，将收音类设备设为音频输入设备。

（3）在直播过程中，使用领夹式蓝牙型无线麦克风采集直播声音，应将其固定在直播销售员衣领的位置。固定式支架麦克风应与直播销售员保持 20～30 cm 的距离，声音效果最佳。同时，应注意麦克风及其支架不要遮挡直播销售员的面部。

（4）如果在直播过程中，需连接专业声卡，应预先调试。调试的参数包括录音音量、监听音量、麦克风音量，通过调节麦克风的高音和低音进行修音，使直播达到最佳的声音效果。

技能1　安装基于移动智能终端设备直播的硬件设备

一、操作准备

移动智能终端设备（如手机）、灯光类设备、收音类设备、专业声卡、各类连接线和支架等。

二、操作步骤

步骤1　安装移动智能终端设备。

按照安装说明书安装移动智能终端设备，固定位置，并调节高度及拍摄角度。

步骤2　安装灯光类设备。

按照安装说明书安装补光灯及其支架，将环形补光灯置于直播销售员的正前方、移动智能终端设备的后方，如图1-4所示。

步骤 3　安装收音类设备（根据预期的直播效果，确定是否单独连接外置收音类设备，以领夹式蓝牙型无线麦克风为例）。

匹配领夹式蓝牙型无线麦克风接收端和发射端的频率。匹配成功后，将发射端固定在直播销售员衣领的位置，使用音频线将接收端与移动智能终端设备连接，如图 1-5 所示。若选择有线电容型麦克风，可以直接将其与移动智能终端设备连接。

图 1-4　安装灯光类设备

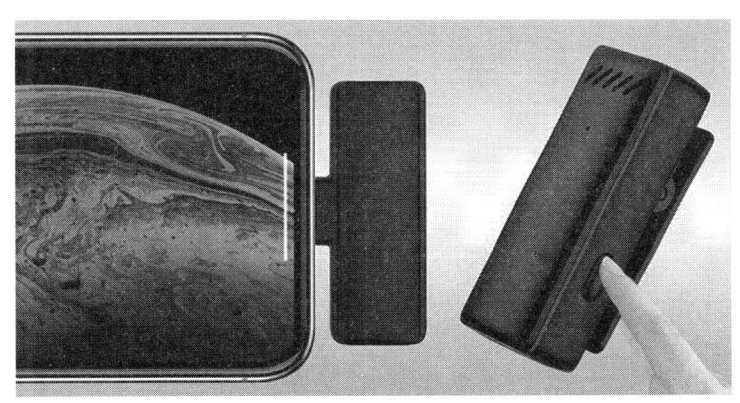

图 1-5　连接领夹式蓝牙型无线麦克风

步骤 4　安装专业声卡（根据预期的直播效果，确定是否安装专业声卡）。

将领夹式蓝牙型无线麦克风接收端与专业声卡连接，使用音频线将移动智能终端设备与专业声卡连接，如图 1-6 所示。

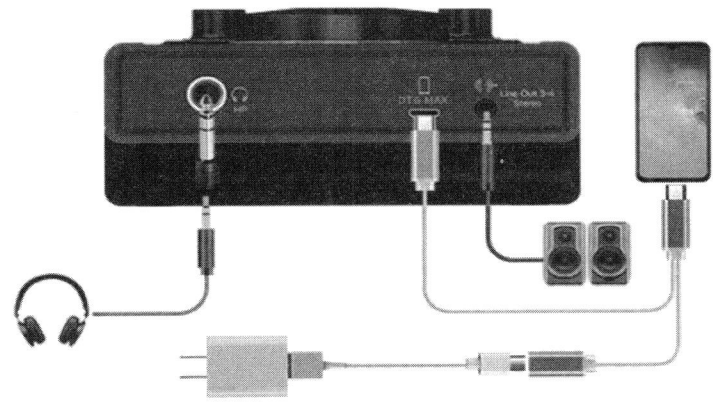

图 1-6　连接专业声卡

三、注意事项

1. 严格按照安装说明书或官方网站的内容安装直播硬件设备。
2. 检查电源、网络等，确保直播硬件设备的电源及网络环境稳定。
3. 确保移动智能终端设备的存储空间充足，系统运行稳定。
4. 连接线应齐全，必要时可以使用备用连接线，确保直播硬件设备之间正常连接。

技能 2　安装基于电脑端设备直播的硬件设备

一、操作准备

电脑、拍摄类设备、灯光类设备、收音类设备、视频采集卡、专业声卡、各类连接线和支架等。

二、操作步骤

步骤 1　安装拍摄类设备支架。

按照安装说明书安装高清摄像头或摄像机支架，固定位置，并调节高度及拍摄角度，如图 1-7 所示。

步骤 2　安装灯光类设备。

按照安装说明书安装补光灯及支架，将环形补光灯置于直播销售员的正前方、高清摄像头的后方，如图 1-8 所示。

步骤 3　安装拍摄类设备。

使用高清摄像头直播时，将高清摄像头的数据线连接至电脑端设备，如图 1-9 所示。

使用拍摄类设备直播时，拍摄类设备需具备 HDMI OUT 输出接口，通过 HDMI 数据线连接视频采集卡，最后使用 USB 数据线连接至电脑端设备，如图 1-10 所示。

步骤 4　安装收音类设备（以领夹式蓝牙型无线麦克风为例）。

匹配领夹式蓝牙型无线麦克风接收端和发射端的频率。匹配成功后，将发射端固定在直播销售员衣领的位置，使用音频线将接收端与电脑端设备连接，如图 1-11 所示。若选择有线电容型麦克风，可以直接将其与电脑端设备连接。

图 1-7 安装拍摄类设备支架

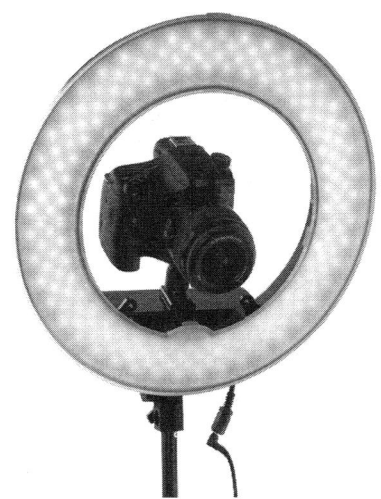

图 1-8 安装灯光类设备

图 1-9 高清摄像头的数据线与电脑端设备连接

图 1-10 连接视频采集卡

图 1-11 连接领夹式蓝牙型无线麦克风

步骤 5 安装专业声卡（根据预期的直播效果；确定是否安装专业声卡）。

将领夹式蓝牙型无线麦克风接收端与专业声卡连接（若选择有线电容型麦克风可直接将其与声卡连接），使用音频线将电脑端设备与专业声卡连接，如图 1-12 所示。

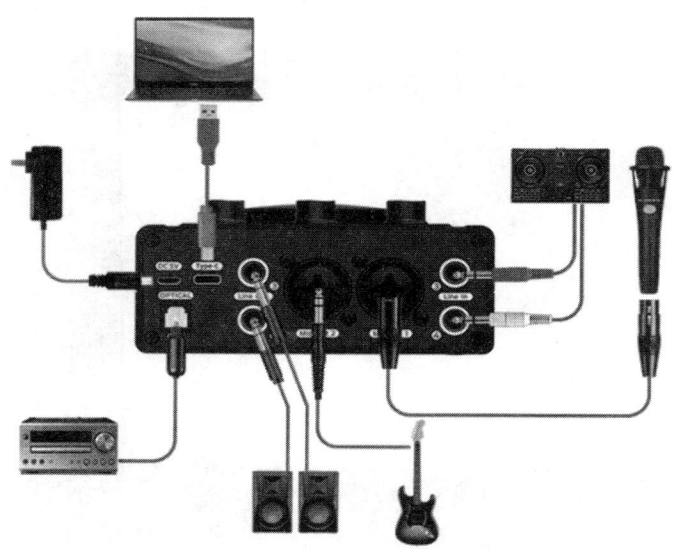

图 1-12 连接专业声卡

三、注意事项

1. 严格按照安装说明书或官方网站的内容安装直播硬件设备。
2. 检查电源、网络等，确保直播硬件设备的电源及网络环境稳定。
3. 确保电脑端设备的存储空间充足，系统运行稳定。
4. 连接线应齐全，必要时可以使用备用连接线，确保直播硬件设备之间正常连接。

学习单元 2　直播软件下载及安装

1. 直播软件下载及安装的方法。
2. 直播软件测试。

除了直播硬件设备的安装调试，还需下载及安装直播软件和对直播数据及直播过程进行实时监控的相关软件。

一、直播软件概述

直播需要软件和硬件配合，协作完成。直播软件是直播必不可少的条件，不同类别的直播软件的功能及作用也不同。

1. 基于移动智能终端设备直播的软件

确定互联网平台后下载相应的 App 为直播做准备，如短视频类软件、电子商务类软件等。利用短视频平台进行直播时，可以在直播前确定直播产品，也可以在直播过程中使用软件在相关页面上添加产品。基于移动智能终端设备直播较为方便灵活。

2. 基于电脑端设备直播的软件

（1）直播伴侣

直播伴侣是指互联网平台专用的直播软件，部分互联网平台的直播伴侣可在官方网站下载。该类软件的优点为操作简单，容易学习和使用；缺点为只能在指定的互联网平台上使用。

（2）OBS 软件

OBS（open broadcaster software）软件是免费的视频录制和视频实时传输软件。OBS 作为专业的直播软件，操作界面较复杂，功能较强大。

（3）虚拟直播软件

虚拟直播是指基于移动智能终端设备或电脑端设备实现的一种特殊的直播。

通过搭建绿幕背景，再使用软件将直播背景更换为自定义的或其他特效图片与视频，实现直播背景虚拟化。还可以通过面部捕捉及动作捕捉设备，经软件处理，实现直播销售员的人物虚拟化。

基于移动智能终端设备虚拟直播，可以通过第三方应用程序在互联网平台上实现直播背景更换，基于电脑端设备虚拟直播，可以使用直播伴侣或 OBS 软件，进行绿幕抠图、直播背景更换等操作，实现直播背景虚拟化。

（4）辅助类软件

直播时，也可使用其他设备下载辅助类软件。此类软件用于直播产品管理、订单管理和实时监测直播数据等。

二、直播软件下载及安装的方法

先根据直播类型，选择直播硬件设备，再根据直播硬件设备，选择直播软件下载及安装。

1. 学习直播软件下载及安装的常见渠道

通过网络搜索工具搜索直播软件及其下载信息，根据直播软件官方网站或相关网站的文本或视频讲解内容，学习下载及安装直播软件。

2. 直播软件下载及安装的常见方法。

（1）基于移动智能终端设备直播的软件下载及安装

移动智能终端设备一般都自带应用商店，在应用商店内搜索直播软件下载及安装。

（2）基于电脑端设备直播的软件下载及安装

登录互联网平台的官方网站，搜索直播伴侣下载及安装。下载 OBS 软件需要登录其官方网站，选择与电脑端设备的系统对应的版本下载。

三、直播软件下载及安装的注意事项

1. 下载直播软件前，应确保直播硬件设备的存储空间充足，避免出现直播软件安装失败或安装后运行不流畅等情况。

2. 需在官方网站上下载直播软件。

3. 基于电脑端设备直播的软件一般都有其固定的安装目录。在后续安装直播所需插件时，可以将插件安装至同一目录。

4. 应选择与电脑端设备的系统对应的版本，避免出现直播软件运行失败等情况。

5. 下载直播软件后，应允许其访问麦克风及摄像头等硬件设备，以保证直播软件顺利运行。

四、直播软件测试

直播前，应对直播软件进行测试，判断其是否符合直播要求。

1. 测试直播软件与直播硬件设备的连接状态，观察各直播硬件设备是否响应，响应后状态是否正常。

2. 测试直播软件在运行状态下的音频质量、直播画面与音频同步的效果等。

3. 测试直播软件的操作界面是否简洁明了，直播参数设置及直播功能使用是否方便等。

4. 在不同的清晰度、视频分辨率和视频帧数下，测试直播画面的质量，直播画面是否出现卡顿现象等。

5. 测试直播软件的内置功能、各功能的响应时间、界面流畅度及使用效果，以及各功能界面跳转是否流畅等。

6. 测试直播窗口、画中画的切换效果，以及直播软件的稳定性等。

7. 测试直播软件与音频软件、其他直播软件或插件的兼容性。

8. 测试进入直播、退出直播、关注直播、发送弹幕等互动功能是否可以正常运行。

9. 测试产品链接的响应速度、产品详情信息显示、支付是否正常。

10. 测试直播硬件设备意外锁屏时，直播软件是否中断，恢复速度及状态是否正常。

11. 测试在异常断网、断电的情况下，直播软件的重连效果等。

技能操作

技能　下载及安装直播软件

一、操作准备

手机、电脑、无线网络或有线网络等。

二、操作步骤

步骤1　下载手机直播软件。

在手机的应用商店中，搜索直播软件下载及安装。

步骤2　使用网络搜索工具，搜索并进入 OBS 官方网站。

步骤3　选择与电脑系统对应的版本下载安装程序。

步骤4　以管理员身份运行安装程序。

步骤5　安装 OBS 向导。

步骤6　选择安装目录，并点击"安装"。

三、注意事项

1. 确保直播硬件设备的存储空间充足，系统运行流畅。
2. 下载直播软件应选择官方网站。
3. 将直播软件的插件与直播软件安装至同一目录。

学习单元3　直播道具选择

1. 直播道具的类别。
2. 直播道具使用的方法。

在直播过程中，恰当使用直播道具可以活跃气氛、增强互动效果，进而提高直播转化率。

一、直播道具的类别

1. 贴片类直播道具

贴片类直播道具用于在直播过程中表达特定信息，其文字应清晰，内容应简洁明了。在直播过程中可以不断展示贴片类直播道具，起提示、暗示的作用。

（1）气氛牌

气氛牌是用来拉动、引导、活跃直播的气氛的牌（卡），如图1-13所示。

（2）提示牌

在直播过程中，提示牌起提示、暗示的作用。提示牌的内容可以是尺码表、购买建议、直播销售员信息、产品信息、满减折扣政策，也可以是自定义内容，如图1-14所示。

图1-13　气氛牌

图1-14　提示牌

2. 辅助类直播道具

辅助类直播道具是指在直播过程中协助直播销售员，使粉丝或用户更迅速地了解产品信息，调整直播节奏。常见的辅助类直播道具包括小黑板、计算器和秒表等。

3. 实验类直播道具

在直播过程中，直播销售员可以通过简单的、安全的实验，将直播产品的卖点具象化，展示给粉丝或用户。

常见的实验类直播道具包括剪刀、水、纸巾、打火机、绳子、玻璃杯等，也可以根据直播的需要选择。

二、直播道具获取的方式

1. 线上渠道购买

直播道具一般可以通过互联网平台购买。

2. 自行制作

直播道具可以自行制作。

3. 商家定制

对于部分自定义内容的贴片类直播道具，可以通过商家定制。

三、直播道具选择的注意事项

1. 所有直播道具应在直播前确定，并有序摆放在指定的位置，方便在直播过程中随时取用。

2. 选择直播道具要结合直播产品的特点，不要选择无关的直播道具。

3. 直播道具的尺寸不宜过大，否则会影响直播的效果。

4. 直播前，确保直播道具完好，避免在直播过程中实验失败，影响直播进度。

5. 贴片类直播道具的文字信息应尽量简洁明了，内容应遵循公序良俗、传递正能量，同时符合互联网平台规则，不能出现违禁词，符合国家相关法律法规的要求。

四、直播道具使用的方法

不同的直播道具在直播过程中发挥不同的作用，应根据直播计划使用直播道具。此外，可以参考同类型直播使用的直播道具。

技能　使用直播道具

一、操作准备

贴片类直播道具、小黑板、计算器、秒表、实验类直播道具等。

二、操作步骤

步骤1　使用贴片类直播道具。

在直播过程中，通过手举、粘贴或摆放等方式展示贴片类直播道具。

步骤2　使用小黑板。

在辅助类直播道具中，使用小黑板较多，可以用于直播销售员讲解产品，展示的内容可以根据直播进度更新。

步骤3　使用计算器。

在直播过程中，使用计算器可以对多个产品进行合价。

步骤4　使用秒表。

在产品秒杀、抢购等直播环节中，可以使用秒表。

步骤5　使用实验类直播道具。

根据直播产品的卖点，使用实验类直播道具。在讲解产品的过程中，通过实验验证产品的卖点。

三、注意事项

1. 确保直播道具完整、质量良好。
2. 直播销售员或平台管理员应掌握直播道具的使用方法。

学习单元 4　直播场地选择

1. 直播场地选择的方法。
2. 直播场地搭建的要求。

一、直播场地的类别

1. 户外直播场地

户外直播，即直播场地不在建筑物内的直播。户外直播的直播环境与直播产品具有天然联系，能够增加直播的可信度。户外直播场地经常选择直播产品的原产地，如果园、农产品基地等。但在直播过程中，也存在天气、阳光等不可控因素，进而影响直播，甚至导致直播中断。

2. 室内直播场地

（1）直播间

直播间是当前主流的直播场地，且适合的直播类目广泛、应用性强。

（2）店铺类场地

店铺类场地是指实体市场或店铺。店铺类场地能提高粉丝或用户的信任度。

（3）工厂类场地

工厂类场地是指在实体工厂车间或仓库。工厂类场地能够给粉丝或用户带来真实的感觉。

二、直播场地选择的方法

1. 根据直播产品类目选择直播场地

对于服装、美妆、零食等类目的直播产品，可以选择直播间或店铺类场地。对于水果、蔬菜等农产品，可以选择工厂类场地或原产地。

2. 根据直播规模选择直播场地

建议个人直播场地面积为 8~15 m^2，建议团队直播场地面积为 20~40 m^2。如果为多人参与的站播形式，建议直播场地面积为 35 m^2 以上。

三、直播场地选择的注意事项

1. 选择户外直播场地，应预先了解天气情况，确保直播时阳光充足且不刺眼，天气晴朗。
2. 选择工厂类场地，应预先对直播场地进行清理，确保环境干净整洁、人员流动有序。
3. 确保直播场地安静。同时，应保证隔音效果，避免外界噪声干扰直播。
4. 做好室内直播场地的吸音工作，避免在直播过程中产生回声，影响直播效果。
5. 户外或室内直播场地均不宜过小，避免直播画面过于拥挤，影响直播效果。

四、直播场地搭建的要求

搭建直播场地需结合直播背景、光线氛围和画面构图等因素。对于户外直播场地，需调整拍摄类设备的位置及角度、直播背景和光线角度等。对于室内直播场地，直播背景、光线氛围等需满足直播的要求，使直播画面达到预期的效果。

1. 直播背景

在直播场地中，一般可以选用墙面或窗帘作为直播背景，也可以选用KT板、背景布和货架作为直播背景。直播背景应干净整洁，不能过于杂乱、花哨，颜色不宜过多，尽量以浅色、纯色背景为主，避免使用纯白色作为直播背景，导致过度反光。

直播背景应符合直播产品的风格，也要与直播的整体风格协调一致，使直播画面具有整体性。

虚拟直播背景应颜色均匀、无明显色差。

2. 光线氛围

（1）光线原则

光线原则是指直播光线要遵循均匀、柔和、明亮、通透的总体原则。在一般情况下，尽量避免直播场地只有一种光源，应搭配其他补光灯，调节直播场地的整体光照效果。

（2）光线角度

直播场地的整体效果在很大程度上取决于光线角度。例如，顶灯不要距离直播销售员的头顶过近。直播前，应明确不同补光灯的作用，根据直播销售员的位置摆放补光灯。应顺光直播保证直播销售员的面部光线均匀、柔和，避免顶光或逆光，影响直播效果。

（3）光线色系

应根据直播产品类目选择适合的光线色系，以增强直播效果。例如，对于零食、蛋糕类产品，应选择暖色光线，使其色泽更吸引人；对于服装、美妆类产品，可以选择白色光线，使其色彩更加鲜明饱满。

3. 画面构图

常见的直播场地画面构图，一般可以分为前景、中景和后景。例如，对于美妆类产品的直播场地，以整体画面为前景，直播销售员为中景，直播背景或展示货架为后景。

注意调节直播销售员与直播背景的距离，避免距离过近使整体画面产生压迫感。若直播场地较小，也可以尝试拍摄墙角以增加空间的纵深感。

此外，在直播场地铺设地毯也可以提升画面的质感，但需结合具体的直播产品，酌情使用。

技能　直播场地搭建及设备调整方法

一、操作准备

拍摄类设备、收音类设备、直播背景。

二、操作步骤

步骤1　调节直播背景与直播销售员的距离。

直播销售员与直播背景的距离应在 1.5 m 以上。

步骤2　调节拍摄类设备的位置及角度。

在直播销售员的头顶应预留 1/3 的空间,直播销售员占据直播画面的 2/3 空间。

步骤3　调节收音类设备的位置。

领夹式蓝牙型无线麦克风应固定在直播销售员衣领的位置,麦克风的高度一般不应超过直播销售员的嘴唇部分。

三、注意事项

1. 直播销售员切勿距离直播背景过近。

2. 所有直播硬件设备及其支架尽量不要遮挡直播销售员的面部。

培训项目 三 风险评估

学习单元 1 常见故障解决方法

1. 常见故障的原因。
2. 常见故障排查的方法。

一、常见故障

1. 断网故障

断网故障是指在使用互联网中继交谈（internet relay chat，IRC）时，2个IRC服务器之间失去联系的现象。

在直播过程中，断网故障的表现是网络中断，直播画面消失，致使粉丝或用户无法观看直播。

2. 断电故障

断电故障一般是指在生产、生活中，电源与用电设备之间脱离连接的现象。

在直播过程中，发生断电故障，短时间内直播不会受到影响，因为手机等移动智能终端设备有蓄电功能，但灯光类设备、音响等没有蓄电功能，直接影响直播画面的效果。如果发生长时间断电故障，移动智能终端设备的电量耗尽，将导致直播中断。

二、常见故障的原因

1. 断网故障的原因

在实际应用中,常见的直播断网故障有以下原因。

(1)电信运营商原因

电信运营商在运营过程中可能出现网络设备故障、网络运维及应急处置不当等情况,导致局部互联网拥塞甚至断网故障。

(2)平台服务器原因

平台服务器升级或修复应用程序漏洞等都可能导致断网故障。同时,直播软件版本过低,也可能导致网络连接不畅甚至断网等故障。

(3)恶劣天气原因

暴雪、暴雨、台风等恶劣天气可能导致断网故障。

(4)直播场地原因

在商场、隧道附近、地下停车场、沙漠、森林、海边、深山等户外场地或特殊室内场地,电信运营商很难做到信号无缝覆盖,可能导致网络连接不畅甚至断网故障等。

(5)无线路由器原因

在通常情况下,无线路由器导致断网故障的主要原因包括以下方面。

1)硬件问题,如无线路由器、移动智能终端设备以及网线的问题。

2)软件问题,如无线路由器设置、电脑端设备软件、移动智能终端设备软件的问题。

2. 断电故障的原因

(1)集中断电

1)计划断电。计划断电是指供电部门按照供电线路设备运行周期进行有计划的维护检修。计划断电一般都会在当地主要媒体上提前公布。

2)临时断电。临时断电的原因一般为供电部门临时断电检修,或配合其他单位,如拆迁、修路等不能预见的工程施工,或遇到因恶劣天气造成的断线、倒塌、火灾等紧急情况。

3)拉路限电。拉路限电是指由于电煤供应紧张,或电厂发电机组故障停机,导致发电量不能满足供电要求,为保证电网安全供电,供电部门对某些区域采取临时断电的措施。

（2）欠费断电

欠费断电是指用户未在规定缴费期限内及时缴费，供电部门根据相关规定，对其采取断电措施。

（3）故障断电

故障断电是指超容量使用用电设备，引起变压器、开关、电度表等电器元件损坏，导致断电故障。例如，总闸、分闸等内部用电设备故障，楼内供电线路断线、空气开关跳闸等；电线老化都会导致故障断电。

三、常见故障排查的方法

1. 断网故障排查

（1）电信运营商排查

发生断网故障后，若只有直播账号断网，需查看直播账号使用的电信运营商是否正常。若是电信运营商问题，应及时使用备用的电信运营商，并立即接续直播。

（2）平台服务器排查

发生断网故障后，可以尝试再次开启直播，如仍然无法登录，可以初步判定为平台服务器不稳定导致的故障。

（3）恶劣天气排查

发生断网故障后，可以迅速查看当地新闻或天气预报，确定是否恶劣天气导致断网故障。

（4）直播场地排查

客观上，电信运营商很难做到信号无缝覆盖。所以，在选择直播场地时，需尽量避开信号较弱的地方。直播前，需提前测试网络的稳定性。若是直播场地的问题，可以调整直播硬件设备的位置。

（5）无线路由器排查

在一般情况下，对于无线路由器导致的断网故障，应检查网络数据线与无线路由器的连接是否松动，可以重新连接网络数据线，然后再次测试。

如问题没有解决，采用拨号上网。若网络恢复，则断网故障原因可能是无线路由器的问题。可以尝试将无线路由器恢复至出厂设置，重新对无线路由器进行参数设置。

2. 断电故障排查

（1）集中断电排查

直播前，应通过公开的、正规的渠道了解供电部门的电力供应情况，并预判可能出现的断电及限电，进而调整直播时间。为避免断电对直播的影响，直播团队应准备充电宝等蓄电设备，保证直播顺利进行。

（2）欠费断电排查

当发生断电故障时，需检查直播场地是否欠缴电费。如欠费须立即补缴电费。

在一般情况下，停电或限电的原因消除后，供电部门会在 3 d 内恢复供电。直播团队需提前确认直播场地的电费缴纳情况，避免欠费导致断电故障。

（3）故障断电排查

1）用电设备发生短路或漏电问题识别。配电线路或用电设备发生短路或漏电故障时，会导致断电。应及时启动相关预案。在条件允许的情况下，配备专业的电力人员，保证直播顺利进行。

2）配电线路及用电设备绝缘状况检查。采用绝缘电阻表对配电线路及用电设备进行检查，是有效的方法。

若无绝缘电阻表，一般可以使用剩余电流保护器（RCD）检查配电线路及用电设备的绝缘状况。

学习单元 2　互联网营销违规风险判断

1. 相关法律法规。
2. 互联网平台规则。

一、互联网营销概述

1. 互联网营销的概念

互联网营销也称为网络营销，是指以互联网为基础，利用数字化的信息和网络媒体的交互性来实现营销目标的一种新型的市场营销方式。

2. 互联网营销的特点

市场营销最重要、最本质的特点是商家和消费者之间进行信息传播和交换。如果没有信息交换，市场营销就是无源之水。

随着互联网技术发展成熟，互联网如万能胶般将商家和消费者连接在一起，使信息交换变得唾手可得。因此，很多商家越来越重视互联网营销。互联网营销有以下特点。

（1）时域性

由于互联网不受时间和空间限制，信息能够更快、更准确地交换。互联网营销从过去的局部市场，扩展为更加广阔的全球市场。

（2）丰富性

互联网营销可以用多种形式，如文本、声音、图片和视频等，形象、立体地展示产品，使消费者全面、详尽地了解产品。互联网营销还能够让商家充分发挥能动性和创造性，让营销过程变得更有趣味性。

（3）交互性

通过互联网查询产品信息，在消费者和商家之间实现互动和沟通。同时，可以通过互联网进行消费者满意度调查、消费者需求调查等，为产品或服务的改进提供意见、建议。

（4）独特性

互联网营销是一种以消费者为主导的市场营销方式。因此，消费者可以理性地选择所需产品，避免强迫性推销。供需双方可以通过信息交换建立良好的合作关系。

（5）成长性

互联网的用户量持续增加、使用日益普遍，使互联网营销成为极具潜力的新型市场营销方式。

（6）整合性

互联网营销是一种包括售前产品介绍、售中交易、售后服务的全流程市场营销方式。它整合多种营销活动，向消费者传递统一的产品信息，向商家反馈消费者的意见。

（7）高效性

可以存储大量信息的电脑端设备为互联网营销提供了高效能的平台。互联网不但为消费者提供查询服务，还可以提供精准的市场信息，使商家及时有效地满足消费者的需求，其高效性远超其他市场营销方式。

（8）经济性

降低营销成本以求得利益最大化是商家追求的最终目标。传统的市场营销方式的成本包括店面租金、人工费用、水电费用等，投入资金较大。随着互联网技术日益成熟，互联网营销成本逐步降低，与传统的市场营销方式相比，其经济性的优势更明显。互联网营销成本低廉，能够提升商家的竞争力，拓展销售渠道，扩大市场规模。

（9）技术性

互联网营销需要先进的软件、硬件设备，同时还需要一定的技术投入和支持。

二、相关法律法规

互联网营销同传统的市场营销方式相比更具及时性、灵活性，且影响力较大，所以商家需熟知并遵守相关法律法规，遵守平台规则及遵循市场规律，为消费者提供优质的产品和服务。与互联网营销相关的法律法规如下。

1.《中华人民共和国产品质量法》

《中华人民共和国产品质量法》是为了加强对产品质量的监督管理，提高产品质量水平，明确产品质量责任，保护消费者的合法权益，维护社会经济秩序制定的法律。

《中华人民共和国产品质量法》的核心内容是产品质量责任的承担问题。

2.《中华人民共和国消费者权益保护法》

《中华人民共和国消费者权益保护法》是为保护消费者的合法权益，维护社会经济秩序，促进社会主义市场经济健康发展制定的法律。

《中华人民共和国消费者权益保护法》规定了为生活消费需要购买、使用商品或者接受服务的消费者，为消费者提供其生产、销售的商品或者提供服务的经营者的权利和义务。

3.《中华人民共和国电子商务法》

《中华人民共和国电子商务法》是为了保障电子商务各方主体的合法权益，规范电子商务行为，维护市场秩序，促进电子商务持续健康发展制定的法律。

《中华人民共和国电子商务法》对电子商务经营主体、经营行为、合同、物流、电子支付等，以及电子商务发展中的典型问题都作了明确具体的规定。

4.《互联网直播服务管理规定》

《互联网直播服务管理规定》是为加强对互联网直播服务的管理，保护公民、法人和其他组织的合法权益，维护国家安全和公共利益制定的规定。

5.《网络直播营销管理办法》(试行)

《网络直播营销管理办法》(试行)是为加强网络直播营销管理,维护国家安全和公共利益,保护公民、法人和其他组织的合法权益,促进网络直播营销健康有序发展制定的办法。

三、互联网平台规则

互联网平台在发展过程中,结合自身的属性,制定相应的互联网平台规则,规范从业者的行为。

1. 通用规则

互联网平台根据相关法律法规以及行业规范的要求制定通用规则。

互联网平台禁止在直播中出现以下行为。

(1)违反宪法所确定的基本原则及违反国家法律法规。

(2)危害国家安全,泄露国家秘密,颠覆国家政权,危害国家统一、主权和领土完整。

(3)损害国家尊严、荣誉和利益。

(4)宣扬恐怖主义、极端主义。

(5)煽动民族仇恨、民族歧视,破坏民族团结。

(6)违反国家宗教政策,宣扬邪教和封建迷信。

(7)散布谣言,扰乱社会秩序、破坏社会稳定。

(8)宣扬淫秽、色情、赌博、暴力、凶杀、恐怖,或者教唆犯罪。

(9)含有法律、行政法规禁止的其他内容。

(10)美化侵略者和侵略战争,亵渎英雄烈士。

(11)传授犯罪方法或宣扬美化犯罪分子和犯罪行为。

(12)含有涉毒、竞逐等危险驾驶、欺凌等违反治安管理的内容。

(13)侮辱或者诽谤他人,侵害他人合法权益。

(14)违法开展募捐活动。

(15)发布违法网络结社活动信息和涉嫌违法社会组织的信息。

(16)未经授权使用他人商号、商标和标识。

(17)侵犯他人著作权,抄袭他人作品。

(18)宣传伪科学或违反科学常识的内容。

(19)展示丑陋、粗俗、下流的风俗,宣扬拜金主义和奢靡腐朽的生活方式。

（20）展示自残自杀内容或其他危险动作，引起反感和不适或容易诱发模仿的行为。

（21）展示不符合互联网平台用户协议的商业广告或类似的商业招揽信息、过度营销信息及垃圾信息。

（22）诱惑、误导未成年人行为。

（23）其他违反公序良俗的行为。

2. 自主规则

为互联网平台上的商家、从业者及消费者营造良好的互联网营销环境，保护消费者的合法权益，确保商家规范地开展营销活动，互联网平台需根据国家现行法律、法规、规章等，制定适合自身发展且能限制商家违规行为的管理规则，即自主规则。

现阶段，互联网平台自主规则包括以下分类。

（1）按行业分类

按行业分类，自主规则可以分为美妆、3C产品、鞋服、美食、日用品等。

（2）按产品类目分类

按产品类目分类，自主规则可以分为儿童用品、医疗器械、护肤品、彩妆、女装、运动鞋等。

（3）按商家服务流程分类

按商家服务流程分类，自主规则可以分为账号注册、店铺搭建、发货流程、产品鉴定、售后服务等。

（4）按直播禁止展示内容分类

按直播禁止展示内容分类，自主规则：可以分为暴力演绎售卖、卖惨演绎售卖、炒作演绎售卖、错误表达爱国行为、危险行为博眼球、踩一捧一售卖、假冒品牌、恶性降价吆喝、虚假宠粉、引导私下交易、多渠道导流、挂机直播、录播、衣着暴露、语言过激、吸烟、饮酒、言语低俗、封建迷信、未成年人单独直播（带货）、低俗意味宣传商品等。

（5）按直播话术违规词汇分类

按直播话术违规词汇分类，自主规则可以分为绝对化用语、虚假宣传、第三方的不当表述等。

四、互联网营销违规风险判断的方法

在互联网营销过程中，判断作品或直播是否存在违规风险至关重要。在实际应用中，常用以下 4 种方法进行判断。

1. 脚本判断法

脚本判断法是指发布作品或直播前，需判断并有效规避作品或直播脚本的互联网营销违规风险。

常用方法为检查直播脚本内容，对照互联网平台规则，判断直播脚本是否存在互联网营销违规风险。由于直播脚本内容较多，通常可以借助工具判断。

2. 系统判断法

系统判断法是指发布作品或直播过程中，互联网平台会进行系统及人工审核，判断作品或直播是否违规。

在一般情况下，互联网平台根据作品的文案或标题等关键词、作品画面、配音、直播话术内容等进行系统及人工审核，如发现违规，会采取删除作品、直播警告、暂停直播、封号等方式处理。

也可以在互联网平台创作者中心检测账号发布的内容是否违规。

3. 数据判断法

数据判断法是指发布作品或直播过程中，通过作品数据（播放量、点赞量、评论量、转发量）和直播数据（在线观看人数、直播点赞量等）来判断作品或直播的质量及是否违规。

（1）作品违规

当作品质量差、重复率较高时，指标性数据上升速度较慢、呈现静止状态。

（2）直播违规

在直播过程中，可以通过在线观看人数、直播点赞量、转粉率、商品交易总额等指标性数据，判断直播是否违规。例如，当直播违规时，会出现指标性数据上升速度较慢或静止、直播警告、暂停直播等情况。

4. 推广投流法

推广投流法是指发布作品或直播后，进行推广投流（一般建议在发布作品或直播后 1 h 内）。

进入互联网平台推广界面，选择作品或直播，如能够进行推广投流，可以判断作品或直播没有违规。如不能进行推广投流，在一般情况下，互联网平台会显示不能推广投流的原因，其中会出现作品或直播违规的内容，即可判断作品或直播违规。

技能 使用脚本判断法判断互联网营销违规风险

一、操作准备

电脑、无线网络或有线网络、直播脚本等。

二、操作步骤

步骤1 平台管理员准备直播脚本。

步骤2 平台管理员在浏览器的地址栏输入网址［以句易网（www.jul.cn）为例］，点击进入该网站。

步骤3 平台管理员复制直播脚本的文字内容，粘贴至句易网文字过滤栏。

步骤4 平台管理员点击"文字过滤"，通过微信扫码关注公众号，获取操作授权。

步骤5 获取操作授权后，平台管理员再次点击"文字过滤"，在"过滤统计结果"中查看违规词汇（黄色字体为敏感词；红色字体为通用违禁词；绿色字体为美妆违禁词；蓝绿色字体为新闻违禁词）。

步骤6 如在"过滤统计结果"中发现违规词汇，需修改后重新上传检测，直至没有违规词汇方可使用。

三、注意事项

1. 可使用多个工具判断直播脚本是否存在互联网营销违规风险。
2. 使用有局限性，需结合互联网平台规则进行判断。

职业模块 二
技术支持与互动管理

培训项目一 技术支持

学习单元 1　网络环境测试

1. 网络环境的组成部分。
2. 网络环境测试的方法。

一、网络环境概述

1. 网络环境的定义

网络环境的定义有狭义和广义之分。

狭义上，网络环境是指在计算机和现代通信技术相结合的基础上构建起来的宽带、高速、综合、广域型数字式电信网络。

广义上，网络环境还包括网络渗透、扩张引起的国家信息政策、信息管理体制、信息系统组织、用户信息行为和社会文化等方面的变化。

2. 网络环境的组成部分

网络环境具有信息显示多媒体化、信息传输网络化、信息处理智能化和营销环境虚拟化等特征。一般包括以下基本的组成部分。

（1）设施

设施包括移动智能终端设备、电脑端设备、区域网络、互联网等。

（2）资源

资源是指经数字化处理的、多样化的、全球共享的信息和图像等。

（3）平台

平台是指向用户展现的界面、实现网上交互的软件系统。

（4）通信

通信是指利用电信设备传送消息，可以实现用户远程沟通。

（5）工具

工具是指进行信息获取、创造实践、解决问题等的硬件和软件。

二、网络环境测试

1. 网络环境测试的内容

（1）网络性能

网络性能是指系统资源的运行状况及通信效率等性能。

（2）网络功能

网络功能主要包括实现资源共享、实现数据信息快速传递、提高可靠性、提供负载均衡与分布式处理能力、集中管理以及综合信息服务。

（3）服务质量

服务质量是指利用各种基础技术，为指定的网络通信提供更好的服务，是一种网络安全机制，用来解决网络延迟和阻塞等问题的技术手段。

（4）网络安全

网络安全是指网络系统的硬件、软件及其系统中的数据受到保护，不因偶然的或恶意的原因而遭到破坏、更改、泄露，系统连续、可靠、正常地运行，网络服务不中断。

2. 网络环境测试的方法

（1）网络设备测试

网络设备测试主要测试交换机、路由器、防火墙等设备是否正常运行，需对其包装、外观、性能等进行测试。

（2）网络环境测试

网络环境测试主要是指利用移动智能终端设备或电脑端设备测试网络的稳定性。

技能　测试网络环境

一、操作准备
电脑、无线网络或有线网络等。

二、操作步骤
步骤1　同时按住 Win+R 键，打开运行窗口。

步骤2　输入"cmd"，并按 Enter 键或点击"确定"。

步骤3　输入"ipconfig /all"，并按 Enter 键。

步骤4　查看默认网关和服务器，并复制 IP 地址。

步骤5　输入 Ping + IP 地址。

步骤6　查看 Ping 值信息。若使用光纤宽带，则 Ping < 3 ms 是正常范围。若使用普通宽带，则 Ping < 50 ms 是正常范围。如果 Ping 值过高会有卡顿、延迟现象。

三、注意事项
测试网络环境时，应保证输入命令正确，注意区分字母大小写。

学习单元 2　直播设备测试

1. 直播设备测试的内容。
2. 直播设备测试的方法。

一、直播设备测试概述

直播设备测试是指采用各类检测仪器对直播设备的各项指标进行测试，以达到安全使用的目的。直播设备测试分为直播硬件设备测试和直播软件测试。

二、直播设备测试的重点

1. 功能
功能是指直播设备发挥的有利作用、效能。

2. 用户界面
用户界面是指对直播软件的人机交互、操作逻辑、界面美观度的整体设计。

3. 兼容性
兼容性是指直播软件稳定地工作在操作系统中。在多任务操作系统中，几个同时运行的直播软件稳定地工作，说明兼容性好。

4. 易用性
易用性是指直播设备的设计符合用户的习惯与需求。

5. 安全
安全是指在受到恶意攻击的情况下，直播软件依然继续运行，并确保直播软件在授权范围内被合法使用。

6. 性能
性能是指直播软件在完成功能时展示出的及时性。

7. 并发
并发是指在操作系统中，一个时段内有多个直播软件都处于已启动运行到运行完毕之间，且多个直播软件均在同一个处理器上运行。

8. 流量
流量是指在一定时间内，打开直播软件的访问量。

9. 用电量
用电量是指使用直播设备消耗的电能。

10. 视频质量

（1）帧率

帧率是指以帧为单位的位图图像连续出现在显示器上的频率（速率）。

（2）分辨率

分辨率表示位图图像细节的精细程度。在通常情况下，图像的分辨率越高，包含的像素越多，图像越清晰。

（3）码率

码率是指视频中数据的传输速度。码率越高，数据的传输速度越快。

（4）上行宽带

上行宽带是指本地数据上传到服务器的速度。

（5）下行宽带

下行宽带是指服务器数据下载到本地的速度。

11. 应用程序

应用程序（App）是指移动智能终端设备（如手机等）上的第三方应用程序。

三、直播设备测试的内容

1. 直播硬件设备测试的内容

（1）直播硬件设备及其配件是否齐全。

（2）按照操作说明书开启直播硬件设备，测试其是否可以正常运行。

（3）测试在使用过程中，直播硬件设备是否出现卡顿、断电等情况。

2. 直播软件测试的内容

（1）直播软件是否能迅速打开。

（2）音质是否失真、延迟，长时间连接音频的稳定性。

（3）视频播放的流畅度、清晰度（静止场景、运动场景）。

（4）音频和视频是否同步。

（5）在不同网络环境下，视频显示的真实度。

（6）在断网、断电的情况下，视频重连的流畅度。

（7）在前后台切换、锁屏解锁、分享后返回直播、第三方应用程序中断等情况下，视频重连的流畅度。

（8）直播视频是否支持横屏模式。

（9）在用户频繁进出直播的情况下，相关功能是否正常使用。

（10）直播的功能操作是否正常。

四、直播设备测试的方法

1. 直播硬件设备测试的方法

（1）准备直播硬件设备

（2）按照安装说明书安装直播硬件设备

（3）按照操作说明书启动直播硬件设备

（4）测试直播硬件设备。

2. 直播软件测试的方法

（1）打开直播软件

准备 2 部移动智能终端设备（如手机等），点击进入直播软件。

（2）登录直播账号

用 2 部移动智能终端设备分别登录不同的账号，一个账号负责直播，另一个账号负责测试直播软件。

（3）设置直播界面

1）使用直播账号进入直播界面。

2）为直播账号设置头像、标题、话题、位置及美颜效果等。

（4）测试直播软件

1）测试直播的流畅度及功能。例如，测试有无卡顿、失真、延迟、功能不可用等问题。

2）测试网络、直播硬件设备连接等问题。

（5）直播账号的关注点

1）直播开播页面。摄像头、闪光灯、美颜、封面图、标题、开启同步、开启测试直播、定位、分享、设置、标题、清晰度、横竖屏等显示正常。

2）直播页面。直播销售员头像、观看人数、点赞量、用户列表、消息框、摄像头、闪光灯、美颜、互动特效、红包、产品链接、分享、标题、语音隐私、图像隐私以及设置等显示正常。

3）直播结束页面。观看人数、直播时长、点赞量、魅力值等显示正常。

（6）测试账号的关注点

1）直播页面。直播销售员头像、关注、观看人数、用户列表、地理位置、来源、消息框、放大播放、礼物、分享等显示正常。

2）直播结束页面。直播销售员头像、直播账号名称、魅力值、观看人数、直播时长、关注量及精彩直播推荐等显示正常。

学习单元3 产品链接设置

1. 产品链接的特点。
2. 产品链接设置。

一、产品链接概述

1. 产品链接的定义

（1）超链接

超链接是指从一个网页指向一个目标的连接关系，指向的目标可以是另一个网页，也可以是相同网页的不同位置，还可以是图片、电子邮件地址、文件，甚至应用程序。

（2）产品链接

产品链接是指产品在互联网中对应的 IP 地址。

2. 产品链接的作用

（1）通过产品链接，可以在店铺页面、产品详情页面、推广页面、客服聊天工具等任何向消费者展示的场景中，对产品本身（基本属性、所属类目、规格、数量、保质期、瑕疵等）、品牌、外包装、发货情况、交易附带物等信息进行描述。

（2）产品链接一经发布，即意味着产品可以正常售卖。如无法售卖，应将产品链接下架。

二、产品链接准备

1. 产品链接的特点

（1）经济性

产品链接对交易双方均具有经济性。商家通过产品链接，可以更好地了解并掌握市场信息，做出正确的市场决策，从而获得更多的经济利益；消费者通过产品链接，可以了解更多的产品信息。

（2）目的性

产品链接的目的非常明确。产品链接的主要目的是宣传产品，同时，也有助于商家认识和了解同类或相关产品，从而做出正确的市场决策。

（3）真实性

产品链接能够使消费者快速、准确地认识和了解产品。

（4）时效性

产品和市场的变化性决定产品链接具有较高的时效性。随着市场的发展、消费者需求的增长及产品的升级，产品不断更新换代，从而产生新的产品链接。

（5）传递性

传递性是产品链接的基本属性。产品链接是在生产、运输、销售的全产业链条上，全方面、全过程信息的整合。产品链接在生产方、商家和消费者之间起重要的桥梁作用。

2. 产品链接的内容

（1）产品功能信息

产品功能信息是指对产品的基本作用、效用和功能等进行介绍和描述的信息。

在产品说明书中，产品功能信息描述一般为宣传用语。要真正把握产品功能信息，需通过调查用户或查看有关职能部门的检验报告类文件。

（2）产品原材料信息

产品原材料信息是指对产品的原材料进行介绍和描述的信息。

产品原材料信息的主要来源包括仪器检测、化验检测、质量检测、技术监督部门的检查报告、产品质量监督或消费者权益保护组织认证等。

（3）产品质量信息

产品质量信息是指对产品自身质量的状况进行介绍或描述的信息。

产品质量信息的重要来源包括产品本身、权威机构的资料、权威媒体的报道、国家专门机构认证等。

（4）产品价格信息

产品价格信息是指对产品的市场价格进行介绍和描述的信息，是重要的经济信息。

（5）产品产地信息

产品产地信息是指对产品的生产地进行介绍和描述的信息。产品产地信息一般包括产地资源、技术、人才、科技、市场环境（包括生产方质量观念、经营传统、营销体系和广告偏好）等。

（6）产品成长过程信息

产品成长过程信息是指对产品在成长过程中表现出来的特点、所属成长阶段进行介绍和描述的信息。产品的成长过程可以分为以下4个阶段。

1）萌芽期。萌芽期产品的特点为新、奇、贵。新、奇，即产品的技术先进、功能新颖；贵，即产品价格相对较高。萌芽期的产品具备创新功能。

2）发展期。发展期产品的特点为出现产品的新型号、新规格、新款式。

3）成熟期。成熟期产品的特点为产品质量稳定，规格型号增多。

4）后成熟期。后成熟期产品的特点为市场趋于饱和，技术高度扩散，商家销售的积极性较差，销售多为刺激更新采购和重复采购。

（7）产品技术工艺信息

产品技术工艺信息是对生产产品所使用的技术工艺进行介绍和描述的信息。技术工艺是保证原材料检验、决定加工制作水平、决定产品质量的重要指标。

（8）产品开发信息

产品开发信息是对产品的开发情况进行介绍和描述的信息，包括开发组织、开发计划、开发过程和开发效果等方面。

（9）产品结构信息

产品结构信息是对产品所属行业结构和生产结构进行介绍和描述的信息。

在互联网营销中，选品员需要对直播产品进行功能、原材料、质量、价格、产地、成长过程、技术工艺、开发、结构等多方面信息的详细验证，并将真实的产品链接的内容传递至平台管理员。平台管理员对产品链接的内容进行核对、拆分后，上传至互联网平台。

三、产品链接设置

1. 产品链接设置的基本原则

（1）遵守国家法律法规，以及国家的政策制度要求。

（2）不得发布与宪法所确定的基本原则不符，危害国家安全，损害国家利益的内容。

（3）不得发布破坏国家统一、破坏民族团结，破坏国家宗教政策以及宣传邪教和破坏民族团结的内容。

（4）不得发布法律、行政法规禁止的其他内容。

（5）遵守社会公共秩序，以及社会道德和公序良俗，确保发布的信息真实可靠、有出处。

（6）不得散布谣言，扰乱社会秩序、破坏社会稳定的内容。

（7）不得散布淫秽、色情、赌博、暴力、凶杀、恐怖或者教唆犯罪的内容。

（8）维护公平公正的经营环境，确保各方的合法权益。

（9）不得发布侮辱、诽谤或者损害他人合法权益的内容。

（10）不得发布恶意攻击互联网平台、损害经营环境或者不正当竞争的内容。

（11）不得发布涉及个人隐私的内容，包括电话、地址等有关内容。

2. 产品链接设置的基本要求

（1）真实性

应根据直播产品的属性如实描述产品信息，并及时维护、更新产品链接，保证产品链接的内容真实、正确、有效。

（2）完整性

在发布产品链接时，为保证消费者全面了解直播产品、拥有充分的知情权，应明示产品的主要信息，并保证主要信息完整。

直播产品的主要信息包括但不限于品牌介绍、产品名称、生产厂商、厂址、许可证编码、生产日期、规格、尺寸、质量、保质期、使用方法、产品细节、优势、注意事项等。

（3）一致性

对直播产品的描述应在产品页面的各板块中（如产品标题、产品属性、产品主图、产品详情等）保持高度一致。

（4）正规性

1）直播产品的图片应符合国家相关规定，且画面清晰、容易辨识。禁止出现画质模糊、压缩图、图片拼接、诱导点击等类型图片。禁止出现引人不适的图片，如色情低俗、血腥恐怖等类型图片。

2）应当依法开展促销活动。产品价格标识应符合法律法规的规定，禁止通过虚构原价等价格欺诈手段，违规促销。

（5）合规性

1）禁止在产品链接及实物包裹中发布第三方信息，包括但不限于实体店信息、银行账号、二维码、链接、水印、联系方式等。

2）禁止发布含有虚假宣传的产品链接内容。需确保实际发货产品与产品链接的内容一致（包括批准的功能功效、资质证书信息、产品实际功能等）。禁止含有虚假的、夸大的内容，禁止使用"国家级""最××""第一"等夸大的或误导性的绝对化用语。

3）禁止发布含有未成年人卖点风险的内容。禁止发布含有引导、暗示适用于未成年人的低俗、恐怖、血腥、暴力、整蛊类产品，包括但不限于血腥恐怖装扮、打小孩装备、低俗零食、低俗玩偶等相关产品。

禁止发布以未成年人为卖点的成人类风险产品，包括但不限于打耳洞工具、烟酒实物及其周边产品、纹身贴、刀具等。

4）在产品链接中，禁止发布其他违反互联网平台规则的产品或信息。

3. 产品链接设置的主要内容

（1）产品类目

产品类目即产品分类、类别，是产品非常重要的属性。产品类目一般为树状系统，分为4~5级。例如，服装为一级类目，男装为二级类目，男士西装为三级类目。

（2）产品标题

产品标题字数为8~30个汉字（16~60个字符），且应包含产品品牌、产品品名、基本属性（材质、功能、特征）和规格参数（型号、颜色、尺寸、规格、用途、货号）等信息，不应包含其他无关品牌及无关信息。

（3）类目属性

1）基本要求。在产品链接设置界面中，带"*"项为必填项，应全部填写。不带"*"项，可以按产品实际情况填写，如产品无此属性，则无须填写。

2）产品品牌

①品牌旗舰店、旗舰店、专卖店、专营店在创建产品时，需提供相应的品牌资质。

②企业店铺和个体店铺在创建产品时，部分类目产品需按照互联网平台的要求，提供品牌资质。

③在店铺名称、产品详情页面中，如果有品牌信息，需提供相应的品牌资质。

3）产品保质期。应根据产品实际的保质期及剩余时间，填写正确的、真实的、有效的产品保质期信息，并符合互联网平台的产品保质期要求。

（4）产品主图

1）产品主图的数量≥3幅，首幅应为产品主体正面实物图，具体以产品页面要求为准。辅助图片需包含产品侧面、背面、平铺及细节实物图等，对图片顺序无要求。所有主图不得含有除品牌 logo 以外的任何文字、水印。

2）产品主图需展示产品多角度的方位图以及产品细节图，不得出现所有主图展示的均为产品同一个角度的情况。

3）在产品主图中，产品的个数与销售单位（产品信息）保持一致，产品主图所展示产品的颜色、规格等需与文字介绍一致，不得出现与产品无关的其他产品及物体。

（5）产品详情

1）基本要求

①产品详情需包含图片及相关文本描述。

②在产品详情中，标明附带赠品或服务的，应明示赠品或服务的品种、规格、数量等信息。

③在产品详情中，应当显著、清晰地表示法律法规或行业规范中要求明示的内容。例如，对于食品、化妆品类产品，应明示保质期或过期时间等信息。

2）产品标签。应根据产品类目，按照互联网平台规则的要求，提供中文标识标签。

（6）产品价格

设置产品价格时，应遵守互联网平台规则。

（7）产品 SPU、产品 SKU

1）相关定义

①产品 SPU（standard product unit）是指产品聚合信息的最小单位。例如，在服装、男装、男士西装三级类目中，男士西装即产品 SPU。

②产品 SKU（stock keeping unit）是指存货单位，产品不可再分的最小单元，是产品销售属性的集合，如规格、颜色、尺码等。例如，男士蓝色羊毛西装即产品 SKU。

2）具体要求

①在产品详情中，应以颜色、尺寸、系列等属性为主要组合形式，不得将跨品牌、跨类目、跨系列等无关联的产品绑定在同一产品 SPU 下。

②在产品详情中，如涉及套盒包装的产品，需在产品 SKU 中明确说明套盒内产品。

③在产品详情中，不得刻意发布规避信息，如利用产品 SKU 低价引流、以非常规的数量单位发布产品等。

技能操作

技能　发布产品链接

以抖音直播为例，发布产品链接的具体操作步骤如下。

一、操作准备

电脑、无线网络或有线网络、产品图文信息等。

二、操作步骤

步骤 1　进入互联网平台的店铺后台管理界面。

步骤 2　选择产品类目。

（1）在后台管理界面点击"产品创建"，选择产品类目，也可以通过搜索关键词选择产品类目。

（2）默认优先展示已开通的产品类目。在所选产品类目中，创建部分产品需要满足行业资质的要求。

步骤 3　填写基础信息。

（1）产品类型

选择产品类型后，填写产品基础信息。

（2）产品标题

产品标题字数应为 8～30 个汉字。产品标题应包含产品品牌、产品品名、基本属性（材质、功能、特征）和规格参数（型号、颜色、尺寸、规格、用途、货号)等信息，不应包含其他无关品牌及无关信息。在产品标题中，避免使用标点符号。

需要注意的是，产品标题的内容不可涉及广告极限词、违禁词、敏感词，如国家级、全网最低、极品、顶级等。

（3）类目属性

应按产品属性填写，带"*"项为必填项。

部分类目属性值可多选，最多支持勾选5个类目属性值，具体以类目属性的下拉选项框显示为准。

需要注意的是，针对已发布产品，若重新编辑，类目属性会被清除，互联网平台会自动填充相关新类目属性，其他类目属性需重新手动填写。

步骤4　上传产品图文信息。

（1）产品主图

产品主图数量≥3幅，图片仅支持PNG、JPG、JPEG文件格式，图片宽高比例为1∶1，图片尺寸至少为600像素×600像素，图片文件≤5 MB。

产品主图所展示产品的颜色、规格等需与文字介绍一致，不得出现与产品无关的其他产品和物体。

（2）主图视频

主图视频的时长≤60 s，视频仅支持MP4文件格式，视频文件≤100 MB，视频宽高比例为1∶1或9∶16。

（3）素材图

在上传产品主图的过程中，如互联网平台检测到素材图，可以点击"自动填充"，完成素材图上传。也可以单独上传白底图至"素材图"中。

（4）产品详情

1）产品详情需完整，包括但不限于品牌介绍、产品名称、生产厂商、厂址、许可证编码、生产日期、规格、尺寸、质量、保质期、使用方法、产品细节、优势、注意事项等。

2）产品详情在产品页面的各版块中（如产品标题、产品主图、推荐语等）需保持一致。

3）产品详情需如实描述产品的实际功效，不得含有虚假的、夸大的内容，不得涉及疾病预防、治疗等功效描述，不得真人展示效果，不得出现对比图，需与国家批准的产品实物外包装内容一致。

步骤5　填写产品价格、库存。

（1）发货模式及时间

发货模式分为现货发货模式、全款预售发货模式和阶梯发货模式。

1）现货发货模式。对于现货发货模式的订单，互联网平台规定发货时间≤48 h，需严格按照承诺的发货时间发货，超时未发货会受到互联网平台的处罚。

2）全款预售发货模式。产品发布成功后，对于全款预售发货模式的订单，需在设置的预售发货时间发货。预售结束后，产品将自动下架。

3）阶梯发货模式。对于阶梯发货模式的订单，可自行设置发货时间为3~5天。

（2）产品规格

以创建服饰类目的产品规格为例。在产品规格输入区域，如需设置服饰颜色，则按规格名选择颜色，规格值设置为红色、黄色等。

若除颜色外，还希望增加产品尺码，可点击"添加规格"，输入规格尺码及规格值信息，如X、M、L。

自定义规格名的字符长度不要过长，一般不超过4个汉字。

在一个产品信息中，可支持设置多个规格名和规格值。一个产品可以添加3个主规格，每个主规格可以添加200个规格值（见图2-1）。如超过上述量级，建议发布成多个产品。

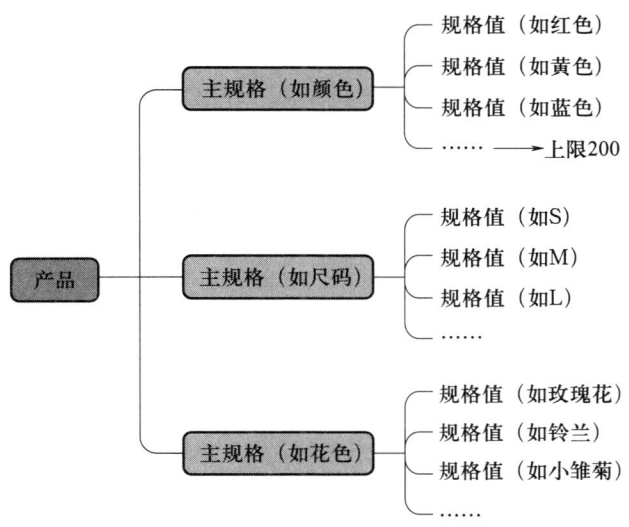

图2-1　产品信息规格图

需要注意的是，产品信息内容不可使用如国家级、全网最低、极品、顶级等绝对化用语。

（3）产品价格与库存

1）产品价格与库存设置。当产品为单规格时，产品价格默认为单个 SKU 价格。当产品为多规格时，产品价格将以区间价格形式展现，区间范围为 SKU 最低价 ~ SKU 最高价。

例如，××产品价格为 50 元，同时涉及优惠券 20 元，则在用户端展示的价格：产品价格为 30 元，划线价格为 50 元。

2）订单库存计数

①下单减库存（默认选项）。用户提交订单，库存数量相应减少。取消订单，恢复库存数量。

②用户付款减库存。用户支付订单，库存数量相应减少。取消支付，恢复库存数量。

③用户付款减库存（升级版）。用户提交订单且成功支付前，会产生 1 个"预占"库存。3 min 内，用户成功支付，库存数量相应减少，否则释放"预占"库存。

步骤 6 选择服务与履约。

（1）售后服务

售后服务将根据所选产品类目默认其匹配项。如该产品类目支持 7 天无理由退换货，则用户端将显示"7 天无理由退换货"的服务标签。

（2）售卖方式（定向邀约）

全部售卖形式是指产品发布成功后，商家可以直接售卖，也可以通过直播销售员带货形式售卖。

（3）上架时间

立即上架是指产品发布后，会直接在"售卖中"展示，此时产品处于上架状态。放入仓库是指产品发布后，会直接在"仓库中"展示，此时产品处于下架状态，需在"仓库中"操作上架。

（4）同店产品推荐

当店铺中产品数超过 5 件，在产品详情页面中店铺的下方会有同店铺推荐产品展示位。

（5）产品起售

起售件数是指每个用户每次下单最少购买的件数，起售件数应为正整数。起售件数不得超过产品每次限购件数和累计限购件数。起售件数如超过产品库存，用户将无法购买该产品。如未设置产品起售件数，互联网平台默认起售件数为1件。

步骤7　填写产品资质。

互联网平台会通过产品（部分类目）的基础属性来判定对应的必填属性及资质证书。

例如，酒类产品（预包装食品），选择属性产地为"中国"时，必填属性为"生产许可证编号""生产企业名称"。又如，枸杞子（预包装食品或食用农产品），选择属性产地为"中国"以及属性包装方式为"包装"或"散装"时，必填属性为"生产许可证编号""生产企业名称"。

部分必填属性及资质证书，见表2-1。

表 2-1　必填属性及资质证书

品类	产品范围	产品资质属性	
		资质证号类	生产企业名称
化妆品	国产普通用途化妆品	备案/批准文号	生产企业名称
	国产特殊用途化妆品	备案/批准文号	生产企业名称
	进口普通用途化妆品	备案/批准文号	生产企业名称
	进口特殊用途化妆品	备案/批准文号	生产企业名称
食品	国产预包装食品	生产许可证编号	生产企业名称
	宣称获得"绿色食品认证"或宣称绿色食品或外包装有"绿色食品认证"标识的食品	绿色食品认证编号	生产企业名称
	宣称获得"有机食品认证"或宣称有机食品或外包装有"有机食品认证"标识的食品	有机食品认证编号	生产企业名称
	宣称获得"无公害农产品认证"或宣称无公害食品或外包装有"无公害农产品认证"标识的食品	无公害农产品认证编号	生产企业名称
	1～3段婴幼儿配方乳粉	婴幼儿配方乳粉产品配方注册号	生产企业名称

续表

品类	产品范围	产品资质属性	
		资质证号类	生产企业名称
3C产品	《强制性产品认证管理规定》范围的产品（3C产品目录范围）	3C认证证书编号	生产企业名称
消毒产品	《消毒产品分类目录》范围的国产产品	消毒产品生产企业卫生许可证编号	生产企业名称
工业产品	直接接触食品的材料等相关国产产品	工业产品生产许可证证书编号	生产企业名称
图书	图书	ISBN	—
期刊	期刊、报刊	ISSN、CN	—
涉水设备	饮水机、净水设备	涉及饮用水卫生安全产品卫生许可批件编号	生产企业名称
农药	国产农药	农药生产许可证编号	生产企业名称
	国产、进口农药	农药登记证编号	生产企业名称

注：为提高产品发布效率，商家应按产品实际情况填写完整且真实有效的产品信息。

三、注意事项

1. 在互联网平台上，发布产品链接应确保准确真实。
2. 在互联网平台上，发布产品链接应简洁美观。

培训项目二

互动管理

学习单元1 用户沟通

用户沟通的方式。

一、用户沟通概述

1. 用户沟通的定义

用户沟通是指信息在个体或机构之间,以及机构内外之间的传递过程,或是客服人员将自己的思想与用户的思想交换,使双方相互了解并协调行动的过程。

2. 用户沟通的作用

(1)用户沟通是提升用户满意度的基础

用户沟通至关重要。经常与用户沟通,才能了解用户的实际需求和期望,尤其当出现工作失误时,与用户沟通有助于获得用户的谅解,减少或消除用户的不满情绪。

一般来说,良好的用户沟通,可以降低退换货、差评、投诉等售后问题的概率,实现更高的销售目标。

（2）用户沟通是维护用户关系的基础

用户沟通可以向用户阐述双方长远合作的意义，描绘合作的愿景，进而提高用户的复购率。还可以深入了解用户的真实需求，在沟通中加深与用户的感情，维护双方的关系。

二、用户沟通的原则

1. 尊重用户

用户的购买行为是寻求尊重的过程，用户对于直播的参与程度和积极性，很大程度上取决于对用户的尊重。

2. 语言简洁得体

语言是思想的载体。用户沟通时，简洁得体的语言显得尤为重要。简洁的语言可以使用户有兴趣和耐心沟通，参与直播互动。

在用户沟通过程中，语言得体也很重要。优美的、得体的、恰当的语言，会给用户和谐的、亲近的、信任的感觉，起到事半功倍的作用。

3. 营造轻松和谐的沟通氛围

沟通内容一般围绕直播产品的功能、特点、使用方法、价格等进行。此时，适当使用轻松的语言、动作等，既能活跃气氛，又能拉近双方的距离。

遇到陌生的用户时，可以适当使用夸赞的方式，使用户快速融入沟通氛围。夸赞应从实际出发，切莫过于夸大。

4. 避免争论，理性沟通

对不同的用户，沟通方式不尽相同。对情绪激动的用户，需保持理性与冷静。可以先安抚用户的情绪，站在用户的角度思考问题。待用户冷静后，及时提出解决方案，积极承担责任。避免与用户争论，影响用户的体验，引起用户反感，以致无法及时解决问题。

5. 用户为重

以用户为重是直播的基础原则。例如，在互联网时代，时间很宝贵。因此，要节省用户的时间，便利、快捷、高效地与用户沟通。

6. 换位思考

适当调整用户沟通的方式和方法，换位思考使用户沟通更有效。

7. 满足用户自我价值感

若想使用户满意，不仅需要解决用户的问题，还需要充分了解用户的需要、期望，把对用户的关怀纳入用户沟通，发挥主动性，为用户提供量身定制的服务，真正满足用户的自我价值感。

三、用户沟通的方式

在直播过程中，应根据直播风格、直播产品特点、直播场地、直播节奏等方面随时调整用户沟通的方式。常用的有以下用户沟通的方式。

1. 欢迎用户

用户进入直播后，需第一时间对用户表示欢迎，使用户感受到被重视，从而愿意进一步沟通。

2. 主动与用户沟通

用户进入直播后，需主动与用户沟通。可以围绕直播产品进行试探性的沟通，让用户有机会参与直播；也可以与用户聊一聊最近发生的热点话题，需注意避免涉及政治、宗教等敏感话题，以及不使用暴力、危险等不当言语；也可以聊一些具有共性的身边事，引起用户的共鸣并增加亲近感；还可以组织一些喜闻乐见、参与度高的互动小游戏，如成语接龙、猜盲盒等，以游戏方式与用户沟通。

3. 营销沟通

在直播过程中，以开放式提问、互动式介绍、情景式演示，调动用户的积极性，使用户了解、熟悉直播产品的使用方式、质量、特点等。照本宣科地将产品说明书叙述一遍，很难达到预期效果。

4. 扩展用户需求

在直播过程中，要与用户进行有效的沟通，了解并挖掘用户的扩展需求。不但可以扩大直播产品的需求，还可以改进直播产品的质量，提升其市场竞争力。

5. 面对不当言论保持克制

在直播过程中，出现个别用户言语过于偏激，甚至扰乱直播秩序、干扰其他用户正常观看直播等突发情况。此时，需保持冷静，以礼貌的、克制的态度为用户解决问题。

四、用户沟通的技巧

1. 提前准备，有效应对

（1）调整自身的状态

用户沟通前，应做好准备，包括心理准备、身体准备、态度准备及情绪准备等。

（2）熟悉行业及直播产品

在直播过程中，只有熟悉行业、了解直播产品，才能为用户清晰讲解直播产品的性能、特点、价值，以及回答用户提出的各种专业性问题，从而赢得用户的信任。

2. 谦虚礼让，忌"据理力争"

在直播过程中，一定要尊重用户。需以谦虚的态度与用户沟通，语气要礼貌友好，使用户感受到专业的工作态度及良好的素质修养，赢得用户的理解和配合，从而提高成交转化率。

3. 宜换位思考，忌刻意说服

在直播过程中，面对用户提出的各种问题，应站在用户的角度换位思考，理解用户，并运用专业的知识和经验，耐心地解答用户的问题。

4. 预留缓冲，忌当场回绝

在直播过程中，遇到难以解决的问题时，不要立即回应用户，直接回绝用户更不可取。应仔细听取用户的问题，同时耐心解答，理解用户的核心需求。对确实无法立即答复的问题，应明确告知用户需等待的时间，并按时答复用户。

5. 用户分类

用户分类是基于用户的属性特征，进行有效性识别与差异化区分。将用户分类，可以更好地为用户提供服务。一般可以根据用户的沟通语气和方式、咨询问题的内容、订单状态、地理位置等进行分类。例如，根据用户的沟通语气和方式等，可以将用户分为认真型、随意型、积极型等类型。针对不同类型的用户，应采取不同的沟通方法和技巧。

（1）认真型用户

与认真型用户沟通时，应做到耐心、热情、周到、细致，使用户感受到专业性和严谨性。

（2）随意型用户

随意型用户通常喜欢采用较为轻松的、逗趣的方式提出问题。与随意型用户沟通时，应简明扼要地回答用户的问题，切忌长篇大论或同样以轻松的、逗趣的方式回复用户。

（3）积极型用户

与积极型用户沟通时，应注意沟通的时间节点、节奏和语气，让用户感受到被重视。尽量用亲切的、明快的语言与用户沟通，了解用户的需求，引导用户表达购买需求，尽可能帮助用户做出选择，从而提高成交转化率。

6. 实事求是，不夸大其词

在直播过程中，应站在客观的角度，清晰、严谨地与用户分析直播产品的优劣势，帮助用户货比三家，只有知己知彼、熟知市场状况，才能提高成交转化率。欺骗或夸大其词，不仅会失去用户的信任，甚至对品牌口碑造成难以逆转的影响。

7. 学会聆听

用户沟通前，要快速了解用户对直播产品核心的、真实的需求，并给出符合实际的解决方案。聆听不仅仅是听，还要有所反馈。如果用户表达不清楚，应及时提问，了解用户真实的需求。

8. 保持平等

当用户质疑时，应该就事论事，客观地陈述提出建议的目的、出发点。此外，无论用户是否质疑，对待用户的态度都应谦逊、谨慎、专业，以确保用户沟通的有效性。

9. 适当闲聊，氛围轻松

在直播过程中，除直播产品相关的问题外，也可以适当地增加轻松的闲聊内容，可以从用户感兴趣的话题开始，寻找与用户的共同兴趣，如饰品、服装、家装、宠物等。通过与用户闲聊，增加用户的认同感、亲近感，从而提高成交转化率。

10. 结束沟通

用户沟通后，需要对用户表示感谢，是礼貌也是情感输出。感谢用户的支持与信任，也是拉近和用户间距离的有效方式。

五、用户沟通的注意事项

1. 慎用语气助词

与直接沟通相比，在直播过程中的用户沟通很难通过语气判断对方的情绪，通过移动智能终端设备显示的、语义模糊的语气助词，往往会产生歧义，甚至引人反感。因此，用户沟通时，应谨慎使用语气助词。

2. 慎用直播道具

在直播过程中，搞怪的、有趣的直播道具起调节气氛的作用。但应把握使用直播道具的时机，否则容易引人反感，尤其不可使用低俗的且不合时宜的直播道具。

3. 适当的沟通节奏

用户沟通需注意沟通节奏，一般应迁就用户。如果沟通节奏过快，会给用户造成紧迫感，容易产生沟通障碍；如果沟通节奏过慢，用户会认为未被重视，从而失去耐心。

4. 慎用称呼

称呼一般为用户沟通的最初印象。在用户沟通的过程中，使用称呼时要谨慎，不能乱用，可以使用常用的"亲""朋友"等称呼用户。

5. 及时回复

在直播过程中，用户会随时发来消息。此时，需第一时间回复，以示对用户的尊重。及时、快速地回复消息，能够提高用户的好感度。

6. 慎用模板化回复

用户沟通时，经常使用模板化回复，如"可以"或"不可以"等，看似为用户解答疑问，实际却没有真正触及用户的核心问题。确定性的回复、有针对性的响应、专业性的分析、开放性的建议，既使用户感受到尊重，同时也解决了用户的问题。

7. 态度礼貌

用户沟通时，一定要注意语言规范有礼貌等，尽量营造宽松的、亲切的沟通氛围。

8. 沟通禁忌

（1）不回答用户的问题，或搪塞、推诿用户等。

（2）态度恶劣（如争执、训斥、谩骂、命令、讥讽、嘲笑等）。

9. 使用文明用语

（1）问候语。例如，"您好""早上好""下午好""晚上好"。

（2）请求语。例如，"请"。

（3）征询语。例如，"我的解释您能理解吗？"。

（4）应答语。例如，"好的""是的""很高兴为您服务""这是我们应该做的""不要紧""没有关系"。

（5）感谢语。例如，"谢谢""谢谢您的夸奖""谢谢您的建议""多谢您的合作"。

（6）道歉语。例如，"对不起""很抱歉""请您谅解"。

（7）道别语。例如，"再见""祝您生活愉快"。

（8）在正常情况下，使用普通话与用户沟通，也可以根据用户的要求使用方言。

学习单元 2　后 台 管 理

后台管理系统的操作方法。

一、后台管理系统

1. 后台管理系统概述

每个互联网平台账号都有前台界面和后台管理系统。

（1）前台界面

前台界面是互联网平台账号提供给用户浏览、访问的相关内容和页面，包括产品信息、新闻、企业介绍、企业联系方式、用户的留言等。

（2）后台管理系统

后台管理系统也称互联网平台账号管理后台，是对互联网平台的账号数据库和文件进行快速操作和管理的系统，使前台界面的内容得到及时更新和调整。

后台管理系统主要用于对前台界面的内容进行管理，如文本、图片、影音文件和其他文件的发布、更新、删除等，以及用户信息、订单信息、访客信息统计和管理等。

2. 后台管理系统的特点

（1）运行稳定

后台管理系统安全、稳定运行对于互联网平台实现直播等功能具有非常重要的影响。互联网平台账号稳定、资金安全、产品信息准确、订单数据清晰等，都依托于运行稳定的后台管理系统。

（2）功能丰富

后台管理系统具有丰富的功能，如各层级权限、适合不同方案的营销工具、安全付款渠道、自动化数据统计等。

（3）操作便捷

后台管理系统应操作便捷，简单实用。

（4）布局整洁

后台管理系统的页面布局应干净整洁，能够清晰明了地展示各功能模块。

二、后台管理系统的功能

后台管理系统一般应具备以下功能。

1. 账号系统管理功能

账号系统管理，也称权限管理。在后台管理系统中，拥有最高权限的管理员，还可以监测后台管理系统的全部数据，并实现所有操作。账号系统管理功能可以实现权限分工、规范管理、提高效率等。

2. 产品管理功能

产品管理功能是后台管理系统中最基础的功能。产品管理功能支持对所有直播产品的管理，包括批量删除、产品发布、上下架操作、产品信息填写、产品图片上传等，以及详细的库存、点击量、浏览量、销售额统计等。

3. 店铺管理功能

店铺管理功能可以突显店铺的特点。

4. 分类管理功能

分类管理功能是指操作者对多种不同品类的产品进行分类。除此之外，在后台管理系统中，还设有二级分类系统，供操作者发布新产品时选择使用，方便用户以不同的方式浏览产品。

5. 订单管理功能

订单管理功能是后台管理系统的核心。订单管理功能可以显示所有订单的明细及状态，供管理者和用户浏览。还可以根据不同的需求，对订单状态进行修改，如待发货、运输中、已签收、退换货等。

6. 数据分析功能

数据分析功能是后台管理系统中必不可少的部分。数据分析功能可以按时间节点、订单状态、销售额、物流状态等，对数据进行分析，自动生成相应的图表。同时，也可以导出、下载图表，便于分析、记录。

7. 营销工具功能

在互联网营销时，可以借助不同的营销工具提高曝光率，加大营销力度。互联网平台账号常用的营销工具包括优惠券、限时购、组合购、满额减、拼团、代金券等。

8. 互动营销工具功能

互动营销是指基于商家与消费者共同的利益点，通过有效的沟通方式，在恰当的时机将双方紧密结合的营销手段。互动营销强调双方采取共同的行动，达到互助推广、营销的效果。互联网平台账号中常用的互动营销工具包括打卡签到、刮刮卡、大转盘、吸粉红包、新人礼包、充值礼品等。

9. 客服中心功能

客服中心功能是用户沟通的重要途径。客服中心功能包括进行文字、图片传输的客服聊天功能，将大量用户分配给不同客服人员的多客服支持功能，以及快捷回复、修改订单状态、查询订单等功能。

10. 用户管理功能

用户管理功能是指管理用户的基础信息体系、用户成长体系、用户积分体系等。用户管理功能主要是对用户的行为进行数据分析，构建用户画像，实现用户分类，最终实现个性化的用户营销。

11. 物流管理功能

物流管理功能包括管理运费模板、管理单品运费等功能。还可以根据直播产品的体积、质量、数量，设置运费，以及管理物流状态、物流单号等物流信息。物流管理功能模块包含众多的物流模板编辑素材库，可以根据实际需求自定义修改，从而提高发货的效率。物流管理功能模块还具有批量订单修改功能，可以实现批量发货和批量打印，从而提高工作效率，降低时间成本。

12. 操作日志功能

操作日志功能适用于后台管理系统的最高权限管理员。最高权限的管理员可以通过操作日志功能模块，查看其他操作者的动态和记录。

13. 财务管理功能

财务管理功能可以对直播账号进行销售统计、对账等。通过财务管理功能模块，可以快速了解销售情况，如当日、周、月的销售额，未支付订单等。能够对直播产品所属上下游企业、经营、销售各方进行结算工作。

14. 库存管理功能

库存管理功能主要包括库存增加、锁定、扣减、返还、异常处理等功能。库存管理功能可以分为销售层、调度层、仓库层。库存的变动有 2 种流向，分别为自上而下（售卖）和自下而上（退货）。

三、后台管理系统的操作方法

1. 登录

打开互联网平台，输入用户名和密码，点击"登录"，即可进入后台管理系统。在"登录"键旁，通常有"记住密码"和"自动登录"选项，勾选后，下次登录时不用输入用户名和密码，即可自动登录后台管理系统。

2. 产品管理

在后台管理系统中，点击"产品管理"，查看全部产品。点击"产品详情"，查看产品的信息，包括产品出售中、未上架等状态，同时可以对产品进行管理，如编辑产品详情页面、添加产品图片、产品上下架等。

3. 店铺管理

在后台管理系统中，点击"店铺管理"，可以对店铺页面进行美化。"店铺管理"模块中有模板素材库，可以根据需要下载、使用相应的模板，也可以根据提示，自行设计美化店铺。

4. 分类管理

在后台管理系统中，点击"分类管理"，可以对店铺中的产品进行分类管理。分类管理模块方便查看产品信息。

5. 商家保障

在后台管理系统中，点击"商家保障"，可以勾选多种保障服务，如消费者保障服务、7天无理由退换货、交易约定类服务等。

6. 营销中心

在后台管理系统中，点击"营销中心"，可以根据需要，选择不同的营销工具进行营销推广。点击"活动报名"，可以查看互联网平台的营销活动并报名参加，从而获得更多的流量曝光，提高销售额。

点击"促销管理"，可以设置店铺的优惠方式及活动，如限时打折、满立减、满送、优惠券领取等。还可以查看营销数据、设置营销活动时间节点、设置优惠券领取数量等。

7. 交易管理

在后台管理系统中，点击"交易管理"，可以显示店铺中已销售产品、用户付款记录及用户订单记录。当用户下单并支付货款后，点击"发货"即可跳转到发货页面，按照提示发货即可。

8. 物流管理

在后台管理系统中，点击"物流管理"，可以查看与订单物流相关的全部信息。点击"服务商设置"，可以指定物流服务商。点击"运费模板设置"，可以选择产品的物流方式，并设置包邮区域、首件产品的运费价格、续重价格等子选项。点击"物流跟踪"，可以查看待发货、已发货产品，揽收、运输和派送等信息。

9. 客服中心

在后台管理系统中，点击"客服中心"，可以进行用户沟通，为用户提供售前、售后等服务，沟通的方式包括文字、语音、图片、视频等。若用户有退换货、退款等需求，客服人员也可以在"客服中心"中根据用户的需求操作。

10. 数据分析

在后台管理系统中，还可以查看店铺每天的访问量、浏览量、成交金额等相关数据。点击"导出"，可以将相关数据以 Excel 表格的形式导出。

各互联网平台数据分析模块的名称不同。例如，淘宝的数据分析模块称为"生意参谋"、抖音的数据分析模块称为"电商罗盘"等。

11. 体检中心

在后台管理系统中，点击"体检中心"，可以查看店铺是否存在违规行为，并根据体检得分和建议，对店铺营销活动和产品进行优化完善。

12. 库存管理

在后台管理系统中，点击"库存管理"，可以查看产品库存的明细记录，包括出入库明细、退换货明细等。点击"库存分类"，可以执行产品分类操作，方便产品清点、查账、盈利核算等。

13. 用户管理

在后台管理系统中，点击"用户管理"，可以查看关注、订阅店铺的用户信息等。还可以设置用户等级、用户折扣、用户管理制度等。设置后，关注店铺的用户即可享有购买产品的折扣。

14. 自动回复

在后台管理系统中，点击"自动回复"，会出现"新建""导入""导出"以及"刷新"等选项。选择"新建"选项，在"新增快捷短语"框输入回复词语，再自定义分组并保存，输入的回复词语就会出现在自动回复列表中。

四、后台管理的注意事项

1. 保护用户名和密码

用户名是账号安全的基本保障，应避免他人随意使用或更改。因此，密码不可过于简单。要妥善保存密码，避免丢失，造成不良影响。

2. 细致、耐心、谨慎操作

后台管理系统的重要性决定在操作过程中应细致、耐心、谨慎，仔细核对操作步骤，以免误操作。

对涉及产品详情、产品价格、物流信息等影响销售的操作步骤，更需要谨慎小心，仔细核对，避免造成用户不便及经济损失。

3. 规避违规词汇

在编辑产品信息、产品上架或发布产品链接时需规避违规词汇，避免因使用违规词汇被互联网平台处罚，影响店铺的信誉度。

常见的违规词汇包括最好、国家机构推荐、最先进的加工技术、美白、减肥、保健、抗癌、点击领取奖品等。

4. 熟悉工作流程

需熟练掌握店铺的工作流程和异常问题的解决方法。

5. 熟悉营销活动运作

应充分了解营销活动的设置方法与规则，否则可能影响营销活动的效果，甚至给用户造成不专业的印象。

6. 良性信息互动

要有及时获取信息、总结归纳信息的能力，应成为提供信息的源头。同时，应增强主动沟通的意识，确保营销活动顺利进行。

7. 明确工作权重

后台管理具体且繁杂，可以将不同的工作和需求按权重划分后，合理安排。首先，处理紧急且重要的工作；其次，处理紧急但不重要的工作；再次，处理重要但不紧急的工作；最后，处理不紧急不重要的工作。

8. 注重维护信誉

诚实守信、优质服务、真实宣传、用户思维、质优价廉等是店铺维护商业信誉、赢得用户信任、提升用户满意度、确立品牌的重要途径。

技能　操作后台管理系统

一、操作准备

电脑、无线网络或有线网络等。

二、操作步骤

步骤1　确定使用的工具。

平台管理员应先确定需使用的工具，手机或电脑均可。

步骤2　登录后台管理系统。

输入平台管理员的用户名和密码，点击"登录"即可进入后台管理系统。

步骤3　产品管理。

点击"产品管理"，查看全部产品，并根据需要进行产品发布、店铺装修等操作。

步骤4　交易管理。

点击"交易管理"，按照提示，查看店铺中已销售产品、用户付款记录，以及物流发货等。

步骤5　店铺管理。

点击"店铺管理"，根据提示或要求，进行店铺信息修改、店铺违规行为查看、店铺装修等操作。

步骤6　营销中心。

点击"营销中心"，可以查看多种营销活动及营销工具，平台管理员可以根据直播团队需求和系统提示，选择参与营销活动、使用营销工具。

步骤7　内容管理。

点击"内容管理"，使用功能键，发布相关内容、开启直播、发布作品等。同时，商家可以查看发布内容的相关数据。

步骤8　用户管理。

点击"用户管理"，使用功能键，可以查看用户的相关数据。

步骤9　客服管理。

点击"客服管理"，使用功能键，可以查看客服数据、欢迎语、用户分流情况、需要处理的售后任务等。

步骤10　库存管理。

点击"库存管理",使用功能键,可以查看账户保证金、交易账单、申请发票、对账等。

三、注意事项

1. 平台管理员在操作过程中,需细致、耐心、谨慎,若操作失误应迅速修正。

2. 平台管理员在操作过程中,应满足店铺、直播团队的需求。

职业模块 三
售后与复盘

培训项目 一

售后

学习单元1　产品发货进度查询

1. 产品订单的类别、信息及产品订单进度。
2. 产品发货进度查询的方法。

一、产品订单的类别

1. 预购订单

预购订单是指在商家设置的预售时间内购买产品的订单。

2. 待定订单

待定订单也称开放订单,是指尚未到期的、可以追加产品而不需要重新下单的,且可以对订单中产品的尺码、颜色等进行更改的订单。

3. 特殊订单

特殊订单也称客定订单,是指为个别用户服务的订单。特殊订单通常受限于商家最低订货量的规定。因此,特殊订单需达到最低订货量后,用户才能收到产品,或直接从商家以调换、购买等方式获得产品。

4. 追加订单

追加订单是指再度订购曾经购买过产品的订单。追加订单一般是对于周转快速的单品。由于产品的变化太快，基本产品比流行产品更容易产生追加订单。

5. 补货订单

补货订单是指补充已经售完产品的尺码、款式、颜色的订单。

6. 备胎订单

备胎订单是指因之前订购的产品部分到货或短缺而补下的订单。产品短缺通常是商家现有产品的款式、颜色或尺码不够所致。商家也会以其他款式、颜色或尺码的产品替代缺货的产品，往往造成用户收到错误的产品。

7. 紧急订单

紧急订单又称优先订单，是指商家及物流服务商的速办订单，以补充库存量较低的产品。有时，紧急订单也会因宣传或商家促销增多。

8. 完成订单

完成订单也称达成订单，是指商家已经完成出货的订单。

9. 逾期订单

逾期订单是指用户未在指定到货日期收到产品的订单。

10. 无订单

无订单是指产品已送达用户，可商家没有相关的产品订单信息。

二、产品订单的信息

1. 订单基本信息

订单基本信息即订单上显示的信息，一般包括订单号、下单用户信息、订单基础信息、支付信息、收货信息和物流信息6个部分。

（1）订单号

订单号是指有下单用户或产品相关信息的编号。需精心设计订单号的格式（常用的订单号格式为年月日＋序列号或随机号），保证订单号的唯一性。为避免数据泄露（如竞品商家通过订单号分析其订单数），部分互联网平台对订单号的格式进行变形处理。

在执行订单的过程中，订单号是产品流转非常重要的依据。某些订单管理系统根据订单号进行分发流转，可以根据订单号判断订单类型或仓库等信息。

（2）下单用户信息

下单用户信息是指与下单用户相关的信息，包括下单用户名、下单用户资料、下单IP地址等。

（3）订单基础信息

订单基础信息包括订单状态、订单类型、订单来源、订单分类、订单金额、运费、仓库、商家等信息，以及对应订单状态的时间字段（如下单时间、付款时间、发货时间、签收时间、关闭时间等）。

（4）支付信息

支付信息是指在订单中使用的优惠券、积分、折扣、礼品卡以及实付金额等信息，在订单进入结算页时，根据相关信息进行计算并记录。

（5）收货信息

收货信息包括收货人、收货地址、预约收货时间、联系方式等与收货相关的信息。收货人可以与下单用户不同，为提升用户体验，部分订单可以预约送货时间、附带祝福信息等。所以，此部分信息可以单独列出或作为附属信息。

（6）物流信息

物流信息是指物流服务商及物流单号等信息，常与物流明细信息关联使用。

2. 订单产品信息

订单产品信息是指订单产品的明细信息，包括产品编码、产品名称、产品分类、购买数量、原价、实际售价、产品金额、单品级优惠、缺货状态等。

3. 开票信息

开票信息包括购买方名称、发票内容、纳税人识别号等。

4. 支付信息

支付信息是指使用各种支付方式的明细信息，包括支付金额、支付时间、交易流水号、支付状态等。将支付信息输入财务系统进行应收对账，发生退款时需要检验支付信息。要保证数据准确、及时；在结算时，尽可能加快响应速度，提升用户体验。

5. 物流信息

物流信息包括已揽件、运输中、派送中、已签收等主要节点的物流信息，一般可以从物流服务商的系统获取。

6. 订单附属信息

订单附属信息是指根据实际业务情况，附加的相关信息。例如，对于优惠券、礼品卡、积分等信息，可以使用订单附属信息表更加详细地记录。同时，也包括部分不方便或不能记录在订单表或产品表中的信息，都可以使用订单附属信息表记录。

三、产品订单进度

1. 新建订单

新建订单即用户选择产品并提交后产生的新订单。新建订单是根据用户选择的收货地址、支付方式、开票信息、产品的优惠活动、订单的优惠活动等生成的。

2. 支付订单

支付订单即用户支付已提交的订单。支付订单需记录支付的详细信息，支付完成后，订单状态变为已支付。订单在发货前需要经历以下阶段。

（1）拉单

拉单是指将前端服务器产生的订单拉取到后端生产库。要求快速完成此过程，不能出现订单积压的现象。

（2）订单拦截

订单拦截发生在用户新建订单或支付订单后，没有拆单前，主要目的是判断恶意订单及审核特殊订单。此过程需要根据互联网平台规则进行。订单拦截后，订单可能被强制取消，目的是释放库存或避免用户恶意刷单，此过程类似回收站，也被称为订单的回收期。

（3）拆单

拆单一般在支付完成后，根据产品属性、配送条件或是否缺货等因素拆分订单，生成子订单。

（4）订单下发

订单下发是指通过仓库管理系统或互联网平台将订单传递给合作商家，由其进行发货。例如，在某互联网平台下单后，用户会收到类似"您的订单已经分配到×××仓……"的系统消息。

3. 待发货订单

待发货订单为不确定是否已经下发到仓库的订单。此时，订单可以被取消。

4. 接收订单

接收订单是指在仓库管理系统中定义为待分拣的订单，此时，订单已经开始在仓库管理系统中流转。

5. 分拣/打包/发货

分拣/打包/发货都是仓库或商家的作业过程。在一般情况下，订单未分拣时，用户或互联网平台可以取消订单，具体操作需依据订单取消流程。

6. 已发货订单

当仓库或商家发货后，订单便进入物流状态，即已发货状态。此时订单已经完成打包，不允许被取消。若用户欲取消订单，只能进行订单拦截或拒收处理。

7. 物流状态信息

物流状态信息一般由已揽收、运输中、已派件和已签收4个节点组成，通过物流服务商的系统可以获取物流状态信息。物流状态信息一般与订单产品信息分离，并记录在物流信息表中。需将物流状态信息筛选后展示给用户，且最好与物流服务商保持一致，避免产生投诉。

8. 签收

签收是指用户收到产品后，签字确认，即订单完成。如后续涉及产品质量等问题，则需要启动售后流程。

9. 拒收

拒收是指用户购买产品后，对产品有疑问或者对产品不满意，拒绝收货的订单状态。对于此类情况，一般建议商家主动与用户沟通，并妥善处理。

四、产品发货进度查询的方法

产品发货进度是指在产品发出后，对物流进度进行跟踪反馈的过程。产品发货进度的查询方式主要有互联网平台查询、物流服务商官方网站查询、小程序查询等。此外，商家需保证及时更新产品发货进度，以便用户能够获取最新信息。

1. 查询流程

查询流程：首先查询产品订单信息，其次根据产品订单信息在物流服务商官方网站上查询，最后对查询结果进行跟踪。如果短时间内无回复，则需转交工作任务，持续跟踪。物流信息方面的问题主要集中在以下方面。

（1）产品发出后无对应物流信息

1）缺货（商家原因为主）。通用的处理方法：询问发货仓库，并确定是否发货。若未发货，则查询原因。缺货时，询问到货时间，并与用户沟通，同时实时跟踪、查询产品发货进度。

2）仓库待发货过多（物流原因为主）。通用的处理方法：确认商家已发货，询问物流服务商原因，并与用户沟通，尽快给予用户解决方案。同时，通知发货仓库做丢件处理，以及询问用户是否可以接受补发。

（2）非本人签收

通用的处理方法：确定用户的地址是否正确、是否为朋友、同事、家人或社区保安等代为签收，也可以向物流服务商查询，并告知用户最终结果。

（3）疑难件订单

疑难件订单是指各种原因无法按时派送的订单。

1）用户原因。用户原因是指用户信息不正确。例如，电话不正确、地址不正确等或暂时联系不上用户，导致订单无法派送的情况。

通用的处理方法：通过电话、线上留言等持续联系用户。若长时间仍无法联系到用户，可以联系物流服务商将订单产品退回；等待用户主动联系，确认正确的电话及地址后，重新安排发货。

2）物流原因。物流原因是指物流服务商发错地址、仓库爆仓、订单遗留在仓库、非本人签收等原因。

通用的处理方法：查明原因，向用户表示歉意，以不影响用户体验为前提，主动与用户沟通并及时告知用户跟进情况，持续跟进至用户收到产品。若物流服务商长时间无法安排送货，应及时安排发货仓库重新发货，并将原订单产品退回。

（4）超区件订单

超区件订单是指仓库发货安排不当或物流服务商送货区域变更导致无法派送的订单。

通用的处理方法：联系用户询问是否可以自提，若用户不能自提则安排订单产品退回或更换其他物流服务商。若用户要求更换其他物流服务商，可以根据具体情况，与用户确定费用后，再更换物流服务商。

（5）破损件订单

破损件订单是指派送途中产品破损无法正常使用的订单。

通用的处理方法：派件员需查看包裹是否完好、破损程度、破损件数等，并让用户拍下破损产品的细节图作为证据。确认为破损件后，向用户表示歉意并安排补发，跟进至用户收到产品，及时录入破损件信息。

（6）丢件订单

丢件订单是指派送途中无法得知订单去向，且与物流服务商核实，确认为在某个时间段内无法找回的订单。

通用的处理方法：与物流服务商核实，确认订单状态，第一时间通知用户，表示歉意并安排补发，跟进至用户收到产品，及时录入丢件信息。

2. 退货流程

产品发货进度缓慢或查询产品发货进度过程中出现问题会导致退货。在退货过程中，需注意以下方面。

（1）用户未收到产品退货

1）用户原因。如果用户购买后，由于个人原因导致退货，客服人员需向用户了解情况后，再进行操作。

2）商家原因。如果是商家原因导致退货，商家应表示歉意，并及时与用户沟通协商。

（2）用户收到产品后退货

1）产品原因。商家应及时了解情况，核实是否产品质量问题，需拍照留底。若确为产品质量问题，商家需承担运费，并协助用户退货。待订单产品退回后，核实退货订单的产品信息并进行登记。

2）用户原因。对于无理由退货，商家应确认产品的包装、吊牌是否完好，与用户协商是否可以调换其他款式，协助用户根据不同产品的要求退货。待订单产品退回后，核实退货订单的产品信息并进行登记。

3）物流原因。如果是物流原因导致退货，应与用户协商处理。如果产品破损、丢失，可以与用户协商补发。

3. 退款流程

（1）退货、退款流程

用户向商家申请退货、退款，商家同意申请后，用户将产品退回，商家收到产品且检查无误后，退款给用户。

（2）不退货的退款流程

用户向商家提交退款不退货申请，商家同意后退款给用户。

（3）退款理由

1）商家同意退款理由。例如，正常产品7天无理由退换货；与商家协商一致；不想要了，拍错了或产品订单信息错误等原因。

2）特殊情况。例如，未收到产品（如预售产品、丢件、拒签）；产品质量问题；实物与产品描述不符；对于需要退款或退货退款的订单，需备注具体原因，方便商家跟踪订单的处理进度。

技能　查询产品发货进度

一、操作准备

电脑、无线网络或有线网络、待查询的产品订单等。

二、操作步骤

步骤1　确定产品订单。

根据订单号或用户下单的顺序确定产品订单。

步骤2　查询产品订单信息。

查询产品订单信息，包括订单号、物流单号等。

步骤3　选择查询方式，打开查询平台。

根据查询方式，打开对应的查询平台，输入用户名、密码及验证信息。

步骤4　输入产品订单信息。

根据不同查询平台的要求，输入产品订单信息。其中，互联网平台需要输入产品订单号。物流服务商官方网站需要输入物流单号。输入产品订单信息前，需核对，确保输入准确。

步骤5　查看查询结果。

使用查询平台的查询功能，查询产品发货进度。

步骤6　更换查询方式再次查询。

更换查询方式再次查询，以保证查询结果的准确性和及时性。

步骤7　确定查询结果。

根据2种以上查询方式的查询结果，确定最新的、最准确的产品发货进度。

步骤8　将查询结果反馈给用户，并更新产品订单页面。

将查询结果第一时间反馈给用户。同时，更新产品订单页面。

步骤9　持续跟踪产品发货进度。

持续跟踪产品发货进度，确保用户按时收到产品。

三、注意事项

1. 保证及时更新产品发货进度。

2. 短时间内无法查询到产品发货进度时，需及时通知用户。
3. 保证产品发货进度信息准确。

学习单元 2　用户反馈问题处理

1. 用户反馈问题的类型。
2. 用户反馈问题处理的方法及汇总分析。

一、用户反馈问题的类型

常见的用户反馈问题类型一般包括沟通问题、延迟发货问题、7天无理由退换货问题、表面一致性问题、与产品描述不符问题、未收到货问题等。

1. 沟通问题

（1）用户响应不及时，导致超时自动退款，商家不同意退款，导致互联网平台介入。

（2）用户申请退款后，商家拒绝，导致互联网平台介入（原因多为用户不沟通直接申请退款，或商家不认可退款原因）。

（3）商家对运费补偿处理不及时，导致互联网平台介入。

（4）商家对某些特殊品类产品的售后保障时间及范围不熟悉，对售后问题处理不当，导致互联网平台介入。

（5）产品无明确售后保障时间及范围，难以判断产品质量问题，商家不愿意承担责任。

（6）商家签收退货时未验货，导致纠纷。

2. 延迟发货问题

（1）商家暂时缺货或价格错误导致延迟发货或不发货。

（2）商家对发货时间概念不清，没有在规定时间内发货。

（3）商家随意承诺发货时间，发货不及时。

（4）商家将产品交给物流服务商后，没有及时跟进，不了解物流信息。

3. 7天无理由退换货问题

对7天无理由退换货（产品质量问题、维修产品等产生的退换货）未及时处理。

4. 表面一致性问题

产品存在破损、瑕疵等问题，导致纠纷。

5. 与产品描述不符问题

（1）未拍摄产品实物，对产品图片过度美化。

（2）产品与产品详情页面中的描述不符，包括产品的材质、成分、规格、尺寸、颜色、包装等情况。

6. 未收到货问题

（1）商家打印订单后，未审核订单，漏发产品。

（2）物流服务商未能准时向用户送达产品。

二、用户反馈问题处理的方法

1. 沟通问题

（1）明确客服人员分工，规范管理售后服务，包括安排优先级和规定处理时长，如首次跟进时限、3日完结率等。

（2）如果用户反馈问题过多，商家可以先用短信提醒用户。用户24 h未修改时，则用电话沟通。如果无法判断问题性质，商家可以先用短信联系用户，无回应再用电话跟进。

（3）对于商家原因导致的退换货，运费应由商家承担。对于商家承诺承担运费的产品，出现退换货问题，商家在收到产品时，应首先处理运费问题，再对产品进行处理，并在内部登记表中，添加承担运费的备注。

（4）对于特殊品类产品，商家应对客服人员做好售后服务培训，明确处理方法。

（5）商家在产品信息中，应说明不同产品的使用及保养方法。例如，羊毛类服饰洗涤及保养方法、真皮产品保养方法等。

（6）商家在处理用户反馈问题时，应换位思考。商家应勤与用户沟通，了解问题，通过照片举证等方式确定是否使用方法不当造成的问题。

（7）商家应及时提供解决方案，如维修、部分退款或退换等。

（8）商家处理用户反馈问题后，可以给予用户一定的补偿，如商家的优惠券、小额现金等。

（9）商家在处理退换货问题时，应提供正确的退换货信息，且收到退换货产品时，需先验货再签收。

2. 延迟发货问题

（1）商家应保证库存产品与实际相符，并且产品价格无误。

（2）商家应保证及时发货，并在后台管理系统中更新物流信息。

（3）商家发货时，安排优先级别，以确保物流服务商有足够的时间。

（4）商家不要轻易承诺发货时间。如果承诺了具体的发货时间，则要在发货后，及时跟进物流。如果条件许可，还可以用短信通知用户产品发货进度。

（5）对已发货订单，与物流服务商保持沟通及时跟进物流，及时更新物流信息。

（6）如果商家确实存在违规行为，应主动承担责任，避免不必要的纠纷。

（7）商家应在预售规则中，明确预售产品的发货时间。

（8）商家与物流服务商签订合同时，应就延迟发货、丢件、破损等问题进行约定，明确责任及承担方式。例如，某专卖店，在"双十一"期间，与物流服务商约定：订单收揽后7天未送达，商家直接补发，其间产生的运费由物流服务商承担。

3. 7天无理由退换货问题

（1）商家收到7天无理由退换货申请后，应及时与用户确认是否影响产品二次销售。在不影响产品二次销售的情况下，商家应尽量提供退换货服务。

（2）商家在签收退换货产品时，要进行检验。对于包邮产品，运费应由商家承担。

（3）对于不支持7天无理由退换货的产品，商家应在产品详情页面的醒目位置提示，避免纠纷。

4. 表面一致性问题

对于表面一致性问题，商家应该积极与用户沟通，确认原因，向用户解释并获取谅解。如果责任方在商家，则应提供解决方案，如补发产品等。

5. 与产品描述不符问题

对于与产品描述不符问题，商家应要求用户提供证据，物流服务商确认责任后，提供退换货服务或者给予用户补偿。

6. 未收到货问题

对于未收到货问题，商家应与物流服务商沟通，如实告知用户沟通结果，并积极协助用户解决问题，直至用户收到产品。

三、用户反馈问题汇总分析

1. 用户反馈问题的作用

用户反馈问题包括对产品或服务的体验和满意度等方面。用户反馈问题对于开发新产品、改善用户体验和提升用户满意度至关重要。妥善解决用户反馈问题，有助于提高用户的忠诚度。

2. 用户反馈问题收集的方法

商家收集用户反馈问题有以下常用方法。

（1）即时通信

即时通信是用户与商家直接沟通的一种无障碍方式。

（2）问卷调查

商家可以采用问卷调查收集产品的功能、互联网平台的服务或使用体验等问题，问卷调查是一种简单的且有效的方法。

（3）社交媒体

商家可以通过社交媒体收集用户反馈问题，寻找有价值的信息。在一般情况下，在社交媒体上，用户反馈问题更多且更直接。

3. 用户反馈问题汇总的方法

（1）选择用户

忠诚度较高的用户对产品有更丰富的使用经验，其反馈的问题更具有分析的价值。

（2）收集用户主动反馈的问题

通过用户主动反馈的问题，商家会获得比较重要的信息。

（3）鼓励用户反馈问题

商家收集用户反馈问题时，部分用户虽然觉得产品很不错却不愿反馈问题，因此，商家需采取有效的措施，使用户积极且真实地反馈问题。

（4）分析用户反馈问题

用户反馈问题的内容很重要，用户反馈问题的数量也很重要，可以保护商家免受用户反馈问题的片面性影响。相对来说，反馈问题数量较多的用户更重要。

（5）需优先处理的用户反馈问题

无论采用何种方式的用户反馈问题都是值得重视的。当用户反馈问题涉及产品质量问题时，商家需要优先处理此类问题。

（6）用户反馈的高风险问题

用户反馈的高风险问题是指产品可能存在急需解决的问题或产品已经影响用户的正常使用。商家需建立高风险反馈机制，优先加急处理用户反馈的高风险问题。

4. 用户反馈问题分析的方法

（1）汇总用户反馈问题

商家应将收集的用户反馈问题进行汇总，方便查询。

（2）分组归类用户反馈问题

在通常情况下，可以将用户反馈问题按照用户反馈问题性质、用户反馈问题主题和用户反馈问题代码分组归类。

1）用户反馈问题性质。按照用户反馈问题性质一般可以分为可用性问题、新功能要求、用户教育问题、其他问题。

2）用户反馈问题主题。按照用户反馈问题主题分类，适用于用户反馈问题内容过多的情况，可以较为快速地查找问题内容，方便分析和解决问题。例如，按照问题的责任方，分为商家问题、用户问题、物流公司问题等。

3）用户反馈问题代码。使用用户反馈问题代码的目的是提取用户反馈问题，并以更简洁的、更可行的方式重新表述。用户反馈问题代码应具有足够的描述性，以便理解用户反馈问题。用户反馈问题代码应尽可能简洁、真实地反映用户反馈问题。

（3）整理用户反馈问题

分析用户反馈问题前，商家需对其进行初步了解，整理用户反馈问题，了解用户反馈问题的多样性。一般来说，每个用户反馈问题均不相同，商家需要分析更多的用户反馈问题，以便发现规律，并使其具有可操作性。如果部分用户反馈问题均为同一类问题，则可以适当删除同类问题。

（4）编写用户反馈问题代码

整理用户反馈问题后，应编写用户反馈问题代码，以便对用户反馈问题进行分析处理，也可以与商家沟通解决用户反馈问题。

（5）优化用户反馈问题代码

将笼统的用户反馈问题代码进行分解，变为更具体的用户反馈问题代码，使用户反馈问题更详细，更容易理解。

（6）统计用户反馈问题

优化用户反馈问题代码后，应统计用户反馈问题，了解用户反馈问题的重点，根据用户反馈问题进行改进。对用户反馈较多的问题优先改进，同时深入挖掘并分析更有价值的改进意见，持续关注对产品提出建设性意见的用户。

（7）总结研究用户反馈问题

总结用户反馈问题，并与客服人员探讨用户反馈问题的处理方法，并将通用的处理方法发至客服人员。处理用户反馈问题后，可以记录用户反馈最多的问题，并深入研究，同时避免出现相同的问题。

技能　处理用户反馈问题

一、操作准备

电脑、无线网络或有线网络、待处理的用户反馈问题等。

二、操作步骤

步骤1　打开用户反馈界面。

平台管理员打开用户反馈界面，根据反馈时间，依次处理。

步骤2　确定用户反馈问题类型。

确定用户反馈问题类型，如与产品描述不符问题、未收到货问题、沟通问题等。根据用户反馈问题类型确定责任方。

步骤3　确定用户反馈问题的处理方法。

确定责任方后，平台管理员与责任方联系并商讨用户反馈问题的处理方法。应考虑多方利益，寻找最优的处理方法。

步骤4　与用户沟通用户反馈问题的处理方法。

平台管理员与用户沟通用户反馈问题的处理方法，确定用户是否满意。

步骤5　确定用户反馈问题的处理方法。

汇总多方意见，确定用户反馈问题的处理方法。

步骤6　处理用户反馈问题

根据处理方法，处理用户反馈问题，要保证时效性。

步骤7　跟踪用户反馈问题的处理进度至处理完成。

平台管理员实时跟踪处理进度，并同步给用户，直至处理完成。

三、注意事项

1. 平台管理员处理用户反馈问题时，应态度良好。

2. 平台管理员处理用户反馈问题时，应公平公正，不推卸责任，且不能偏袒。

3. 在用户反馈问题的处理方法中，需标明完成时间。

学习单元3　用户投诉问题处理

1. 用户投诉问题的类型。
2. 用户投诉问题处理的方法及平台仲裁。

一、用户投诉问题的类型

在实际工作中，用户投诉问题一般集中在退款、退换货、发货、订单、虚假促销、售后服务、产品质量、霸王条款等方面。按用户投诉问题性质、投诉心理、投诉用户对用户投诉问题进行分类，便于了解用户投诉问题及确定处理方法。

1. 按用户投诉问题性质分类

按用户投诉问题性质，可以将用户投诉问题分为有效投诉与沟通性投诉。对沟通性投诉，若处理不当，会变成有效投诉。因此，必须认真对待沟通性投诉。

（1）有效投诉

1）用户投诉直播产品在质量、物流配送、使用等方面与产品描述不符。

2）用户投诉商家的服务态度、服务质量等方面。

（2）沟通性投诉

1）求助型。用户在使用直播产品方面出现困难或问题，需商家给予帮助。

2）咨询型。用户对直播产品提出意见或建议，向商家咨询反馈。

3）发泄型。用户对直播产品存在不满、误会等情况，要求商家解决问题。

2. 按投诉心理分类

（1）发泄心理型投诉

具有发泄心理的用户投诉，通常会有怒气和抱怨。商家应平复用户愤怒或不快的心情，使用户得到释放和缓解，维持用户的心理平衡。

（2）尊重心理型投诉

具有尊重心理的用户情感极为丰富，往往认为自己是正确的且有道理的。此类用户希望得到同情、尊重和重视。在一般情况下，商家应向用户表示歉意，并立即处理用户投诉问题。

（3）补偿心理型投诉

具有补偿心理的用户投诉，多数希望及时得到补偿，包括财产补偿和精神补偿。

3. 按投诉用户分类

（1）蛮横无理型用户投诉

蛮横无理型用户常见的表现为大吵大闹、逻辑混乱、不讲理。对于此类型用户，商家需不受用户的情绪干扰，尽量处理用户投诉问题，否则双方将陷入情绪化的争执。

（2）有理有据型用户投诉

有理有据型用户常见的表现为逻辑清晰，责任划分明确。对于此类型用户，商家需坚守底线，对不确定的问题可以暂时不回答，听用户的逻辑，在厘清思路后再处理用户投诉问题。

（3）平静叙述型用户投诉

平静叙述型用户常见的表现为目的性较强、情绪波动较小，但思路清晰，可以明确表达诉求，一般会要求补偿。对于此类型用户，商家不要过于爽快地答应其要求，仔细划分责任，寻找平衡点，以便顺利处理用户投诉问题。

4. 常见的用户投诉问题

（1）产品质量问题投诉

产品质量问题投诉是指用户购买的产品实物与产品描述不一致的投诉，包括但不限于产品尺寸不准确、产品实物与图片有色差、产品质量差等问题。

（2）订单问题投诉

订单问题投诉是指用户下单，商家没有充足库存等问题的投诉。

（3）发货问题投诉

发货问题投诉是指商家没有按照约定时间发货的投诉。商家点击"发货"，却没有更新物流信息，用户误以为虚假发货或物流服务商的原因导致发货问题。

（4）退换货问题投诉

退换货问题投诉是指商家自身原因导致用户损失却拒不退换货的投诉。在不影响产品二次销售的情况下，不同意用户合理的退换货要求，或商家同意用户退换货要求后，迟迟不处理。

（5）退款问题投诉

退款问题投诉是指商家在没有发货的条件下，不退款，或在收到用户退货的产品后，以各种理由不及时退款等问题的投诉。

（6）售后服务问题投诉

售后服务问题投诉是指客服人员的服务态度和售后服务不及时的投诉。除此之外，还包括部分商家未提供完善的售后服务，如无退换货说明或未建立隐私保护政策等问题的投诉。

（7）虚假促销问题投诉

虚假促销问题投诉是指赠品缺失、商家承诺积分换取奖品却没有奖品、夸大其词、虚假宣传、利用巨额奖金或奖品诱惑用户等问题的投诉。

（8）霸王条款问题投诉

霸王条款问题投诉是指商家诱导用户在不知情的情况下，签订不平等条款的投诉。例如，只提供"同意"或"不同意"选项的格式化契约条款，缺少详细内容，造成用户理解偏差或不理解、不知道等情况。

二、用户投诉问题处理的方法

1. 一般用户投诉问题处理的方法

了解并掌握不同的用户投诉问题的处理方法并灵活运用，有助于降低投诉率、提高工作效率、提升产品市场竞争力。

（1）接受发泄法

用户在投诉时有怒气和抱怨属于正常现象，商家应保持态度谦和，接受用户的投诉，并引导用户讲出原因，然后有针对性地处理用户投诉问题。

（2）转化分歧法

转化分歧法适用于误解导致的用户投诉问题。商家在处理此类用户投诉问题时，应先使用户明晰问题所在（如仓库问题、物流问题、特殊管控、产品使用方法问题等）。当用户了解误解原因后，即可基本解决用户投诉问题。

（3）主动承认错误法

商家自身的原因，如产品瑕疵或服务质量等导致的用户投诉问题，商家应主动承认错误，并争取用户的谅解，切忌推卸责任或寻找借口。主动承认错误是处理此类用户投诉问题的第一步，承认错误后应在明确承诺的基础上，迅速处理用户投诉问题，第一时间处理成本较低。

（4）转移矛盾法

转移矛盾法是指对用户投诉问题不正面回应，并将问题转向其他方面的方法。此处理方法适用于用户要求不合理，如"狮子大开口"、仅退款不退货、索要精神损失费等，对于此类用户投诉问题，最好不正面回应，应迅速转移问题，避免激化矛盾。

2. 一般用户投诉问题处理的技巧

（1）应保持冷静，避免个人情绪受干扰。

（2）应保持积极的态度，积极采取行动。

（3）应快速、精准地找出用户投诉问题的重点。

（4）应集中研究用户投诉问题的处理方法，熟记并为用户提供正确的处理方法。

（5）应避免过多不必要的解释与假设，不回避用户投诉问题的重点。

（6）即使用户粗鲁无礼，也应保持克制，并以积极的态度处理用户投诉问题。

（7）处理用户投诉问题时，应尽量使用富有感情的话语。例如，"谢谢您的提醒，我们会注意的""谢谢您告诉我们""我们明白您的困难/问题"等。

（8）处理用户投诉问题常用的话术

1）应耐心聆听用户投诉问题，并及时给出反馈。常用的话术有"好的，我明白了""我明白您的意思""××先生/小姐，我很理解您现在的心情""明白了，您的问题我已经详细记录了"。

2）无论用户投诉问题是否合理，都应先向用户道歉以平复其情绪。常用的话术有"对不起""××先生/小姐，对此我们非常抱歉，还请您原谅""××先生/小姐，我们非常抱歉，是我们工作的问题，影响您的购买体验，对不起"。

3）用户投诉问题的主要责任方为商家，应向用户道歉，并保证立即采取补救措施。常用的话术有"××先生/小姐，发生这样的事，我们十分抱歉，马上采取补救措施，尽力帮您解决问题"。

4）处理用户投诉问题后，应向用户保证不会发生同样的问题。常用的话术有"希望您能信任我们，以后绝不会有类似的事情发生""我们保证不会有同类事情发生"。

5）为使用户感受到商家真心想要解决问题，应提出其他备选方案。常用的话术有"××先生/小姐，这其实是最好的解决方案，不过如果您认为不合适的话，您看我们可不可以这样安排……"。

6）当用户提出不合理要求时，应委婉拒绝，并礼貌地解释原因。常用的话术有"××先生/小姐，真对不起，只有在……情况下才可以这样做""××先生/小姐，真不好意思，我们无法办到，因为……""××先生/小姐，真不好意思，恐怕暂时帮不了您，因为……"。

7）用户沟通结束前，要礼貌地向其表示谢意或歉意。常用的话术有"××先生/小姐，谢谢您的反馈""××先生/小姐，谢谢您对我们的监督"。

8）若用户提出更多的要求，需告知用户，为其转到适当人员并解决问题。常用的话术有"××先生/小姐，这件事情我无法帮助您，不过我可以请我的领导××先生/小姐跟您谈谈，可以吗？"。

（9）用户对处理方法有意见时的沟通技巧

用户对处理方法有意见是比较常见的情况。按照用户意见的类型，商家可以应用以下处理方法。

1）用户误会商家，原因多为缺乏沟通

①应立即澄清误会，让用户感受到商家积极的态度以及对用户的尊重。

②应加强练习，提高沟通的技巧。

2）处理方法对用户无效益或用户对处理方法无好感

①应强调用户曾经表示认可处理方法。

②应指出处理方法给用户带来的效益，强调用户已认可的效益，并使用户着眼于此。

3）用户提出不合理的要求。

应任由用户发表意见，不与用户争辩，可以重复用户已经认可的效益并予以加强。

3. 严重用户投诉问题处理的方法

（1）严重用户投诉问题的类型

1）已经处理，仍没有解决的且没有使用户满意的用户投诉问题。

2）经过社交媒体如微博、抖音、快手等传播，升级到公共领域的用户投诉问题，可能给商家及产品带来负面影响。

3）可能给商家造成严重经济损失或名誉损失的用户投诉问题，如涉及工商行政处罚、违反广告法等。

（2）严重用户投诉问题的处理步骤

在处理严重用户投诉问题时，要冷静又不乏谋略，沉着又不失机智。处理严重用户投诉问题主要有以下步骤。

1）快速定位问题。应及时了解用户的需求、处理方法、处理节点等。获取信息的渠道主要有聊天记录、订单备注、客服人员等。

2）对照规则，确定责任。应根据相应的互联网平台规则对严重用户投诉问题进行举证。根据互联网平台的通用规则和发货、违规处罚等自主规则，确定严重用户投诉问题的责任方及处理方法。

3）风险预估，明确底线。处理严重用户投诉问题时，应根据不同情况确定处理方法。如果用户要求退货、退款或赔偿订单金额，可以安抚用户的情绪，并尽快引导用户退货、退款以解决问题；如果涉及的赔付金额过大，则需要启动控制损失机制，并向相关部门报备存在的风险、最严重的后果以及相应的处理方法。

4）制定多种补偿方案。应制定不同等级的补偿方案，根据用户沟通的结果，采取相应的补偿方案。

5）用户沟通。非商家责任时，也应注意态度，不要激化矛盾，应避免被用户断章取义，曝光到社交媒体。

6）确认处理方法，跟进落实直到严重用户投诉问题解决。与用户协商一致后，要积极跟进严重用户投诉问题处理过程直到解决。应主动将处理流程细节向用户反馈，这是过程及结果监控的关键步骤。

4. 严重用户投诉问题处理的技巧

（1）在用户沟通过程中，应避免过度赔偿。

（2）要树立服务意识和端正服务态度，做好应对被曝光的准备。

（3）应尽快将问题产品收回，防止用户恶意处置等。

（4）若用户的要求过于无理或用言语威胁、勒索钱财等，需保留部分文字、语音等凭证，方便举证。

5. 严重用户投诉问题复盘的方法

（1）复盘哪个环节导致严重用户投诉问题，如产品质量、服务态度、物流服务等。

（2）复盘哪个环节导致一般用户投诉问题升级，如处理问题是否及时、正确、闭环，是否态度差激化矛盾等。

6. 严重用户投诉问题的影响

（1）小问题变成大问题，小赔偿变成大赔偿，使商家损失加倍甚至涉及法律纠纷。

（2）互联网平台介入，判定商家责任，增大纠纷率及赔偿。

（3）给品牌、商家带来不可逆的口碑伤害，降低品牌、商家的美誉度和影响力等。

三、平台仲裁

1. 平台仲裁的定义

平台仲裁是指用户投诉产品订单问题，商家与用户协商不一致时，需要互联网平台客服人员根据互联网平台规则进行仲裁的一种解决用户投诉问题的方式。在仲裁协商期，用户多次请求、用户投诉问题升级的情况下，互联网平台客服人员可以提前介入。

2. 平台仲裁的触发条件

（1）并非产品本身质量问题导致用户投诉，且用户第一次申请仲裁，用户投诉问题进入协商期。

（2）根据大部分互联网平台规则，部分用户投诉问题无须进入协商期，可以直接仲裁。无须进入协商期的用户投诉问题包括但不限于：效果与产品描述不符；品牌、外观等与产品描述不符；假冒品牌；产品腐烂、变质、死亡；材质、大小、尺寸、质量与产品描述不符；使用后过敏；包装或产品破损；产品做工粗糙、品质差；品种、规格、成分等与产品描述不符；生产日期、保质期等与产品描述不符；成色与产品描述不符；产品瑕疵；联系不到商家；盗版；无法核销；已在其他地方购买；退运费；产品与订单信息不符；未按约定时间发货；收到产品少件、错件、空包裹；互联网平台功能体验差；商家要求用户以其他方式消费等。

3. 平台仲裁的流程

（1）用户申请平台仲裁。

（2）商家查看举证通知。

收到举证通知，需要依据场景提供相关凭证。通常举证场景分为必须举证场景和建议举证场景。

应将互联网平台要求的相关凭证填写完整，以便与用户继续协商，快速解决用户投诉问题。如果在协商期，未能及时提供相关凭证，互联网平台介入后，也会依据场景，要求商家补充相关凭证。

（3）商家查看仲裁订单详情。

（4）商家查看举证示例并进行举证。

根据举证示例，填写补充凭证，如聊天记录的截图等。

4. 平台仲裁的注意事项

（1）商家需主动关注举证通知，并及时举证。

（2）如商家对平台仲裁的结果不满意，可以在仲裁期限内向互联网平台申诉。

技能　处理平台仲裁

一、操作准备

电脑、无线网络或有线网络、待处理的仲裁订单、相关凭证等。

二、操作步骤

步骤1　用户申请平台仲裁。

用户在产品订单出现问题并与商家沟通无效后，可以申请平台仲裁。

步骤2　查看举证通知。

用户申请平台仲裁后，商家会收到举证通知。平台管理员需及时查看举证通知。

步骤3　查看仲裁订单详情。

平台管理员确定仲裁涉及的订单。查看用户投诉的原因，明确责任方。查看用户与商家的聊天记录。

步骤4　查看举证示例。

平台管理员查看举证通知中的举证示例。

步骤5　收集凭证。

根据举证示例收集凭证，包括聊天记录、产品实物图片等。汇总与仲裁订单相关的凭证。

步骤6　上传凭证。

步骤7　等待平台仲裁的结果。

等待平台仲裁的结果，同时继续收集相关凭证，在对平台仲裁的结果不满意时，可以进行申诉。

三、注意事项

1. 在平台仲裁前，应积极与用户沟通，尽量避免平台介入。

2. 商家提供的凭证应尽量全面、完整。

3. 在日常工作中，注意保存聊天记录、产品资料等，避免举证时凭证不足。

培训项目 二

复盘

学习单元1 营销数据采集

1. 营销数据分析。
2. 营销数据采集的渠道及方法。

一、营销数据概述

营销数据是指基于某种营销目的，采集和整理关于组织机构或消费者个人的信息，预测、描述、管理、控制市场，从而使销售过程数据化、利润最大化和支持市场持续发展的有序数据流。营销数据通常应为真实的、有效的，可以从商业调查、交易或市场研究信息中推断出来的。

二、营销数据分析

当今社会，随着科学技术的发展，特别是计算机技术的普遍应用，营销方式和营销环境也发生了巨大的变化。在互联网时代，营销数据的作用越来越大。

一般从用户数据、产品数据以及销售数据分析营销数据。

1. 从用户数据分析

从用户数据分析是指企业收集足够数量与业务场景相关的用户数据，再通过一系列方法形成具有指导营销作用的用户数据分析结果，是形成科学的用户画像的过程。

用户画像是一系列数据分析流程（问题场景确定→数据收集→预处理→建模→标签提取→标签验证→结果分析和可视化等）的集合。从用户数据分析，提取用户标签（通常为高度凝练的词汇，如高价值、低购买力等），能直观地发现用户的商业需求。用户画像是执行进一步营销策略的指南针。

2. 从产品数据分析

从产品数据分析贯穿从产品概念产生到产品最终退出市场的全生命周期。

（1）概念设计阶段

从产品数据分析是基于用户需求的多样性、企业研发资金的有限性等条件，分析大部分目标用户的主要需求，从而进行产品功能分类、满意度和优先级排序。

（2）研发至上市阶段

此阶段从产品数据分析的重点是价格敏感度。从目标用户的心理价格接受水平切入，形成被大部分用户接受的最优价格和可以选择的价格区间。此阶段，从用户数据及产品数据分析对于指导产品定价具有重要的参考意义。

（3）销售阶段

此阶段从产品数据分析的重点是分析、预测产品所应用的技术在市场中的扩散情况，通过预测结果，总结该产品的生命周期，以及在每个阶段，应采取的营销策略。

（4）成熟稳定阶段

此阶段从产品数据分析的重点是产品改进，通过改进产品以提升产品的市场竞争力。

3. 从销售数据分析

如果能预测产品未来的价格和销量，对于制订生产和销售计划有较大的作用和指导意义。因此，从销售数据分析的重点是针对价格和销量的定量分析。常用的定量分析方法有移动平均法、指数平滑法、趋势外推法和回归分析法等。

（1）移动平均法

移动平均法可以消除或减少不同时间段的销售数据受偶然性因素干扰随机变

化的影响。所以，此方法适合波动性小的、短期的产品的价格和销量预测。

（2）指数平滑法

指数平滑法是从移动平均法发展而来的一种改良加权平均法。在使用移动平均法的前提下，对距离预测时间段较近的销售数据给予较大的权重，对距离预测时间段较远的销售数据给予较小的权重。此方法适合有波动性的和趋势性的产品的价格和销量的短期预测。

（3）趋势外推法

趋势外推法是根据有一定趋势的产品的历史销售数据，拟合成趋势线，以此外推预测其未来销售数据的方法。此方法适合有一定趋势性的产品的价格和销量的中、短期预测。

（4）回归分析法

回归分析法包括一元线性回归、多元线性回归、非线性回归等，可以预测的期限较长，适合各时期产品的价格和销量预测。

三、营销数据采集的类目

数据采集也称数据获取，是指在一个系统中采集数据后，将数据传输到另一个系统中，为后续数据分析做准备。

营销数据采集的重点类目包括产品类目、地域类目和人群类目。

1. 产品类目

产品类目采集的数据主要来自产品基础数据及其销售数据，主要包括产品类别结构、品牌结构、价格结构、毛利结构、结算方式结构、产地结构等，从而形成产品的广度、深度、淘汰率、引进率、置换率，重点产品、畅销产品、滞销产品、季节产品等多种指标。通过分析上述指标来指导调整产品结构，增强产品的竞争力。

2. 地域类目

地域类目是互联网时代经济活动的空间表现形式。将营销数据，通过各种方法，分析影响地域类目分布的重要因素。在此基础上，合理分布互联网产品，提高营销利润。

3. 人群类目

人群类目采集主要通过数据分析定位目标消费人群，以此为基础进行营销数据采集、整理、分析等工作。

（1）通过消费者的购买时间、购买产品、购买数量、支付金额等行为数据，分析不同人群的营销行为价值。

（2）通过消费者的性别、年龄、地域分布等特征数据，分析不同人群的营销特征价值。

（3）通过消费者的消费习惯、消费偏好等过程数据，分析不同人群的消费关联性、关联收藏、关联购买信息等营销过程价值。

四、营销数据采集的渠道

营销数据伴随消费者和企业的行为产生，并广泛分布于电子商务平台、社交媒体、移动智能终端、企业平台和第三方平台等。营销数据的类型多种多样，既包括消费者的交易信息和基本信息、企业的产品信息与交易信息，也包括消费者的评论信息、行为信息、社交信息和地理位置信息等。在互联网环境下，营销数据是公开的、共享的，但营销数据的传输和分析需要采集、整理的过程。

下面主要介绍常见的2种营销数据采集渠道。

1. 企业平台

企业平台数据是指企业基于自身的网络平台开发和挖掘的数据。这类数据主要是企业通过自身的网络平台，收集消费者购买产品的一系列数据，再进行统计和分析。例如，某国内运动品牌凭借自己的运动App，收集用户的运动信息，并因此掌握了主要城市的最佳跑步路线等。在不同形式的企业自有数据平台上采集的数据，可以为企业营销做出贡献。

2. 第三方平台

第三方平台也是主要的营销数据采集渠道。企业与第三方平台合作，利用互推方式增加企业和产品的曝光率，并共享粉丝或用户资源，已经成为互联网营销的趋势。与门户网站、电子商务平台、网络搜索工具、社交网络平台、移动支付等第三方平台合作，增加用户流量，进而转化成实用的营销数据，方便了解消费者，为更多的消费者制定更精准的大数据营销策略。

五、营销数据采集的方法

1. 调查法

调查法一般分为普遍调查法和抽样调查法。普遍调查法是统计调查的组织形式，是对统计总体的全部单位进行调查，以采集、统计营销数据的调查方法；抽样调查法是一种非全面调查法,即从全部调查研究对象中,抽选一部分单位进行调查,并据以采集、统计营销数据的调查方法。

2. 观察法

观察法是指通过深入现场、参加生产和经营、实地采样等方法,进行现场观察并准确记录(包括测绘、录音、录像、拍照、笔录等)调研情况,采集营销数据的方法。观察法的应用很广泛,应用观察法时可以结合询问和实物收集,以提高营销数据采集的可靠性。

3. 实验法

实验法是指通过实验采集用其他方法难以得到的营销数据的方法。实验者通过主动控制实验条件,包括对营销数据产生条件的恰当限定、对营销数据产生过程的合理设计等,可以采集能客观反映事物的有效营销数据。实验法较为特殊,常与观察法结合应用,以提高营销数据采集的准确性。

4. 文献检索法

文献检索法是指从大量的文献中采集营销数据的方法。文献检索法可以分为手工检索法和计算机检索法。

5. 网络信息采集法

网络信息是指通过互联网发布、传递和存储的各种信息。网络信息采集的最终目标是为市场、企业及消费者提供营销数据。网络信息采集的过程一般由网络信息搜索、整合、保存和服务四部分组成。

技能操作

技能 采集营销数据

一、操作准备

电脑、无线网络或有线网络等。

二、操作步骤

步骤1 进入后台管理系统。

输入后台管理系统的网址,进入登录页面。在登录页面的相应位置输入用户名和密码,进入后台管理系统。

步骤2 在后台管理系统中,选择营销数据,或通过搜索栏搜索。

步骤3 打开 Excel 软件,在相应位置设置数据名称。

步骤4 按数据名称将营销数据输入表格。

步骤5 输入完成后,可以对表格的字体、字号、颜色、对齐方式、边框等细节进行优化,使表格清晰明了、整洁美观。

步骤6 在电脑上建立文件夹,命名应直观简洁,便于检索。

步骤7 将营销数据表格保存至新建文件夹中,数据类目设置应科学合理,避免杂乱无章。

三、注意事项

1. 采集营销数据应准确无误,保障数据分析的准确性。

2. 在营销数据输入过程中,应及时保存文件,避免电脑故障、断电等意外事件,导致营销数据丢失。

3. 除在指定文件夹中保存营销数据外,还应定期对营销数据进行备份,避免营销数据损毁,无法恢复。

学习单元2 营销数据统计

营销数据统计软件的功能和使用方法。

一、营销数据统计概述

营销数据统计是互联网营销过程或其他操作流程的数据统计的总称。营销数据统计是对互联网营销的历史资料,科学实验、检验、统计等所得的数据,科学研究、技术设计、查证、决策等使用的数据进行统计，以便形成互联网营销方案的数据支撑。

二、营销数据统计软件

1. 营销数据统计软件的特点

（1）营销数据统计软件应获取方便、技术门槛不高。

（2）营销数据统计软件的使用过程应简单、便捷。

（3）营销数据统计软件应可以实时更新数据、掌握最新趋势。

（4）营销数据统计软件的分析过程可以扩展，不用反复更改数据或格式。

（5）营销数据统计软件的分享、展示功能应简单方便。

2. 常用的营销数据统计软件

营销需求的多样性决定了营销数据统计软件的标准及侧重点有所不同。现阶段，常用的有以下营销数据统计软件。

（1）Excel 软件

Excel 软件是 Microsoft 365 系列软件之一，其操作界面简单易用，筛选、编辑、搜索、排序、检查等功能简洁明了，时间、日期、排序等基本数据处理操作简单、便捷，输入函数、公式，下拉即可获得计算结果。Excel 软件的统计分析结果均可以数据图表形式展现，包括二维图表、三维图表等，添加相关插件后，即可实现智能图表及复杂图表可视化，满足数据可视化的基本要求。

（2）SPSS 软件

多维度分析数据是营销数据统计的重点之一，SPSS 软件是此类分析软件的典型代表。SPSS 软件可以很好地完成回归分析、方差分析以及多变量分析等各种常规统计数据分析。在 SPSS 软件操作过程中，几乎不需要编写任何语句，直接用鼠标单击，即可以完成相关操作。SPSS 软件还能在分析的同时输出对应图形，提升数据统计分析的效率。

（3）R 软件

R 软件属于开源软件，即其源代码（源代码是指未编译的按照一定的程序设计语言规范书写的人可读的文本文件）是开放的，部分源代码、程序包等资料都可以在其网站下载。R 软件是系统的、专业的数据统计软件，且具有较好的可视化功能。可以满足使用者各种数据分析的需求。通过 R 软件的编程语法，可以自由编制函数来扩展现有功能。R 软件拥有强大的制图能力，可以支持高质量图形生成与绘制。同时，借助高效的绘图工具软件 ggplot2，可以快速创建所需图表，并根据图表形状调整。

（4）Python 软件

Python 软件是可以阅读并改动其源代码的开源软件。Python 软件的优势在于功能更加全面，无论是系统操作、文字处理，还是复杂的数据挖掘算法，Python 软件都能平衡兼顾。Python 软件含有标准数据库，以及如 Twisted、wxPython 等高质量的数据库，可以满足不同使用者的需求。Python 软件不仅可以进行数据分析，还可以完成 web 开发、网络编程、自动化运维、Linux 系统管理、科学计算、人工智能、机器学习等一系列工作。

（5）百度指数

百度指数是用于了解不同行业、不同品牌、整体市场、营销活动等方面的互联网营销数据的统计软件。通过百度指数，可以了解产品对应关键词在百度的搜索规模，产品在某段时间内的销量、价格、市场份额等数据的走势，以及相关新闻舆论变化的情况。也可以了解搜索此类关键词用户的身份特征、分布特征及其搜索的其他关键词。

（6）微指数

微指数是新浪微博自带的一种数据统计软件。微指数可以对关键词的用户提及量、阅读量、互动量进行加权，得出数据分析的综合指数，更加全面地体现关键词在微博的热度情况。通过微指数可以实时捕捉当前的社会热点事件、热点话题等，快速响应舆论趋势走向，可以为政府、企业、个人和机构开展舆情研究，提供重要的数据服务支持。

（7）新榜

新榜是基于微信的一款数据统计软件。新榜还具备视频号、抖音、小红书、哔哩哔哩等多个平台的数据分析功能，可以更好地为企业、商家提供不同平台、不同行业的营销数据分析。

（8）生意参谋

生意参谋是阿里巴巴集团旗下、淘宝平台及阿里巴巴诚信通平台共同研发的营销数据统计软件，通过交易指数、流量指数等分类数据的分析结果，帮助商家、企业实时、直观地掌握市场情况与竞争趋势。

（9）飞瓜数据

飞瓜数据是一款数据查询、运营及广告投放效果监控的专业营销数据统计软件。飞瓜数据提供抖音、快手等平台相关的数据分析，包括热门视频、音乐、抖音排行榜、快手排行榜、电子商务数据、视频监控、产品监控等功能模块。

（10）巨量算数

巨量算数是一个分析内容消费趋势的营销数据统计软件。巨量算数以今日头条、抖音、西瓜视频等内容消费场景为依托，输出内容趋势、产业研究、广告策略等分析研究的成果及观点。同时，巨量算数提供算数指数、算数榜单等营销数据分析工具，满足企业、商家等对于营销数据的需求。

三、常用营销数据统计软件的功能和使用方法

目前，互联网营销数据统计主要从第三方平台或平台自主研发的工具获取营销数据，并依托 Excel 等软件进行个性化的、有针对性的数据统计、整理、分析。

下面介绍两款主流营销数据统计软件的使用方法，日常直播数据复盘分析时，应结合实际情况使用。

1. Excel 软件

（1）主要功能

1）电子表格。Excel 软件能够制作各种电子表格，并使用公式和函数对数据进行复杂运算；同时，利用其超链接功能，可以快速打开局域网或互联网中的文件，与用户共享工作簿文件。

2）数据管理。启动 Excel 软件后，显示空白表格，填入数据即形成各种表格，如用户登记表、销售业绩表、工资表、销售价格表等。Excel 软件的编辑能力非常强大且方便，可以任意插入和删除表格的行、列或单元格，也可以对数据进行字体、大小、颜色、底纹等方面的设置。

3）制作图表。Excel 软件提供了 14 类 100 多种基本图表类型，包括柱形图、饼图、条形图、面积图、折线图、气泡图及三维图等。同时，图表的各种对象，如标题、坐标轴、网络线、图例、数据标志、背景等能自由编辑，在图表中也可以添加文字、形状、图片等。

（2）操作步骤

1）整理数据。在收集数据后，进行数据整理，Excel 可以将其以表格形式

呈现。

2）处理数据。对表格中的数据进行整理后，使用"函数"与"公式"对数据进行复杂的处理与计算。

3）统计分析数据。统计分析数据需要利用大量的图表，可以为互联网营销提供决策依据。

2. 飞瓜数据

（1）视频监控

飞瓜数据是更加细致地监控作品效益的数据分析结果型工具。飞瓜数据的视频监控功能模块提供对基本数据的监控，还针对单个视频数据设置监控目标值。当相关数据达到监控目标值时，飞瓜数据会以短信的形式提醒用户。同时，飞瓜数据还能提供粉丝数据监控和关联产品监控，以帮助用户了解营销数据的转化和变现效率。

（2）作品监控

作品监控具有收集直播账号基础数据的功能；具有反馈 24 h 内直播账号数据的增量情况，直观反映近期作品的效益数据的功能；具有查询直播账号的视频详情、绘制用户画像、分析产品销售情况的功能。

（3）涨粉作品分析

飞瓜数据粉丝增长（即涨粉）作品分析功能是用表格形式呈现每个作品涨粉的数据分析结果，记录作品的发布时间、每日点赞量等，能够分析作品热度的持续性以及趋势。

（4）粉丝数据分析

粉丝数据分析以周或日为单位，绘制粉丝的走势图，能够对比粉丝的转化情况，结合涨粉数据分析，即可了解如何构建转化机制。互动数据分析是显示在 90 天内任意时段直播账号评论增量和总量的变化值，同时还能够汇总相关的评论信息，分析粉丝的舆论特征，把握直播账号评论区的风向。

（5）活跃粉丝重合度分析

活跃粉丝重合度分析是产品转化分析的重要指标。直播账号与同类型直播销售员的账号重合度越高，说明匹配的流量越精准。直播账号应与同类型产品直播账号的重合度越低越好。因为，同类型产品之间存在竞争关系。所以，寻找相对"蓝海"领域，更利于后期直播账号顺利发展。

技能　制作 Excel 软件数据图表

一、操作准备

电脑、制作图表所需数据等。

二、操作步骤

步骤 1　打开 Excel 软件。

步骤 2　将表格数据制作成折线图或柱状图。

用鼠标选中数据表格,点击"插入",选择图表类型。点击"折线图"或"柱状图",将表格数据制作成折线图或柱状图。

三、注意事项

统计营销数据应准确无误,保障数据分析的准确性。

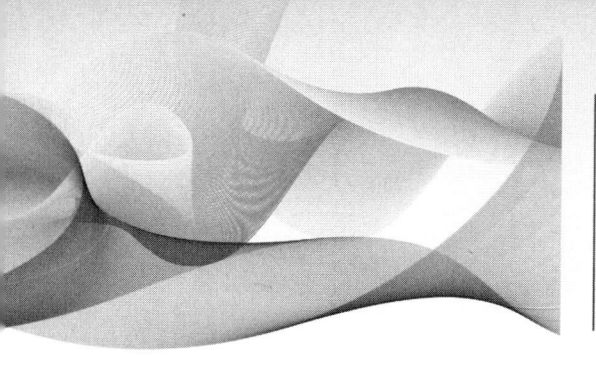

中级

职业模块 四
工作准备

培训项目一 宣传准备

学习单元 1 产品宣传内容制定

1. 产品类目及选择。
2. 产品宣传素材搜集的渠道。

一、产品类目及选择

1. 产品类目选择

确定产品方向，即确定产品类目。互联网营销产品类目大致分为三类，即标准化产品类目、非标准化产品类目和固定货源产品类目。

（1）标准化产品类目

对于标准化产品类目，只需要确定产品的市场定位，不需要细分市场方向。因此，在标准化产品类目营销过程中，最大的权重因素是品牌和信誉，不论其来自产品本身还是商家。

（2）非标准化产品类目

非标准化产品类目较多，市场定位不明确，价格不确定，产品的利润空间、品种选择范围较大，但机会成本也较高。例如，非标准化玉石类产品具有品种多、价格区间较大和透明度低等特性。因此，在非标准化产品类目营销过程中，最大的权重因素是产品本身和商家的流量和信誉。

（3）固定货源产品类目

固定货源产品类目的优势为进货渠道稳定，产品利润相对固定。因此，在固定货源产品类目营销过程中，最大的权重因素是产品的进货渠道和商家的议价能力。

2. 产品选择

市场需求和产品竞争的多样性决定了产品选择没有绝对的对错。产品选择一般遵循以下原则。

（1）根据选定的产品类目，结合具体条件，缩小产品选择的范围。

（2）针对选定范围内的产品，搜集、分析市场数据，形成初步预测。

（3）基于预测结果，进行小批量的、短时期的试错性销售。

（4）通过试错性销售，了解用户反馈的真实数据并进行调整，最终确定产品选择。

3. 产品分析

（1）行业预测

实际销售前，可以借助第三方数据分析工具，进行产品对应行业的分析和预测。

（2）市场调研

通过互联网平台，进行产品基本销量、总体利润率、行业平均营业情况等因素的市场调研，决定产品的营销内容和市场价格体系。

（3）受众群体

受众群体的定位是由"虚"渐"实"的运营过程，根据市场反馈调整，使其逐渐丰富和清晰，进而确定精准的受众群体。

（4）差异化营销

差异化营销是在细分市场的基础上，满足用户差异性的需求，也是吸引用户、提升产品的竞争力，并在诸多竞争对手中脱颖而出的有力手段。

（5）垂直分类

垂直分类是指细分行业，即专注于某一行业的分类方式。基于直播账号自身的特点和优势，在垂直细分市场中选择品类较少、竞争不激烈的产品，能得到更多的精准的流量，进而产生更高的转化率。

（6）产品矩阵

不论是产品自身还是营销过程，单个产品永远比不上产品矩阵的效率。因此，在产品分析中，要充分考虑产品矩阵布局。

产品矩阵布局包括主卖产品和引流产品：主卖产品应更多关注产品的性能、市场竞争力等方面，需花费心思和精力进行优化；引流产品应更多体现在样式、性价比等方面的吸引力，吸引用户关注直播账号，参与直播过程的同时做好关联营销。

二、产品宣传素材搜集的渠道

通过产品类目选择、产品选择、产品分析，定位产品战略的方向，并围绕具体产品，选择适合的宣传手段和方法。搜集、整理成功案例的标题、文案、图片、视频等产品宣传素材，建立资料库，为产品宣传指明方向、提供建议。

1. 标题素材

（1）搜索工具

利用长尾关键词搜索工具，搜集特定领域和产品的关键词。将关键词进行整理、归类、分析，筛选与特定产品关联性高的标题组群，并按一定的权重将标题组群中的标题进一步排序、整理，附带对应的网址。

（2）关键主词

在用户活跃的 App 中，搜索与产品宣传相关的关键主词，在主界面上，会出现长尾词下拉框。包含关键主词的长尾词，也可以作为产品宣传的素材。将搜集的关键主词记录成表格形式，在互联网平台上搜索，即可获得标题素材。

2. 文案素材

（1）网络搜索工具类

常用的搜索引擎包括百度、360 搜索、搜狗搜索等。

（2）问答平台类

常用的问答平台包括知乎等。

（3）自媒体平台类

常用的自媒体平台包括百家号、今日头条、搜狐网、网易网、微博等。

3. 图片素材

图片素材是影响产品宣传内容美观度的重要因素，优秀的图片素材可以从图片素材网站中搜索，使用图片处理工具加工。

（1）图片素材网站

常用的图片素材网站包括花瓣网、堆糖网、千图网、摄图网等，也可以在相关的导航工具中搜索图片素材，如设计导航工具。对搜集的图片，应按照产品宣传素材的要求，统一构图、优化风格，并避免不相关的信息出现在图片中。

（2）图片处理工具

在使用搜集、下载的图片前，需对其进行编辑、整理。常用的图片处理工具包括美图秀秀、创客贴、稿定设计等。

三、产品宣传素材选择的要点

1. 产品宣传素材应突出产品的行业地位、市场份额、核心竞争力等，增强用户购买产品的信心。

2. 产品宣传素材的标题应含有产品的核心关键词，便于被互联网平台搜索并推荐显示。

3. 产品宣传素材的文案内容应含有与产品匹配的关键词。

4. 产品宣传素材的图片应含有产品的核心关键词，便于被网络搜索工具收录并在搜索结果中排名靠前。

四、整理产品宣传素材库和产品宣传素材

1. 整理产品宣传素材库

（1）时刻关注热点

网络经济即注意力经济，热点即大众注意力的风向标。要时刻关注热点内容、热点趋势、热点网站，如即时热榜等。

（2）重质不重量

在产品宣传素材搜集过程中，应遵循质量为先的原则。

（3）边积累边学习

在产品宣传素材搜集、积累过程中，遇到陌生的知识、概念、原理时，应查找资料、学习理解，并记录相关内容，以备使用。

（4）常更新素材库

产品宣传素材库建立后，应及时更新，产品宣传素材应与市场变化趋势和产品定位相结合。

2. 整理产品宣传素材

（1）未加工素材

未加工素材是指通过一定的方法搜集并保存的原始产品宣传素材。此类产品宣传素材通常含有特定的关键词，但未经过整理、加工。

（2）已加工素材

已加工素材是指已经处理的、可以留作备用的产品宣传素材。此类产品宣传素材条理清晰、层次分明，一般以关键词的形式存储在列表中，随用随取。

（3）已使用素材

已使用素材是指已被使用的产品宣传素材。此类产品宣传素材可以作为未来创作的案例。

五、产品宣传内容制定的方法

1. 醒目的标题

有醒目标题的产品宣传内容，往往更能吸引用户的关注。设计产品宣传内容的标题时，可以采用正标题、副标题结合的方式。

2. 顺口易记的广告语

使用广告语的目的是配合标题或产品宣传内容，加强对产品的宣传。在通常情况下，广告语应言简意赅、平仄顺畅、顺口易记。

3. 精练的文案

文字精练、立意新颖、需求朴实、实事求是的文案是吸引用户的关注、激发用户的阅读兴趣进而形成注意力经济的关键要素。

4. 注意图片的运用

图片的直观性和代入感胜过千言万语。美观的、清晰的、高质量的图片能够加深用户对产品的印象。

5. 新产品的优势

说明根据用户需求，对新产品进行调整和改善，从而增强用户黏性、提高产品的转化率。

6. 竞争优势

在产品宣传内容中，具有相对优势是产品市场竞争力的基础，具有绝对优势是产品核心竞争力的保证。

学习单元2　跨平台宣传计划制订

跨平台宣传计划制订的方法。

一、跨平台宣传的作用

在互联网时代，互联网营销是强有力的宣传手段，为保证宣传效果，可以选择在多个互联网平台进行产品宣传。现阶段，跨平台宣传具有明显的优势，可以发挥以下作用。

1. 增加产品收益

跨平台宣传可以获得更多的流量和收益，更大范围地宣传产品，增强宣传效果。

2. 减少运营损失

各互联网平台规则不同，违反互联网平台规则，账号可能被限制流量或被封号，从而造成损失。跨平台宣传，可以降低风险，进而减少损失。

3. 提高成功率

各互联网平台由于自身定位、运营机制、企业战略不同，所展现的市场特性、关注点、利益链都不同。因此，跨平台宣传会显著提高成功率。

二、跨平台宣传的基本原则

由于各互联网平台的特性和规则不同，对产品宣传内容也应进行差异化调整和处理。因此，遵循跨平台宣传的基本原则有助于增强宣传效果。

1. 主题从一、分别进行原则

产品宣传内容一般只有一个主题，跨平台宣传也应遵循"主题从一"原则。针对不同的互联网平台，对产品宣传内容的主题进行适当增补或扩展，可以进一步提升产品的影响力。

2. 一致性原则

由于各互联网平台规则和后台管理系统不同，可能导致用户在各互联网平台接收的信息不一致，甚至出现相反的情况，使宣传效果大打折扣。因此，保证产品宣传内容在互联网平台间的一致性十分必要。

3. 资源集中、灵活调度原则

在跨平台宣传过程中，因互联网平台较多，活动规模较大，而消耗较多的资源。因此，实行资源集中管理、灵活调度原则是解决资源分配问题的有效措施。

三、互联网平台的类型

跨平台宣传前，需了解各互联网平台的特性，结合产品的优势，制订跨平台宣传计划。现阶段，互联网平台可以分为以下类型。

1. 半封闭式互联网平台

半封闭式互联网平台的特性为在私域流量内传播、粉丝多为受影响的关注群体、互联网营销的原则为先影响后交易。

基于上述因素，此类型互联网平台对产品宣传内容质量的要求较高，宣传效果在很大程度上受粉丝人数的影响，传播范围有一定的局限性。半封闭式互联网平台的典型代表有微信公众平台等。

2. 开放式互联网平台

开放式互联网平台的特性为在公域流量内传播、粉丝与关注群体的关联性较小、互联网营销的原则为影响即交易。

此类型互联网平台的流量池更大，使产品宣传内容的影响力更大、传播范围更广，适合新手参与。同时，此类型互联网平台对于优质的产品宣传内容有推荐奖励制度。开放式互联网平台的典型代表有头条号、百家号、一点号、腾讯内容开放平台等。

3. 视频式互联网平台

视频式互联网平台按上传视频作品的时长可以分为长视频互联网平台和短视频互联网平台。长视频互联网平台的典型代表有优酷、土豆、腾讯视频、爱奇艺等。短视频互联网平台的典型代表有抖音、快手、腾讯微视等。

视频的传播速度、复杂程度、代入感远超过文本、图片等形式，因此，现阶段视频式互联网平台处于快速发展期。

4. 短信息式互联网平台

短信息式互联网平台是指输出内容篇幅较短，适合利用碎片化时间快速浏览阅读的互联网平台。短信息式互联网平台的典型代表有微博、微头条、微信朋友圈等。

5. 问答式互联网平台

问答式互联网平台是指以互联网为载体、问答为基本形式，内容创作者、提问者、关注者形成良性互动的知识分享型平台。此类型互联网平台基本都具有知识付费的功能，如法律类、情感类、教育类等各类付费咨询。问答式互联网平台的典型代表有知乎、百度知道、360问答等。

四、跨平台宣传计划制订的方法

1. 总结宣传经验

在制订跨平台宣传计划前，要总结梳理以往产品宣传活动的成功经验与不足之处，同时借鉴竞品的宣传计划，取其精华去其糟粕。

2. 明确宣传内容

对此以往产品及竞品的宣传计划，明确产品宣传内容，并根据产品宣传内容，进行编辑、审核、执行等环节的资源和时间分配。

3. 细化宣传渠道

根据互联网平台的特性及侧重点，细化宣传渠道，确定是直接投放广告，还是邀请流量达人宣传或团队自建账号吸引用户等。同时，将不同宣传渠道的宣传效果、操作难度、需要的资源列成表，以供选择。

4. 创新宣传方式

灵活运用音频、视频、图片、动画、问答、文案等宣传方式并创新组合，以适应各互联网平台的特性及侧重点，增强宣传效果。

5. 解决宣传难点

应结合产品宣传内容、渠道、方式等要素，预测、分析宣传难点及制定解决方案，并做好应急预案。

学习单元 3　跨平台宣传计划执行

跨平台宣传计划分解。

一、制订跨平台宣传计划的要点

1. 统一宣传思想

制订跨平台宣传计划，应统一宣传战略、企业目标、员工思想。只有三者统一，才能很好地执行跨平台宣传计划。

2. 明确宣传重点

明确跨平台宣传计划的重点，才能有秩序地、有目的地、有方向地执行。

3. 组建宣传团队

明确跨平台宣传计划的重点后，应挑选人员，组建专职宣传团队，负责整体规划、落地实施。

4. 制订宣传计划

宣传团队成员协作，制订详细的跨平台宣传计划及实施步骤。

5. 定位宣传内容

产品宣传内容的标题、文案、图片等都应统一定位且服务于宣传效果，使用户和关注者产生深刻的印象，并快速了解产品，提升品牌的知名度。

6. 整合宣传渠道

在产品宣传过程中，在保证已有宣传渠道顺畅的情况下，应拓展更多的宣传渠道，并整合优质的宣传渠道，加大宣传力度、增强宣传效果。

二、跨平台宣传计划分解

将跨平台宣传计划分解成多个可执行的子任务，明确具体的工作任务、明晰任务间的逻辑、明白各任务与总目标之间的关系。分解跨平台宣传计划有以下关键因素。

1. 跨平台宣传计划分解的标准

在一般情况下，可以按时间、地点、人物、事件内容等分解跨平台宣传计划。

（1）按时间分解

1）按年月日分解，可以分解为年度跨平台宣传计划、季度跨平台宣传计划、月度跨平台宣传计划、周跨平台宣传计划等。

2）按宣传周期分解，可以分解为预热期跨平台宣传计划、专场期跨平台宣传计划、热销期跨平台宣传计划、续销期跨平台宣传计划等。

（2）按地点分解

1）按分管区域分解，可以分解为国内跨平台宣传计划、国外跨平台宣传计划、省级跨平台宣传计划、市级跨平台宣传计划等。

2）按所属部门分解，可以分解为部门跨平台宣传计划、小组跨平台宣传计划等。

（3）按人物分解

按人物分解，即按岗位职务分解。不同的业务板块负责跨平台宣传计划的不同部分，其负责人按各自的负责范围进行逐级分解，共同完成跨平台宣传计划。

（4）按事件内容分解

1）按跨平台宣传计划中各子计划的等级分解。例如，可以将子计划分解为S级、A级、B级等。

2）按跨平台宣传计划中各子项分解。例如，可以将"双11"促销计划分解为主会场、预售会场、分会场、爆品会场等。

3）按计划类型归属分解。例如，可以将跨平台宣传计划分解为框架层、形式层、内容层等。

2. 跨平台宣传计划的影响因素

跨平台宣传计划的总体运营指标是分析流量、订单、销售额得到的，包括独立访客（unique visitor，UV）、页面浏览量（page view，PV）、人均页面访问数、订单数、订单转化率、商品交易总额（gross merchandise volume，GMV）、销售额、客单价、销售毛利、毛利率等指标。

跨平台宣传计划的影响因素是拆解总体运营指标得到的，具体是指总体运营指标计算公式中包含的项目。

（1）商品交易总额（GMV）

$$GMV = 订单数 \times 客单价 = UV \times 订单转化率 \times 客单价$$

因此，影响商品交易总额的因素为独立访客、订单转化率、客单价。

（2）订单转化率

$$订单转化率（\%）= 下单人数 \div 浏览人数 \times 100\%$$

因此，影响订单转化率的因素为下单人数、浏览人数。

3. 跨平台宣传计划分解的方法

将跨平台宣传计划分解成子项，并明确其中影响因素的变量。对跨平台宣传计划的关键阶段进行详细分析，提炼基于跨平台宣传计划总体运营指标的关键问题及应对措施。

三、执行跨平台宣传计划准备

1. 落实执行人员

跨平台宣传计划顺利执行的基础是将其详细分解，并落实到具体环节和保证专人专事。专人专事原则的基本条件是执行人员所从事工作与其专业的契合度。

2. 明确完成时间

执行跨平台宣传计划应有明确的时间表，其中，对各项具体工作，也应有明确的完成时间，不应出现"尽快完成"和"越快越好"等要求。

3. 建立完成标准

对跨平台宣传计划及各项具体工作，都应建立完成标准，以顺利推动执行，避免资源浪费。同时，跨平台宣传计划的完成标准应具备落地实施的可操作性。

4. 确定成果展示方式

对跨平台宣传计划和各项具体工作，应确定成果展示方式（如口头汇报、书面报告等）。保证工作衔接顺畅，以便在最短时间内、有限资源下顺利执行跨平台宣传计划并展示宣传成果。

四、执行跨平台宣传计划

按跨平台宣传计划认真地执行是保证宣传效果的最重要因素。执行跨平台宣传计划应遵循以下原则。

1. 端正工作态度。各级执行人员要端正工作态度。
2. 培养良好的工作习惯。良好的工作习惯是跨平台宣传计划高质、高效执行的前提和保证。
3. 打下扎实的基本功。扎实的基本功是执行跨平台宣传计划的基础。
4. 运用创新思维。对产品宣传不断细心钻研、创新发展。
5. 加强分工合作。分工明确、密切合作是提高工作效率的必备条件。

学习单元4 宣传数据监控方案制定

1. 宣传数据类目。
2. 宣传数据监控与分析的方法。

一、宣传数据类目

1. 基本数据

基本数据包括产品宣传内容曝光次数、产品宣传内容点击次数、用户在产品宣传内容页面停留时间等。产品宣传内容曝光次数越多，互联网平台账号的流量越大。产品宣传内容点击次数越多、用户在产品宣传内容页面停留时间越长，则意味着用户越感兴趣、交易成功的可能性越高。

2. 互联网平台账号数据

互联网平台账号数据包括产品宣传内容带来的独立访客，以及独立访客产生的页面浏览量、网站注册量等数据。页面浏览量与独立访客的比例越大，说明用户对互联网平台账号的内容越感兴趣，意味着产品宣传内容带来的用户是精准流量。

3. 销售数据

销售数据包括咨询量、用户成交量、销售额、毛利率等数据。销售数据监控分析与互联网营销形成联动机制，可以促进互联网营销的良性循环。

4. 转化率

转化率是指衡量产品宣传是否达到预期目标的关键数据。有以下与转化率相关的数据。

（1）点击率

点击率是指点击次数与产品宣传内容曝光次数的比值。比值越高，说明宣传效果越好。

（2）咨询率

咨询率是指咨询数量与独立访客的比值。咨询率高说明产品宣传内容引起用户的兴趣。

（3）成交率

成交率是指产品成交数量与咨询数量的比值。应关注成交率与咨询率的关系。若咨询数量、咨询率双高，成交率较低，则存在刷单、虚假成交的可能。

（4）注册率

注册率是指注册用户数与独立访客的比值。

（5）用户成本

用户成本是指宣传费用与产品宣传内容带来的用户数的比值。若用户成本较高，要考虑改变宣传策略或选择其他营销手段。

（6）总投资收益率（return on investment，ROI）

总投资收益率（ROI）是指销售利润与投入成本的比值。

二、宣传数据监控的方法

宣传效果可以通过宣传数据体现，监控宣传数据是检验宣传效果的有效手段。宣传人员不仅可以在各互联网平台监控宣传数据，还可以利用互联网监控软件。

1. 自动收集宣传数据

设置需监控的关键词，互联网监控软件将自动、全面收集宣传数据，确保宣传数据的全面性和及时性。可以根据实际需求自定义筛选条件，对宣传数据进行过滤，保证宣传数据的精准性。

2. 自动预警敏感数据

可以根据需求，设置互联网监控软件自动预警敏感数据。当出现敏感数据时，互联网监控软件可以通过桌面通知、电子邮件、短信等多种方式预警，保证有效性、及时性，避免遗漏敏感数据。

3. 综合分析宣传数据

利用互联网监控软件，全方位综合分析，并直观展现宣传数据的变化趋势，为下一步产品宣传提供有力的数据支撑。

三、宣传数据分析的方法

1. 对比分析法

对比分析法是指通过对比不同的宣传数据,总结产品宣传计划存在的不足并做出合理调整的方法。通过对比分析法可以发现异常数据,并进一步挖掘导致异常的原因。

2. 数据细分法

数据细分法是指收集宣传数据后,从不同维度对宣传数据进行细化、分析的方法。

(1)细分维度

1)人群维度。人群维度是指用户的年龄、性别、兴趣爱好等维度。

2)时间维度。时间维度是指不同时间点(段)维度。

3)创意维度。创意维度是指创意样式、创意内容等维度。

4)其他维度。其他维度是指如落地页、操作系统等维度。

(2)数据分析

1)横比。横比是指通过对同维度各宣传数据进行比较,即分析宣传数据在各维度的占比情况。

2)纵比。纵比是指通过对同维度同一宣传数据在不同时间点(段)的趋势变化情况进行比较。比较同维度宣传数据达到绩效要求的情况,同时,对于异常数据进行分析并处理。

四、制定宣传数据监控方案

1. 细分宣传目标

细分宣传目标是判断能否达到宣传效果的有效方法,也是制定宣传数据监控方案的有力工具。

细分宣传目标可从以下方面进行。

(1)按完成时间细分

按完成时间细分,分为年度宣传目标、季度宣传目标、月宣传目标等。

(2)按服务对象细分

按服务对象细分,分为小组宣传目标、团队宣传目标、整体宣传目标等。

(3)按所处阶段细分

按所处阶段细分,分为结果宣传目标、过程宣传目标等。

2. 分级宣传数据指标

宣传数据指标一般包括下载量、激活量、新增注册量、活跃度、次日留存率、人均时长/次、首页访问率、停留率、人均充值金额、商品交易总额、客单价等。

根据宣传目标，将宣传数据指标分级。宣传数据指标一般分为以下级别。

（1）一级指标

一级指标是指衡量宣传数据的核心指标，可以指引宣传目标。

（2）二级指标

二级指标是指能够影响商品交易总额和订单数的宣传数据指标，如产品单价。

（3）三级指标

三级指标是指二级指标实现路径的分析指标。通过三级指标，可以高效定位二级指标波动的原因，一般基于历史经验和数据分析。

3. 制定宣传数据监控方案的方法

制定以日、周、月为单位的宣传数据监控方案，以实现监控宣传数据。通过日报、周报、月报等数据，及同比、环比等方法分析宣传数据并形成数据表格，再以图表的形式展示宣传数据的变化趋势。通过不同时间点或时间段的宣传数据反映产品的现状，通过日、周、月的宣传数据的变化趋势预估宣传效果。

学习单元 5　音视频转码

音视频转码概述。

一、音视频转码概述

1. 音频转码

音频转码是指对音频文件进行数、模转换以适应不同软件及设备播放的过程。音频文件格式的最大带宽为 20 000 Hz，速率介于 40～50 kHz 之间，采用脉冲编码调制（PCM），每一量化步长的长度相等。常见的有以下音频文件格式。

（1）CD 文件格式

CD 文件格式的音频音质较高，多存储于 CD 光盘中。CD 光盘可以在 CD 播放器中播放，也可以在播放软件中播放。在大多数播放软件界面中，点击"文件类型"中"*.cda 格式"，即 CD 文件格式。

（2）WAVE 文件格式

WAVE 文件格式是微软公司开发的一种音频文件格式，用于保存 Windows 系统的音频信息。Windows 系统及其应用程序均支持 WAVE 文件格式。

（3）AIFF 文件格式

AIFF 文件格式（audio interchange file format）是音频交换文件格式。AIFF 文件格式是部分电脑系统中的标准音频文件格式，大多数播放器软件均支持。

（4）MPEG 文件格式

MPEG 文件格式指的是 MPEG 标准中的声音部分，即 MPEG 音频层。MPEG 文件格式的最大特点是以较小的声音失真损失换取较高的压缩比。

MPEG-Layer3 文件格式（MP3）是一种采用高压缩率技术的音频文件格式。相同时长的音频文件，用 MP3 文件格式储存一般只占 WAV 文件格式 1/10 的存储空间。因此，MP3 文件格式的音质低于 CD 文件格式或 WAV 文件格式。

2. 视频转码

视频转码是将已经压缩的视频从一种文件格式转换成另一种文件格式的过程。其中，视频的文件格式参数包括信源格式、分辨率、码率等。转码方法主要有信源格式转码、降码率转码、降分辨率转码等。

（1）信源格式转码

信源格式转码是指通过不同信源格式之间的语法映射，将压缩视频从原始信源压缩格式转换为目标信源压缩格式的方法。

（2）降码率转码

降码率转码是指对压缩视频进行二次量化，从较高的原始码率转换为较低的目标码率的方法。

（3）降分辨率转码

降分辨率转码是指通过空间采样和跳帧等方式，将压缩视频由较高的空间和时间分辨率转换为较低的空间和时间分辨率的方法。

二、音视频转码工具

1. 功能模块

音视频转码工具包含的功能模块有数据接口模块、硬件接口模块、存储管理模块、转码算法模块、数据处理模块、控制管理模块和用户界面模块等。其中，数据接口模块负责处理数据输入和输出；硬件接口模块负责与计算机硬件驱动程序通信；存储管理模块负责分配内存等存储空间；转码算法模块提供转码的算法；数据处理模块负责处理转码的具体数据；控制管理模块负责对整个转码过程的控制和信息处理；用户界面模块提供用户与音视频转码工具交互，对转码的编码方式、码流及其他一些音视频转码工具提供的选项进行控制。

转码算法模块可以固化在音视频转码工具中，也可以以插件的方式存在。当音视频转码工具处理不同的转码任务时，会根据需要，使用不同的转码算法插件，可以在不改变其他功能模块配置的情况下，灵活扩展功能。

2. 操作步骤

音视频转码工具的操作步骤在其使用说明中一般有较清晰、具体地展示。

技能　使用视频转码工具

以实际中常用的格式工厂为例，介绍操作步骤。

一、操作准备

电脑、无线网络或有线网络、视频文件等。

二、操作步骤

步骤1　打开格式工厂主界面。

步骤2　点击"MKV"后，选择"添加文件"，将待转码的视频文件添加到软件中。

步骤3　点击界面右上角的"输出配置"，选择转码后视频文件的参数。

步骤4　点击左下角的文件夹图标，选择转码后视频文件的存储位置，然后点击右下角的"确定"。

步骤5　点击"开始"，即可将视频从MP4文件格式转换为MKV文件格式。

学习单元6 网络舆情风险信息汇总

网络舆情风险信息汇总的工具。

一、网络舆情风险信息汇总的工具

在互联网时代,网络舆论已经形成趋势并演化成快速传播的、有明确指向性的舆情。一旦某种观点得到大多数人认可,网络舆情就可能影响整个事件的发展走向。

分析网络舆情风险信息的目的是弄清网络舆情风险信息中的本质性事实和趋势。现阶段,主流的有以下网络舆情风险信息汇总工具。

1. 中移舆情

中移舆情是一个网络舆情监测分析系统,基于信息采集、语义分析和情感判断等技术,提供短视频监测、图片舆情、评论分析、可视化大屏展示等功能,可以实时捕捉网络舆情风险、避免事态恶化、洞察网络舆情风险发展趋势等。

2. 百度识图

百度识图是一个以图像信息搜索为主的系统。使用用户通过本地上传或输入网址2种方式上传图片,百度识图自动识别并在互联网中搜索与图片相关的信息。

3. 地图慧

地图慧是一款大众化在线地图绘制工具类软件。使用地图慧可以快速将Excel表格的数据在线制成各种区域分布图、焦点分布图、统计地图,并导出地图图片或地图应用。

4. 识微商情监测系统

识微商情监测系统是一个专业的撰写舆情分析报告的辅助工具。该系统支持自定义关键词,通过实时全网监测,及时发现网络舆情风险信息并监测网络舆情风险的发展趋势。经过分析后,自动生成统计图表、日报、周报和竞品分析报告等,为汇总网络舆情风险信息提供有力的数据支持。

二、网络舆情风险信息汇总的方法

1. 建立网络舆情风险信息管理制度

建立一套包括信息通报机制、联合会议机制、突发舆情直报机制、联合办公机制等协调机制的完善的网络舆情风险信息管理制度。

2. 成立网络舆情风险信息监测小组

网络舆情风险信息监测小组的主要工作是对网络舆情风险信息进行实时监测，对监测中发现的不稳定因素展开风险分析，编写预测报告，向上级部门通报和发布网络舆情风险预警信息。

3. 提高网络舆情风险信息处理能力

加强专业队伍建设，逐步建立网络新闻发言人制度。加强网络新闻发言人培训，定期召开突发网络舆情典型案例交流会，不断提高网络舆情风险信息处理能力。

4. 积极面对、主动回应舆论

面对已爆发的网络舆情事件，不能一味回避。应积极面对，第一时间回应网民质疑，严肃处理相关责任人。将舆情事件真相公之于众，有效化解网络舆情风险的影响。

5. 加强网络舆情风险信息监测

网络舆情风险信息的数量巨大且增速快，监测网络舆情风险信息不仅耗时耗力，而且难免有疏漏。因此，可以寻求与第三方舆情监测服务公司合作，使用网络舆情风险信息汇总工具，进行 $7 \times 24\text{ h}$ 实时监测。

培训项目 二

设备、软件和材料准备

学习单元 1　直播硬件设备选择

培训重点

1. 常见的直播硬件设备。
2. 不同直播类型使用直播硬件设备的选择及搭配。

知识要求

需结合直播形式、直播产品、直播场地和直播预算等因素,在满足直播的需求、达到直播预期效果的前提条件下,选择适合的直播硬件设备。

一、常见的直播硬件设备

1. 移动智能终端设备

有拍摄功能的移动智能终端设备(如手机)操作简单、容易学习,适合的直播形式灵活多样,是目前常见的直播硬件设备。

2. 拍摄类设备

基于电脑端设备直播需搭配拍摄类设备。该类设备光学变焦范围较大、清晰度较高,可以增强直播音效。使用拍摄类设备的预算费用较高。

3. 收音类设备

直播硬件设备一般都有麦克风功能,如移动智能终端设备和高清摄像头的内置麦克风。若想达到更好的降噪及收音效果，可以选择单独连接的麦克风，即外置麦克风。此外，专业声卡可以调音，增强直播音效，从而营造直播氛围。

4. 灯光类设备

恰当使用灯光类设备可以调节直播光线的亮度、照射角度、柔和度等，增强直播效果。不同的灯光类设备搭配方案可以达到不同的光照效果。在直播过程中，可以根据直播的具体需求选择补光灯。

5. 辅助类设备

在直播过程中，使用辅助类设备可以保证直播顺利进行。常见的辅助类设备有拍摄类设备支架、视频采集卡、LED 显示屏、提词器、音响和监听耳机等。根据直播的需求不同，直播硬件设备的选择及组合也有所不同。

在直播过程中，可以使用直播销售员身后的墙面或遮挡设备作为直播背景。为使直播风格更加多元化，直播背景符合产品的属性，可以定制直播背景。目前，常见的直播背景有 KT 板、背景布和货架等。

虚拟直播时，需使用摄影抠像背景布，以便于直播软件处理、更换直播背景。常见的虚拟背景是利用绿幕技术实现的。

二、不同直播类型使用直播硬件设备的选择及搭配

1. 基于移动智能终端设备直播硬件设备的选择及搭配

（1）选择性能稳定的、存储空间充足的且拍摄画面清晰的移动智能终端设备。若在直播过程中，需要对直播产品进行上、下架管理，可以选择其他移动智能终端设备或电脑端设备。

（2）环形补光灯主要用于直播销售员面部光线及正面补光。也可以搭配其他补光灯，使直播的光照效果明亮、均匀。常用的补光灯搭配组合有 1 个环形补光灯、1 个环形补光灯 +1 个球形灯、1 个环形补光灯 +2 个矩形补光灯、1 个环形补光灯 +2 个矩形补光灯 +1 个球形补光灯等。

（3）可以选择手机内置的麦克风作为收音类设备，也可以选择领夹式蓝牙型无线麦克风或有线电容型麦克风连接专业声卡的组合。

（4）拍摄类设备支架分为固定式支架、移动式支架。固定式支架又分为落地式支架和台式支架。尽量选择可以调节高度的、支持多个机位的支架。

（5）直播背景应干净整洁，避免色系过多、过于杂乱，尽量以浅色、纯色背景为主，避免使用纯白色作为直播背景。

（6）辅助类设备，如拍摄类设备支架、音响、监听耳机等，可以根据直播的具体需要选择。

2. 基于电脑端设备直播硬件设备的选择及搭配

（1）选择性能稳定的、存储空间充足的且运行流畅的电脑端设备。若在直播过程中，需要对直播产品进行上、下架管理，可以选择移动智能终端设备或其他电脑端设备。

（2）选择高清摄像头或摄像机作为拍摄类设备，可以增强直播的效果，使直播画面更清晰、流畅。

（3）基于电脑端设备直播的补光灯搭配与基于移动智能终端设备直播的搭配相同。

（4）可以选择高清摄像头内置的麦克风作为收音类设备，为了达到更好的收音效果，可以选择领夹式蓝牙型无线麦克风或有线电容型麦克风连接专业声卡的组合作为收音类设备。

拍摄类设备支架和辅助类设备的选择与基于移动智能终端设备直播的选择相同。

3. 虚拟直播硬件设备的选择及搭配

虚拟直播硬件设备的选择及搭配与非虚拟直播硬件设备的选择及搭配相同。

学习单元 2　直播硬件设备搭建与联机调试

1. 学习直播硬件设备搭建方法的渠道。
2. 直播硬件设备联机调试的方法。

一、学习直播硬件设备搭建方法的渠道

直播硬件设备搭建对于直播至关重要。直播硬件设备搭建一般包括拍摄类设备搭建、收音类设备搭建、灯光类设备搭建、直播背景搭建。在明确直播类型及

直播的预期效果后，以此为依据，搭建直播硬件设备。学习直播硬件设备搭建方法有以下渠道。

1. 查阅直播硬件设备操作说明书

查阅直播硬件设备操作说明书，按照直播硬件设备操作说明书中的操作步骤，学习直播硬件设备的搭建方法。

2. 参考同类型直播使用的硬件设备搭配方案

通过观察、了解、分析同类型直播使用的硬件设备搭配方案，有选择地学习直播硬件设备的搭建方法。

3. 互联网搜索

在互联网中，搜索直播硬件设备搭建的信息，根据相关文本或视频讲解的内容，学习直播硬件设备的搭建方法。

二、直播硬件设备联机调试概述

直播硬件设备联机调试是指根据直播硬件设备的特点，统一调配流程、资源、时间，形成完善的人员、设备运作体系，从而满足直播的需要，保证直播顺利进行，并达到预期效果的过程。

三、直播硬件设备联机调试的方法

1. 调试拍摄类设备

直播硬件设备搭建完成后，需调试拍摄类设备与直播销售员的距离及拍摄角度，使直播画面构图协调。

2. 调试收音类设备

调试收音类设备与直播销售员的距离，保证特定区域的收音效果。外置麦克风应与直播销售员保持 20~30 cm 的距离，领夹式蓝牙型无线麦克风一般应固定在直播销售员衣领的位置。需调试声卡类设备的录音音量、麦克风音量、监听音量等参数，使直播达到最佳的声音效果。

3. 调试灯光类设备

根据直播画面的要求，调试灯光类设备，保证直播销售员面部的光线均匀，且与身体其他部位无明显色差，同时确保光线明亮、通透，使直播画面更加清晰。

4. 调试直播背景

调试直播背景与直播销售员的距离，避免直播销售员距离直播背景过近。

技能1　搭建基于移动智能终端设备直播的硬件设备

一、操作准备

移动智能终端（如手机）、无线网络或有线网络、灯光类设备、收音类设备、专业声卡、各类连接线和支架、直播背景等。

二、操作步骤

步骤1　搭建拍摄类设备（此处为移动智能终端）。

确定移动智能终端支架的位置，调节高度及拍摄角度至恰当的位置，使直播销售员占据直播画面的2/3处。

步骤2　搭建收音类设备（以领夹式蓝牙型无线麦克风为例）。

调节收音类设备的位置及高度，避免收音类设备支架遮挡直播销售员的面部。

将领夹式蓝牙型无线麦克风的发射端固定在直播销售员衣领的位置，将接收端与手机连接。若需连接专业声卡，可以将领夹式蓝牙型无线麦克风的接收端与专业声卡连接，再通过音频线将手机与专业声卡连接。

步骤3　搭建灯光类设备。

根据直播销售员的位置，调整灯光类设备的位置、高度、角度，确保直播销售员面部的光线均匀、柔和。选择适合的灯光类设备搭配方案，保证光线明亮、通透，如图4-1所示。

图4-1　搭建灯光类设备

步骤4　搭建直播背景。

直播销售员与直播背景的距离在 1.5 m 以上。直播背景的色系应简约、大方，避免过于杂乱。直播背景应与整体风格协调。

三、注意事项

1. 搭建直播硬件设备时，需认真阅读硬件设备操作说明书及注意事项，严格按照直播硬件设备操作说明书中的操作步骤搭建。

2. 确保移动智能终端设备的存储空间充足，系统运行稳定。

3. 连接直播硬件设备的数据线应齐全，必要时使用备用数据线，保证直播硬件设备间正常连接。

技能2　搭建基于电脑端设备直播的硬件设备

一、操作准备

电脑、无线网络或有线网络、拍摄类设备、灯光类设备、收音类设备、视频采集卡、专业声卡、各类连接线和支架、直播背景等。

二、操作步骤

步骤1　搭建拍摄类设备。

确定拍摄类设备支架的位置，调节高度及拍摄角度至恰当的位置，连接拍摄类设备的电源。

使用高清摄像头直播时，将高清摄像头与电脑连接，注意需要在电脑上安装高清摄像头的驱动程序。

使用拍摄类设备直播时，拍摄类设备需具备 HDMI OUT 输出接口，通过 HDMI 数据线连接视频采集卡，最后使用 USB 数据线连接电脑。部分拍摄类设备可以不连接视频采集卡，只需在电脑上下载驱动程序，即可将拍摄类设备直接与电脑连接。

步骤2　搭建收音类设备（以领夹式蓝牙型无线麦克风为例）。

调节收音类设备的位置及高度，应避免收音类设备支架遮挡直播销售员的面部。

将领夹式蓝牙型无线麦克风的发射端固定在直播销售员衣领的位置，将接收端与电脑连接。若需连接专业声卡，可以将领夹式蓝牙型无线麦克风的接收端与专业声卡连接，再通过音频线将电脑与声卡连接。

步骤3　搭建灯光类设备。

根据直播销售员的位置，调整灯光类设备的位置、高度、角度，确保直播销售员面部的光线均匀、柔和。选择适合的灯光类设备搭配方案，确保光线明亮、通透。

步骤4　搭建直播背景。

直播销售员与直播背景的距离在1.5 m以上。直播背景的色系应简约、大方，避免过于杂乱。直播背景应与整体风格协调。

三、注意事项

1. 搭建直播硬件设备时，需认真阅读直播硬件设备操作说明书及注意事项，严格按照直播硬件设备操作说明书中的操作步骤搭建。

2. 确保电脑端设备的存储空间充足，系统运行稳定。

3. 连接直播硬件设备的数据线应齐全，必要时使用备用数据线，确保直播硬件设备间正常连接。

培训项目三 风险评估

学习单元1 团队协作风险评估

1. 团队协作管理。
2. 团队协作风险评估的方法。

一、团队协作概述

1. 团队协作的定义

团队协作是指团队在完成某项特定的事件时，显现的自愿合作及协同努力的精神。团队协作能调动团队成员的资源与才智，自动消除不和谐、不公正的现象，对表现突出者予以奖励，使团队协作产生强大而持久的力量。

2. 团队协作的重要性

团队协作的重要性主要体现在以下方面。

（1）有利于提高整体效能

团队协作能减少工作内耗。通过团队协作，明晰工作责任和任务传递路径，使团队高效运作，极大提高团队成员的亲和力，明显提高团队的凝聚力。

（2）有助于实现团队目标

团队协作有助于理解团队成员的努力，尊重团队成员的个性，重视团队成员的想法，激发团队成员的潜能，使团队成员风险共担、利益共享、相互配合，实现团队目标。

（3）是团队创新的巨大动力

人是唯一具有能动性的资源。团队发展需要合理配置人、财、物，而调动团队成员的积极性、创造性是资源配置的核心。团队协作能够激发团队成员将智慧、力量、经验等资源投入创新，汇聚成团队创新的巨大动力。

3. 团队协作的要求

（1）合理分配工作

在团队协作过程中，基于具体工作分析、坚持民主集中原则，通过平等协商和沟通，对工作量和工作内容进行合理分配。

（2）明确岗位职责

在团队协作过程中，明确岗位职责可以最大限度实现劳动用工的科学配置，有效防止因职务重叠而发生推脱工作责任的现象，进而提高内部竞争的活力，提高工作效率和工作质量。

（3）明确工作流程

在团队协作过程中，应明确工作流程，即工作环节、步骤和程序。工作流程不仅包括单项岗位的工作流程，也包括跨职能岗位配合的工作流程。清晰的工作流程可以使工作顺畅衔接，减少工作内耗，加快工作节奏，保证工作整体的效果和质量。

（4）严格监督管理

在团队协作过程中，应严格监督管理，即对工作环节、过程进行监督和管理，使其达到预定的目标。在具体工作中，监督管理可以由专人负责，也可以由各岗位负责人相互监督。

二、团队协作管理

1. 岗位职责

（1）岗位职责描述

岗位职责是指某一岗位所需完成的具体工作内容及应当承担的责任。岗位职责是具象化的工作内容描述，可以将其归类于不同职位类型范畴。

（2）岗位职责内容

1）根据具体的工作任务，确定岗位的名称及数量，明确岗位环境和岗位任职资格。

2）根据岗位的工种，确定岗位的职责范围及与其他岗位的关系。

3）根据工种的性质，确定使用的设备和工具，确定岗位的工作质量和效率，明确岗位目标。

（3）岗位职责的制定方法

1）下行法。下行法是基于组织战略，以流程为依托进行岗位职责分解的方法。下行法通过组织战略分解得到岗位职责的具体内容，再通过流程分析界定在岗位职责中该岗位的责任和权限。

2）上行法。上行法是一种自下而上的归纳法，即从工作要素出发，通过对基础性的工作要素进行逻辑归类，形成工作内容，并进一步对工作内容进行归类，从而得到岗位职责描述。

2. 跨职能岗位配合流程图

（1）跨职能岗位配合流程图

跨职能岗位配合流程图是指在工作进程中显示各工作步骤间的关系以及执行工作步骤的职能岗位的流程图。跨职能岗位配合流程图可以显示工作进程在各职能岗位间的流程，或显示工作进程是如何影响不同职能岗位的。

（2）跨职能岗位配合流程图的绘制方法

绘制跨职能岗位配合流程图时，可以选择垂直或水平布局，即通过垂直或水平方式提供跨职能岗位配合流程的逻辑关系。

三、团队协作风险评估

1. 团队协作风险评估的定义

团队协作风险评估是指评估团队协作的过程中，风险发生的可能性及其对工作任务的影响。

2. 团队协作风险评估的内容

（1）风险因素

风险因素包括风险发生的可能性、风险的强度、风险的持续时间、风险发生的区域及关键风险。

（2）风险作用方式

风险作用方式包括风险对直播团队影响是直接的还是间接的，是否会引发其他风险，风险对直播团队的作用范围等。

（3）风险后果

1）风险损失，即风险造成损失的规模、避免或减少风险需要付出的代价。

2）风险利益，即风险可能带来的利益、避免或减少风险可能获得的利益。

3. 团队协作风险评估的方法

可以利用多种方法，评估团队协作风险及其影响。

团队协作风险评估的方法主要有基于知识的分析方法、定量分析方法、定性分析方法。

（1）基于知识的分析方法

基于知识的分析方法（亦称经验方法）是指通过多种途径收集相关信息，识别团队协作风险和当前的应对措施，与团队协作的岗位职责、跨职能岗位配合流程图或最佳惯例比较，寻找差异并按照标准或最佳惯例的推荐选择应对措施，最终达到消减和控制团队协作风险的目的。基于知识的分析方法的核心内容为评估信息收集。信息源一般包括会议讨论、对当前的应对措施和相关文档进行复查、问卷调查、对相关人员进行访谈、模拟考察。

（2）定量分析方法

定量分析方法是指对构成团队协作风险的各要素和潜在的损失水平赋予数值或货币金额，当度量团队协作风险的所有要素（资产价值、威胁频率、弱点利用程度、应对措施的效率和成本等）都被赋值时，团队协作风险评估的过程和结果即可被量化。定量分析方法包括概率分析法、鱼骨图分析法等。

（3）定性分析方法

定性分析方法是目前较为广泛采用的一种方法。它有强烈的主观性，往往需凭借分析者的经验和直觉，或业界标准和惯例，为风险管理各要素（资产价值、威胁可能性、弱点利用、现有应对措施效力等）的程度定性分级，如高、中、低级。定性分析方法包括德尔菲法、检查列表法、问卷法、访谈法、调查法等。

技能1 制定平台管理员的岗位职责

一、操作准备

电脑、无线网络或有线网络、WPS Office 等。

二、操作步骤

步骤1 建立平台管理员岗位职责表。

打开 WPS Office，新建表格，根据平台管理员的岗位职责要求，建立平台管理员岗位职责表。平台管理员岗位职责表模板见表 4–1。

表 4–1 平台管理员岗位职责表模板

平台管理员岗位职责表			
直播团队人数			
岗位名称		岗位数量	
规范内容	细则		
岗位职责范围 岗位目标			
使用的设备、工具			
岗位环境			
岗位任职资格			
与其他岗位的关系			

步骤 2　召开直播团队全体成员会议，填写平台管理员岗位职责表。

采用上行法、下行法等方法，结合岗位目标，填写平台管理员岗位职责表，见表 4-2。

表 4-2　平台管理员岗位职责表

平台管理员岗位职责表			
直播团队人数	5 人		
岗位名称	平台管理员	岗位数量	1 人
规范内容	细则		
岗位职责范围岗位目标	能够对直播内容进行全方位宣传，确保直播前 10 min 直播间人数超过 100 人		
	能够在直播前将直播硬件设备、直播软件和直播道具准备好，确保直播顺利进行		
	能够对直播过程中可能存在的风险进行评估，制订风险应对计划，并组织执行风险应对计划		
	能够根据直播销售员的节奏上下架产品，在 30 s 内回复评论区的问题		
	能够根据直播销售员的节奏发红包及福袋等福利，使用户平均在线时长达到 10 min 以上		
	能够管控、指挥直播团队，确保直播流程顺畅无失误		
	能够收集、分析直播数据，并组织召开复盘会议，提出优化方案		
	能够提供售后服务，使用户满意率达到 98% 以上		
使用的设备、工具	2 台电脑、2 部手机、2 个指示牌、2 支记号笔、1 张桌子、1 把椅子、2 个笔记本、2 支签字笔		
岗位环境	直播场地		
岗位任职资格	熟练使用办公软件，熟练使用电脑、智能手机，熟悉直播流程，有较强的统筹、组织能力		
与其他岗位的关系	把控直播节奏，辅助直播销售员直播；协助视频创推员发布视频作品及投放流量；辅助选品员选品；统筹管理直播团队		

步骤3 调整平台管理员岗位职责表的格式并保存。

保存平台管理员岗位职责表至指定文件夹，将其打印并发送至直播团队全体成员。

三、注意事项

1. 制定平台管理员岗位职责时，需考虑岗位目标实现的难易程度。
2. 发送平台管理员岗位职责表时，要求直播团队全体成员阅读并签字。

技能 2 绘制直播团队跨职能岗位配合流程图

一、操作准备

电脑、无线网络或有线网络、WPS Office 等。

二、操作步骤

步骤1 新建直播团队跨职能岗位配合流程图文件。

在 WPS Office 中点击"插入"→"流程图"→"本地流程图"，打开流程图绘制工具，如图 4-2 所示。新建直播团队跨职能岗位配合流程图文件。

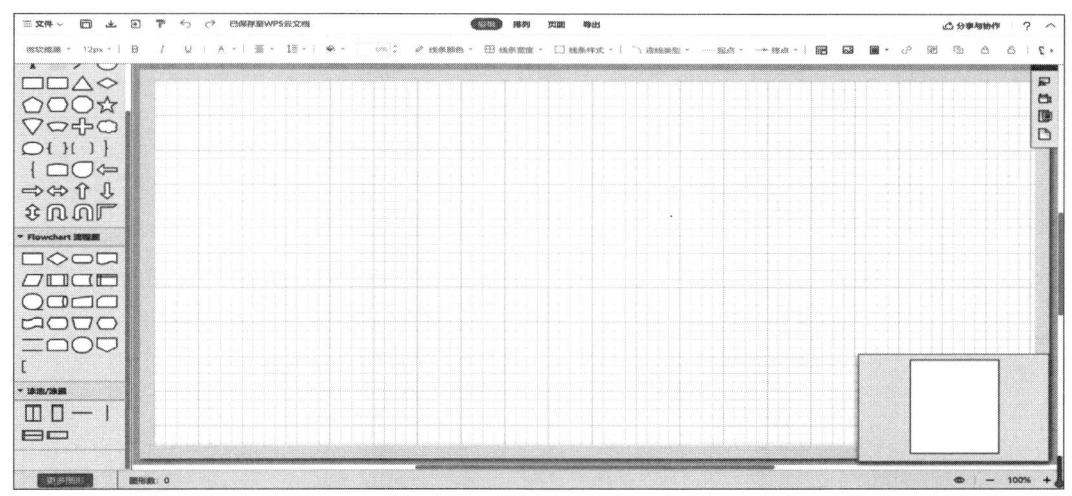

图 4-2 流程图绘制工具

步骤2 建立直播团队跨职能岗位配合流程图框架。

在"泳池/泳道"选项，选择垂直或水平"泳道"，并拖动至流程图中。垂直"泳道"布局偏重于职能岗位，水平"泳道"布局偏重于工作进程，如图 4-3、图 4-4 所示。

根据流程所需职能岗位的数量，建立对应数量的"泳道"，并为每个"泳道"命名，建立直播团队跨职能岗位配合流程图框架，如图 4-5 所示。

步骤3 绘制直播团队跨职能岗位配合流程图。

组织直播团队讨论后,根据直播流程(直播前准备、直播中运营、直播后复盘)绘制直播团队跨职能岗位配合流程图,如图4-6所示。

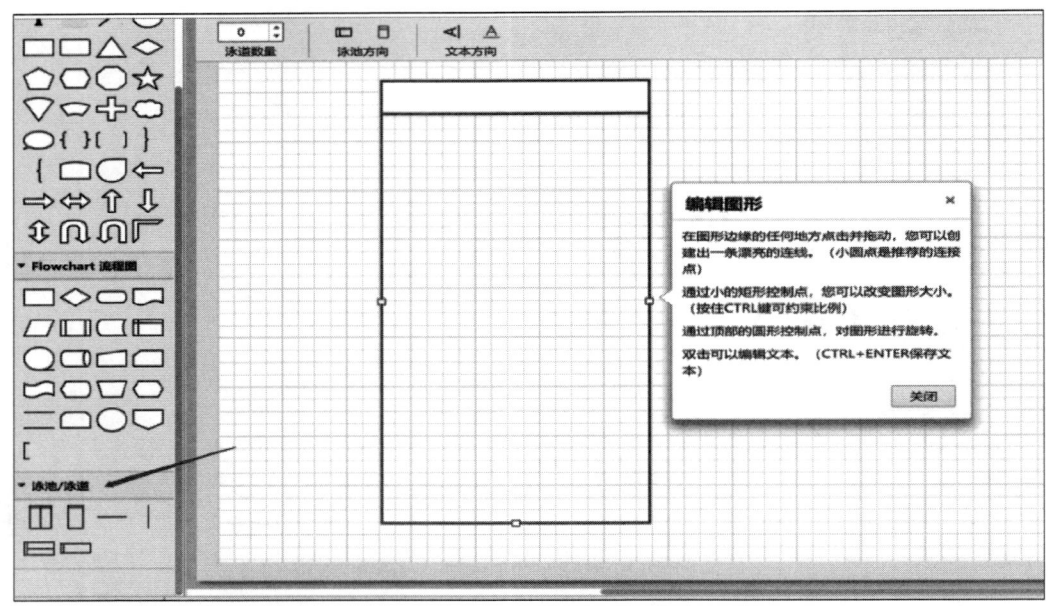

图4-3 垂直"泳道"示例

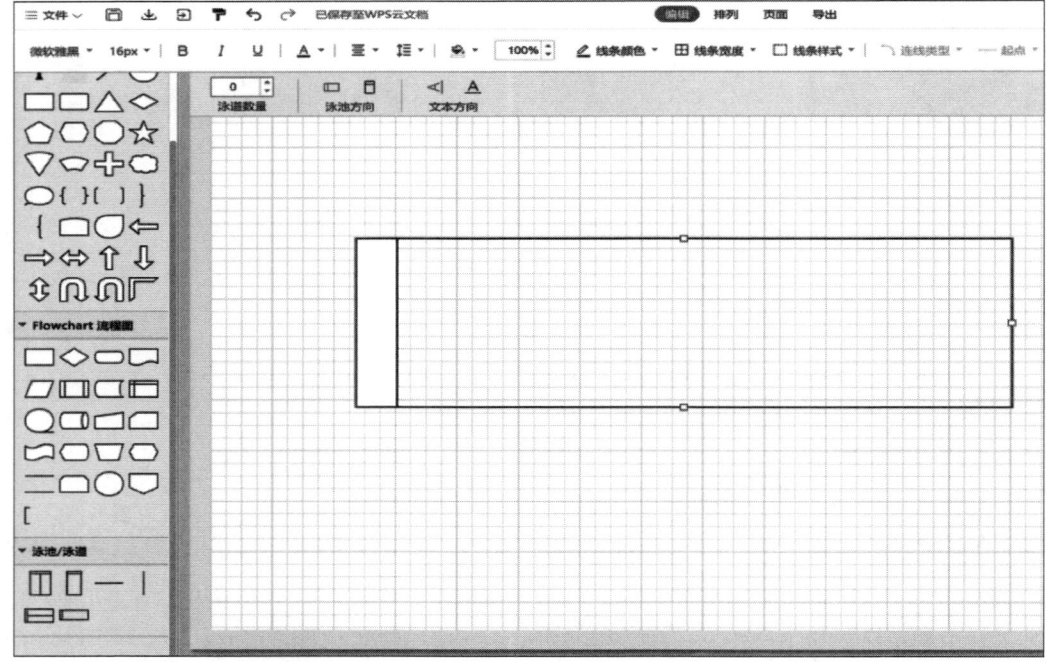

图4-4 水平"泳道"示例

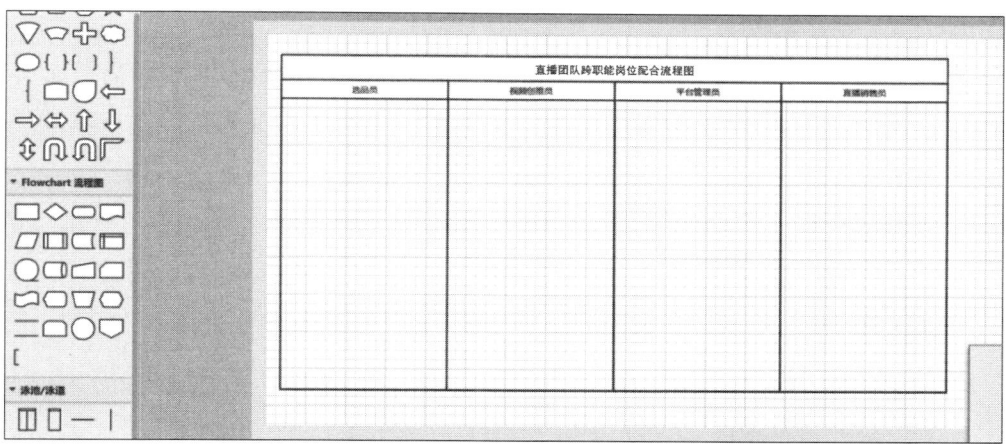

图 4-5　直播团队跨职能岗位配合流程图框架

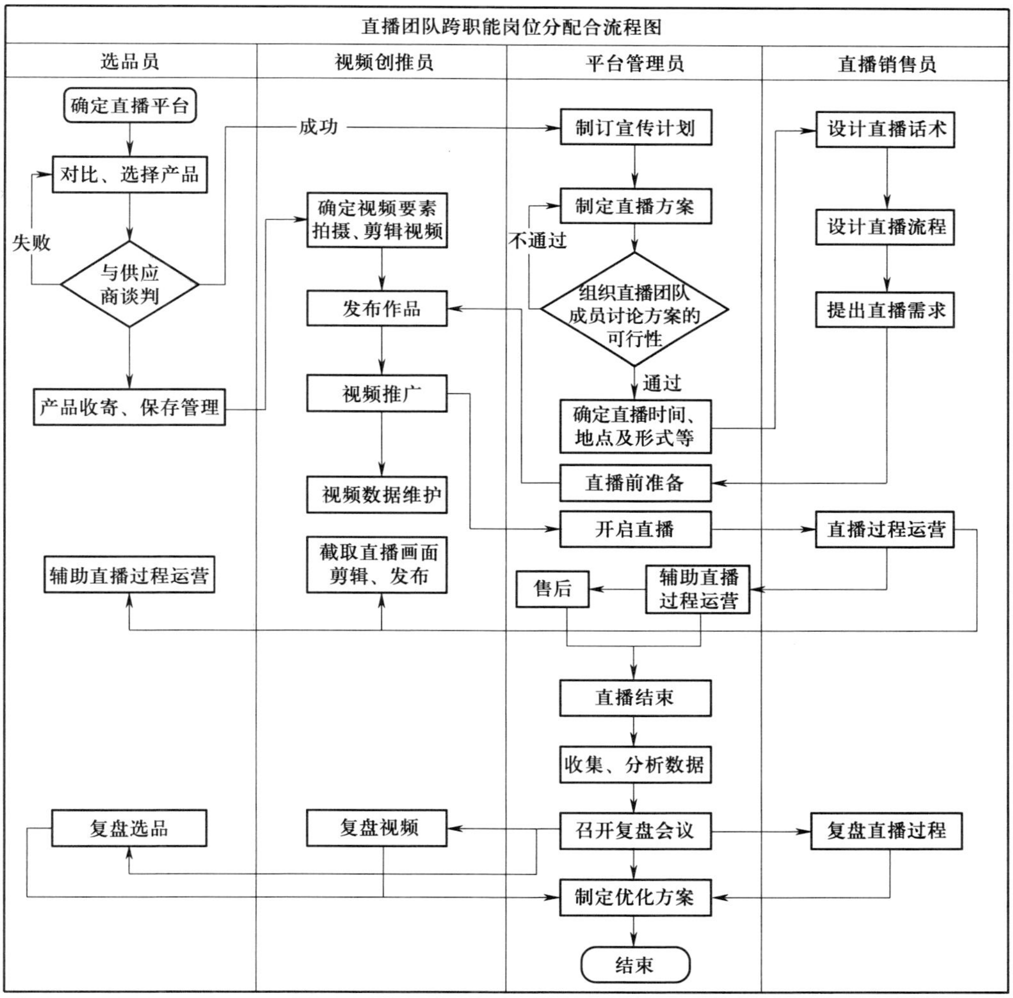

图 4-6　直播团队跨职能岗位配合流程图

步骤4 保存文件。

直播团队跨职能岗位配合流程图初稿绘制完成后,直播团队成员需检查并提出建议。检查无误后,将直播团队跨职能岗位配合流程图命名并保存至指定文件夹。

三、注意事项

1. 绘制直播团队跨职能岗位配合流程图,需直播团队全体成员参与。
2. 根据直播团队跨职能岗位配合流程图,模拟检验流程的准确性。

学习单元2 风险应对计划制订

风险应对计划制订的方法。

一、风险应对计划概述

1. 风险应对计划定义

风险应对计划是指根据已识别的风险制订的应急计划。风险应对计划是针对具体的项目风险制定的风险应对方案,目的是提高实现目标的成功率。风险应对计划包括主要风险、针对该风险的主要应对措施、实施应对措施的负责人、完成时间以及进行状态。

2. 风险应对计划内容

(1) 风险清单包括已识别的风险、风险描述、受影响的领域(如工作分解结构元素)、原因(如风险分解结构元素)和影响目标的程度。

(2) 应对措施包括一致性应对策略、残留风险、继发风险、风险定量、风险极限等内容。

（3）实施应对措施采取的具体行动。

（4）实施应对措施的负责人及其责任。

（5）风险发生的征兆和预警信号。

（6）实施应对措施的预算和进度计划。

（7）用在不可预见事件上的预留时间和费用。

（8）风险应对计划的启动因素。

（9）退出计划（应对措施失效的应急反应）。

（10）特定风险的识别。

二、风险应对计划制订的方法

1. 规避方法

规避方法是指改变既定的计划，以消除风险或保护目标免受影响的方法。风险一般不可以消除，但可以通过需求确认、获取更详细的信息、加强沟通、增派专家等方法部分避免。例如，选择与产品形象匹配的直播销售员，大码女装营销需寻找身材偏胖的女生作为直播销售员；在常用的直播场地直播；采用科学的方式选品；避免与不熟悉的产品供应商签约。

2. 转移方法

转移方法是指把风险的影响和责任转移给第三方的方法，该方法并没有消除风险。具体做法是签订合同，并付费给第三方作为承担风险的报酬。例如，寻找代运营公司外包直播；签订直播道具维护保修合同。

3. 减轻方法

减轻方法是指降低风险发生的可能性或影响程度的方法。例如，采用简单的直播流程；选择长期合作的产品供应商；测试直播流程等。

4. 接受方法

接收方法是指不改变原定的计划，面对并承担风险的方法。

（1）积极接受方法

积极接受方法是指制订风险应对计划，并在风险发生时执行风险应对计划，可以较大幅度地减少损失。同时，积极应对风险征兆并进行监控。例如，在直播过程中突然断电，及时连接备用电源。

（2）消极接受方法

消极接受方法是指被动接受风险及其损失，针对高风险制订退出计划。退出计划包括风险准备金、备用方案、改变工作范围等措施。常用的措施是风险储备，包括费用、资源、时间，风险储备量取决于风险发生的概率、影响和可接受的风险损失。例如，在户外直播中，突然下雨导致直播硬件设备无法使用，需停止直播或转为室内直播。

学习单元3　风险应对计划执行

1. 拆分风险应对计划。
2. 执行风险应对计划。

一、准备执行风险应对计划

风险应对计划如由个人独立执行，需迅速联系相关人员紧急处理。风险应对计划如需集体执行，需召开紧急会议，统一传达风险应对计划。

二、拆分风险应对计划

需对风险应对计划进行拆分，将计划步骤具体化，制定应对措施，明确应对目标、执行内容、负责人、完成时间。

三、执行风险应对计划

执行风险应对计划，需有固定的人员监督，对其工作进行检查。检查内容包括确认应对措施、总结分析数据、对比完成情况和目标值、检查是否达到预期目标。如果没有达到预期目标，应该确认是否严格按照风险应对计划执行。如果严格执行依然没有达到预期目标，需重新制订风险应对计划。对已被证明有效的应对措施，使其标准化，以便在后续工作中采用和推广。

技能　制订风险应对计划执行表

一、操作准备

电脑、无线网络或有线网络、WPS Office、风险应对计划等。

二、操作步骤

步骤1　拆分风险应对计划。

风险应对计划表中应明确应对目标、执行内容、负责人、完成时间。风险应对计划执行表模板见表4-3。

表4-3　风险应对计划执行表模板

风险		发生原因	
应对计划		应对目标	
负责人	**执行内容**	**执行时间**	**完成时间**

步骤2　分配风险应对任务。

平台管理员召集执行人员，根据风险应对计划执行表分配任务，强调执行内容、执行时间及完成时间。以在户外直播过程中突降暴雨为例分配风险应对任务，见表4-4。

表4-4 风险应对计划执行表

风险	在户外直播过程中突降暴雨	发生原因	天气突变
应对计划	紧急避雨	应对目标	保护人员及直播硬件设备安全
负责人	**执行内容**	**执行时间**	**完成时间**
直播销售员	在直播中说明情况并安抚粉丝	下雨后第一时间	下雨后1 min内
直播销售员	整理话术及妆容,确定直播的新地点	明确风险应对计划后	明确风险应对计划后15 min内
平台管理员	保护直播硬件设备,在直播销售员结束话术后紧急下播	下雨后第一时间	直播销售员结束话术后
平台管理员	检查人员及直播硬件设备的情况	撤退至安全环境后	撤退至安全环境后5 min内
视频创推员	保护直播硬件设备同时拍摄现场画面	下雨后第一时间	撤退至安全环境后
视频创推员	剪辑视频并发布,在视频中道歉及预告下次直播时间	安顿好后第一时间	撤退至安全环境后15 min内
其他人员	紧急整理、收纳直播硬件设备并转移至安全地点	下雨后第一时间	撤退至安全环境后
其他人员	根据风险应对计划重新布置直播场地	明确风险应对计划后	明确风险应对计划后15 min内

步骤3 执行风险应对计划。

各负责人根据风险应对计划执行表的要求,严格执行。

步骤4 检查风险应对计划执行情况。

平台管理员根据风险应对计划执行表,检查各直播团队成员的执行情况。

三、注意事项

1. 根据风险应对计划分配任务时,平台管理员和负责人需反复确定执行内容。

2. 在风险应对计划执行过程中,需保证最大化实现风险应对目标,结合实际情况灵活调整执行内容。

职业模块 五
技术支持与互动管理

培训项目一

技术支持

学习单元1 直播硬件设备清单整理

整理直播硬件设备清单。

一、明确直播计划

1. 直播计划的定义

直播计划是指以文字或图片为载体的直播策划成果表现形式。目的是将直播思路与内容客观、清晰、生动地呈现出来,并高效地指导直播。

直播计划起始于直播团队策划者的思路,终结于直播团队成员的实施行为。

2. 直播计划的内容

直播计划的内容通常包括直播目的、直播时间、直播场地、直播人员、展示方式、直播推广方案等。

(1)直播目的

直播目的一般具有多样性,可以是单一的,也可以是多重的。常见的直播目的包括直播带货变现、获取虚拟货币、线上引流、粉丝增长、提升账号的活跃度、提升直播团队的能力、检验宣传效果等。

（2）直播时间

直播时间包括直播预热时间、直播开始时间、产品介绍时间、发福利时间、推广投流时间、结束直播时间等。

（3）直播场地

直播场地分为室内直播场地和户外直播场地。室内直播场地包括实体店铺、直播间、工厂等。户外直播场地包括景区、产品原产地、特定户外场地等。

（4）直播人员

直播人员通常是指直播团队成员及用户群体。其中，直播团队成员包括直播销售员、选品员、视频创推员和平台管理员。

（5）展示方式

直播常见的展示方式包括表演才艺、互动聊天、连麦互动（语音连麦、视频连麦）、PK、直播带货等。

（6）直播推广方案

直播推广方案包括推广渠道、推广脚本、推广计划等。

3. 直播计划的形式

直播计划通常以文档、演示文稿、表格等文件形式展现。为使直播团队成员了解直播计划的详细内容，在直播前，需要讲解直播计划，并部署相关工作。将直播计划清单发送至直播团队成员，直播计划清单包括工作模块、序号、工作明细、物料明细、完成时间、负责人、监督人、备注等内容（见表5-1）。

表5-1 直播计划清单

工作模块	序号	工作明细	物料明细	完成时间	负责人	监督人	备注
直播前	1						
	2						
	3						
	4						
直播中	5						
	6						
	7						
	8						

续表

工作模块	序号	工作明细	物料明细	完成时间	负责人	监督人	备注
直播后	9						
	10						
	11						
	12						

二、整理直播硬件设备清单

根据直播计划清单中的工作明细,选择直播硬件设备,并整理直播硬件设备清单。

直播硬件设备清单包括序号、设备名称、设备功能、设备型号、设备品牌、设备颜色、设备数量、设备价格、准备完成时间、负责人、监督人、备注等内容(见表5-2)。

表5-2 直播硬件设备清单

序号	设备名称	设备功能	设备型号	设备品牌	设备颜色	设备数量	设备价格	准备完成时间	负责人	监督人	备注
1											
2											
3											
4											
5											
6											
7											
8											
9											
10											
11											
12											

三、明确直播硬件设备的要求

在室内直播场地直播时，要求直播硬件设备的耐用性较强，可以重复使用，减少成本投入，操作简便，方便使用。在户外直播场地直播时，要求直播硬件设备的稳定性高、防水性好、蓄电能力强，体积较小，方便携带。

四、检查直播硬件设备

为确保直播顺利进行，需在直播开始前，按照直播计划清单及直播硬件设备清单，准备直播硬件设备，同时检查直播硬件设备。

技能操作

技能　整理直播硬件设备清单

一、操作准备

电脑、无线网络或者有线网络、WPS Office 等。

二、操作步骤

步骤1　新建直播硬件设备清单表格。

打开 WPS Office，选择"新建表格"，新建直播硬件设备清单表格。

步骤2　设置行列的内容。

直播硬件设备清单包括序号、设备名称、设备功能、设备型号、设备品牌、设备颜色、设备数量、设备价格、准备完成时间、负责人、监督人、备注等内容。

步骤3　填写直播硬件设备清单，保存至指定文件夹。

三、注意事项

1. 不同的直播形式所需的直播硬件设备不同，需根据直播计划整理直播硬件设备清单。

2. 直播硬件设备清单可以用于准备直播硬件设备，也可以用于检查直播硬件设备。

学习单元 2　直播硬件设备故障排除

1. 直播硬件设备操作的要素及流程。
2. 直播硬件设备故障排除的步骤。

一、常见的直播硬件设备

在直播过程中，常见的直播硬件设备包括移动智能终端设备、电脑端设备、拍摄类设备、收音类设备、灯光类设备、辅助类设备等。基础的直播硬件设备通常包括手机、电脑、麦克风、补光灯、手机支架、充电器等。较为完善的直播硬件设备除基础的直播硬件设备以外，还包括高清摄像头、摄像机、专业声卡、组合补光灯、视频采集卡、LED显示屏、提词器、音响和监听耳机等。

二、直播硬件设备操作

1. 直播硬件设备操作的要素

直播硬件设备操作的要素一般包括直播团队成员、直播硬件设备、时间安排和直播场地等方面。

（1）直播团队成员

在直播过程中，按照直播计划进行明确分工。为防止发生突发情况，也需要直播团队成员掌握直播硬件设备的基础操作方法，操作负责人需全面掌握直播硬件设备的操作方法及技巧。

（2）直播硬件设备

需统一采购直播硬件设备，并在固定的位置存放。为方便保管及盘点，需制作直播硬件设备存放清单。直播硬件设备存放清单包括序号、设备名称、设备功能、设备型号、设备品牌、设备颜色、设备数量、设备价格、存放位置、使用时间、使用人、归还时间、归还人、备注等内容（见表5-3）。

表 5-3　直播硬件设备存放清单

序号	设备名称	设备功能	设备型号	设备品牌	设备颜色	设备数量	设备价格	存放位置	使用时间	使用人	归还时间	归还人	备注
1													
2													
3													
4													
5													
…													

（3）时间安排

根据直播计划清单及直播硬件设备的操作规律，需在直播前 1 h 内完成直播硬件设备的准备、调试及检查工作。

（4）直播场地

在室内直播场地直播时，直播硬件设备的位置及参数应固定。直播结束后，只需检查直播硬件设备网络及电源的稳定性、安全性，无须回收、保管直播硬件设备。

在户外直播场地直播时，需结合直播场地的情况调整直播硬件设备的位置及参数等。

2. 直播硬件设备操作的流程

（1）指派直播硬件设备操作负责人

根据直播计划清单及直播硬件设备清单，指派直播硬件设备操作负责人。

（2）领取并检查直播硬件设备

直播硬件设备操作负责人检查直播硬件设备，确保直播硬件设备的配件完整、外观无损坏，领取直播硬件设备并填写直播硬件设备存放清单。直播硬件设备存放清单的填写内容包括设备信息、使用时间、使用人等。

（3）学习操作直播硬件设备

直播硬件设备操作负责人通过详细阅读直播硬件设备操作说明书，了解直播硬件设备的操作方法与步骤。

（4）直播硬件设备预调试

直播硬件设备操作负责人应严格按照直播硬件设备操作说明书，安装、调试直播硬件设备。

（5）直播硬件设备试操作

直播硬件设备操作负责人应严格按照直播硬件设备操作说明书，关闭、拆卸直播硬件设备。如无须拆卸，需将直播硬件设备按照正确方式放置。

（6）回收直播硬件设备

直播结束后，直播硬件设备操作负责人应将直播硬件设备回收至仓库的固定位置，并填写直播硬件设备存放清单。直播硬件设备存放清单的填写内容包括设备信息、归还时间、归还人等。

三、直播硬件设备故障排除的步骤

按照直播硬件设备操作说明书制作直播硬件设备故障清单。直播硬件设备故障清单包括设备名称、故障、原因、排除对策及备注等内容（见表5-4）。

表5-4 直播硬件设备故障清单

设备名称	序号	故障	原因	排除对策	备注
	1				
	2				
	3				
	4				
	5				
	6				

当直播硬件设备发生故障时，需根据直播硬件设备故障清单排除故障。排除直播硬件设备有以下步骤。

1. 检查直播硬件设备，明确故障类型。
2. 根据直播硬件设备故障清单，对比故障。
3. 根据直播硬件设备故障清单，排除故障。
4. 重新启动直播硬件设备，检查其使用情况。

如果发现不可排除的故障，需联系专业维修人员，排除故障或采买新设备；如果已排除故障，需保存直播硬件设备故障清单，并继续使用直播硬件设备。

技能　制作直播硬件设备故障清单

一、操作准备
电脑、无线网络或有线网络、WPS Office 等。

二、操作步骤
以声卡故障清单为例。

步骤1　打开 WPS Office，选择"新建表格"，新建直播硬件设备故障清单。

步骤2　设置行列的内容（见表5-5）。

表5-5　直播硬件设备故障清单

设备名称	序号	故障	原因	排除对策	备注
声卡	1				
	2				
	3				
	4				
	5				
	6				

步骤3　按照直播硬件设备操作说明书，填写直播硬件设备故障清单（见表5-6）。

表5-6　声卡故障清单（部分）

设备名称	序号	故障	原因	排除对策	备注
声卡	1	无声	驱动程序默认"静音"	更新或重新安装最新的驱动程序	故障仍未解决，联系专业维修人员
			与其他插卡有冲突	调整系统资源	

续表

设备名称	序号	故障	原因	排除对策	备注
声卡	2	噪声过大	插卡不正确	物理校正	故障仍未解决，联系专业维修人员
			有源音箱与声卡连接有误	调整声卡跳线	
	3	无法"即插即用"	声卡驱动程序问题	更新或重新安装最新的驱动程序	故障仍未解决，联系专业维修人员
	4	无法正常录音	麦克风插孔有误	物理校正	故障仍未解决，联系专业维修人员
			声卡驱动程序设置有误	更新或重新安装最新的驱动程序	
	5	无法播放Midi音乐	声卡模式不兼容	安装软件波表	故障仍未解决，联系专业维修人员
			无波表音色库	加载波表音色库	
			MIDI通道被设置成静音模式	MIDI通道切换成非成静音模式	

步骤4 命名直播硬件设备故障清单，并保存至指定文件夹。

三、注意事项

1. 需对不同的直播硬件设备分别制作直播硬件设备故障清单。
2. 需严格按照直播硬件设备操作说明书，制作直播硬件设备故障清单。

学习单元 3　直播界面配置

1. 使用直播界面配置功能。
2. 使用绿幕智慧大屏。

一、直播界面配置功能概述

直播界面配置分为直播前的直播界面配置、直播中的直播界面配置、直播后的直播界面配置。

1. 直播前的直播界面配置

直播前，需确定直播形式，然后，进入直播界面。需配置的直播前的直播界面包括头像、标题、位置、话题、镜头转换/屏幕方向、美化、道具、产品/团购/小程序/活动/游戏、推广、分享、选择分类、设置等选项。

2. 直播中的直播界面配置

需配置的直播中的直播界面包括在直播界面上方的直播账号的头像、名称，直播热度数据，用户头像，用户数量等选项；在直播界面中部收到的礼物特效等选项；在直播界面下方的互动评论区、连麦/PK/玩法区、产品购物车、多功能设置区、关闭直播按钮等选项。

3. 直播后的直播界面配置

需配置的直播后的直播界面包括直播时长、直播数据、高光片段等选项。

二、直播界面配置功能使用

1. 使用直播界面配置功能

（1）使用直播界面配置功能配置直播前的直播界面

1）头像。头像通常为账号的原始头像。需根据直播计划，在直播前，将直播账号的头像设置为与直播主题相符的图片，图片应美观、主题突出。

2）标题。标题通常为账号名称+本次直播或上次直播的标题。需根据直播计划，在直播前，设置直播的标题。建议标题为5~10个字，与直播主题契合、清晰易懂、包含直播的关键词。

3）位置。位置通常为直播账号的 IP 归属地。需根据直播计划，在直播前，检查位置功能是否打开，位置显示是否正确。设置直播账号的位置可以吸引同城用户。

4）话题。话题通常为无话题。需根据直播计划，在直播前，添加与直播相关的话题标签或热门话题，吸引关注话题的用户。

5）镜头转换/屏幕方向。镜头通常为后置镜头。在直播中，为便于直播销售员观看屏幕互动和直播热度等内容，需转换镜头为前置镜头。屏幕方向通常为竖屏。需根据直播计划，在直播前，调整屏幕方向。

6）美化。美化功能通常为关闭状态。需根据直播计划，在直播前，结合直播场地的灯光、直播销售员的妆容，调整美化功能。适当添加滤镜及美颜效果，切勿将美颜效果开至最大，导致直播画面失真。

7）道具。道具功能通常为关闭状态。需根据直播计划，在直播前，结合直播场地的灯光、直播销售员的妆容，选择合适的道具。

8）产品/团购/小程序/活动/游戏。产品/团购/小程序/活动/游戏功能通常为关闭状态。需根据直播计划，在直播前，添加产品/团购/小程序/活动/游戏等。

9）推广。推广功能通常为关闭状态。不同的互联网平台的推广方式不同，通常分为系统推广和自定义推广。系统推广有固定的价格，自定义推广可以自选价格。需根据直播计划，在直播前，进行推广。具体的推广方式和价格由直播团队协商后设置。

10）分享。分享功能通常为关闭状态。需根据直播计划，在直播前，将直播账号私信发送给粉丝，或通过链接、二维码方式分享至互联网平台或用户。

11）选择分类。语音直播和录屏直播有选择分类的选项。语音直播的选择分类包括电台直播、聊天室直播、KTV 直播等；录屏直播的选择分类包括热门游戏、综合手游、棋牌游戏、休闲游戏、怀旧游戏等。需根据直播计划，在直播前，选择合适的分类。

12）设置。设置功能通常包括直播间介绍、节目单、直播可见范围、直播清晰度、直播预告、录制高光、允许用户录制、直播付费功能等选项。需根据直播计划，在直播前，开启或关闭设置功能。

（2）使用直播界面配置功能配置直播中的直播界面

在直播中，通常直播界面上方和中部的选项不可以调整，直播界面下方的互动评论区、连麦/PK/玩法区、产品购物车、多功能设置区、关闭直播按钮等选项可以调整。

1）互动评论区。互动评论区是直播销售员和用户互动的桥梁。通过用户反馈，可以了解用户的需求。互动评论区以文字、语音、礼物等形式展现。互动评论区的互动率影响直播热度。所以，需通过话术调动用户在评论区互动的积极性。

2）连麦/PK/玩法区。连麦/PK/玩法是常见的直播互动方式。直播销售员主动邀请其他直播销售员或接受其他直播销售员的连麦请求，进行视频连麦或语音连麦。通常通过连麦/PK的直播互动方式提升直播人气，在连麦/PK过程中可以互动聊天、表演才艺等。互联网平台在玩法区提供了多种游戏，以活跃直播的气氛。

3）产品购物车。在产品购物车中的产品链接是直播在售或预售产品。可以根据直播计划上下架产品，调整产品顺序、产品库存、产品价格等。

4）多功能设置区。多功能设置区通常包含直播前配置功能，包括音乐、粉丝群管理、暂停直播、礼物等其他选项。在直播中，可以调整或修改多功能设置区的选项。

5）关闭直播按钮。在直播中，可以根据直播计划及直播现场的情况，点击"关闭直播"按钮，结束直播。

（3）使用直播界面配置功能配置直播后的直播界面

1）直播时长。直播后，在直播界面中，显示开启直播时间和结束直播时间，两者差即直播时长。

2）直播数据。直播后，在直播界面中，显示直播数据，通常包括收获虚拟币数量、新增粉丝数量、观看人数、送礼人数、评论人数、点赞次数等。

3）高光片段。直播后，在互联网平台规定的时间内，可以查看直播中的高光片段。可以将高光片段下载并保存，进行二次剪辑后，作为直播预热视频发布。

2. 使用绿幕智慧大屏

（1）绿幕智慧大屏概述及使用

绿幕智慧大屏是基于绿幕技术的新型直播间装修工具，通过上传提前制作的产品图文素材或使用官方提供的产品背景模板，在直播背景中实时展示产品信息，包括品牌名称、产品标题、产品主图、产品价格、产品卖点、折扣力度等关键信息。

使用绿幕智慧大屏，便于用户更直观地了解产品的核心卖点及价值，提升观看体验，从而促进直播产品的有效转化。

（2）绿幕智慧大屏的优点

1）成本低。使用绿幕智慧大屏，无须另外采购专业的直播硬件设备，且方便使用。

2）操作灵活。使用绿幕智慧大屏可以直接抓取产品详情页面中的图片和关键元素、自动填充产品背景模板，也可以自行上传产品图文素材，一键生成产品背景模板。

3）灵活切换产品背景模板。绿幕智慧大屏提供多种产品背景模板，包括新品发布、日销款、福利款、促销款等背景模板。在直播中，可以根据直播销售员讲解产品的节奏，随时切换和转场。

技能　使用绿幕智慧大屏

以抖音平台为例，使用绿幕智慧大屏。

一、操作准备

电脑、无线网络或有线网络、绿幕智慧大屏、产品图文素材等。

二、操作步骤

步骤1　进入绿幕智慧大屏界面。

步骤2　配置产品背景模板。

（1）选择产品背景模板的类型

添加产品信息前，需选择产品背景模板的类型，如新品推荐、热卖爆款、降价促销款、宠粉福利款、虚拟产品等。

互联网平台支持的产品背景模板的名称、类型仅显示在直播伴侣的后台，且可以在直播过程中切换。

（2）选择产品背景模板的颜色

基于产品主图的基调，结合直播的整体氛围，选择产品背景模板的颜色。

（3）导入/添加产品信息

1）自动添加。输入产品的编号或链接，搜索、添加产品信息至互联网平台。

2）手动上传。手动上传产品图片，图片尺寸需符合互联网平台的要求。上传产品图片后，需按照提示输入品牌名称、产品标题（不超过10个字）、产品价格、活动形式、折扣力度等信息。

3）预览产品背景模板。查看已配置成功的产品背景模板，包括模板名称和模板预览图片。将光标移动到产品背景模板上方，点击"预览"即可预览产品背景模板。

步骤3 使用和切换产品背景模板。

（1）使用产品背景模板A

需在讲解产品A前，启动绿幕智慧大屏，点击"背景板使用"并选中产品背景模板A，点击下方的"使用背景板"。

（2）切换产品背景模板B

当需要讲解产品B时，只需选择产品B对应的产品背景模板B，点击"使用背景板"即可。

（3）选择展现样式

当绿幕智慧大屏模板设置为横屏模式时，产品背景模板默认为居中展现在屏幕中间；当绿幕智慧大屏模板设置为竖屏模式时，产品背景模板默认为自动铺满整个屏幕。

（4）支持多场景/画面切换

当直播需要转移场地并切换多个场景（包括摄像头、产品图文素材、贴片）形成完整直播画面时，绿幕智慧大屏将记住该场景下使用的产品背景模板。

（5）备注管理

1）背景模板池。在背景模板池中，最多可以添加300个产品背景模板。最先创建的产品背景模板会自动展现在最前面，向上划动屏幕可以查看更多的产品背景模板。

2）绿幕场地布置。在直播场地，需平整悬挂绿幕，使光照均匀无阴影。人和物品需远离绿幕（建议距离2~3m）。直播销售员不可以穿绿色的或半透明的衣服、不可以佩戴易反光的饰品。在直播场地中不可以摆放绿色的或半透明的物品。

3）绿色的产品抠像处理。点击"直播伴侣"，选择"摄像头设置"，即可以修改绿幕抠图颜色为蓝色或红色等。

4）灯光布置。应将直播场地的灯光类设备摆放在直播销售员与绿幕之间，使光线均匀照亮绿幕，且保证直播销售员和物品的阴影不出现在绿幕上。

三、注意事项

1. 制作产品背景模板需提炼主题，图片及文字应简练醒目。
2. 产品背景模板应简洁大方，切勿过度使用颜色及装饰元素。

学习单元4　产品素材上传

1. 产品素材内容。
2. 产品素材上传的步骤。

一、产品素材内容

产品素材内容包括图片或文字形式的产品名称、产品描述、产品原理、产品亮点、产品使用说明、产品价格、产品服务、产品资质证明等。产品素材内容需直观、清晰、美观，多以图文组合形式展现。

1. 产品名称

产品名称以简洁、易记为标准，便于搜索，也便于用户清晰、牢固地记忆，易于识别。产品名称应当表明产品的真实属性，并符合以下要求。

（1）国家标准、行业标准对产品名称有规定的，应当使用国家标准、行业标准规定的名称。

（2）国家标准、行业标准对产品名称没有规定的，应当使用不会引起用户误解和混淆的常用名称或俗名。

（3）产品名称可以作为注册商标，应符合《中华人民共和国商标法》的相关规定。

2. 产品描述

产品描述包括产品的型号、颜色、外观展示、内部形态展示、功能等产品细节。

3. 产品原理

产品原理是指产品原材料、产品工艺等特点，或区别于同类产品的相关内容。

4. 产品亮点

产品亮点是指根据用户的需求及产品本身的价值，放大产品的优势和用户的痛点，以图片、文字、使用效果对比数据等形式展示自身的优势。

在展示产品亮点时，不可以使用"更""最""第一"等最高级词汇；在对比产品的使用效果时，不可以恶意诋毁竞品。

5. 产品使用说明

产品使用说明可以简单阐述产品使用的操作步骤，无须详细描述。详细的产品使用说明需在产品说明书中展示。

6. 产品价格

产品价格包括产品原价、产品福利/活动价、赠品介绍、产品福利/活动的开始和截止时间、产品福利的领取方式、运费形式等。

7. 产品服务

产品服务包括产品物流渠道商介绍、产品售后流程等。

8. 产品资质证明

产品资质证明是指加载统一社会信用代码的营业执照。

二、产品素材上传的步骤

1. 美化并检验描述产品优势、特点的素材，确保产品素材真实、有效。
2. 登录互联网平台账号，进入后台管理系统。
3. 点击"产品上传"，根据要求，依次上传产品素材。
4. 检查产品素材的排列顺序。
5. 保存产品素材上传的信息，保证产品素材上传成功。

技能操作

技能　上传产品素材

以抖音平台为例上传产品素材。

一、操作准备

电脑、无线网络或有线网络、抖音平台账号、产品素材等。

二、操作步骤

步骤 1　进入抖音平台账号的后台管理系统。

打开抖音平台账号界面,进入后台管理系统。使用移动端和电脑端均可以进入后台管理系统,为避免数据冲突,不可以同时使用移动端和电脑端操作。

步骤 2　添加产品素材。

点击"添加产品",选择产品或粘贴产品链接,点击"确认添加",也可以批量添加产品。

步骤 3　设置产品亮点。

点击图标 ✎ ,输入产品亮点,不得超过 15 个字。产品亮点应简单易懂,且有吸引力。

步骤 4　调整产品素材。

(1)删除产品素材

将光标移动到产品卡上,点击右上角的图标 × ,即可删除。

(2)调整产品素材的顺序

1)拖拽产品列左侧的图标 ⋯ ,对产品进行排序。

2)编辑产品序号后,按 Enter 键,即可自动排列产品序号。

步骤 5　设置讲解卡。

在移动端开启直播后,刷新电脑端页面,出现"讲解"按钮。点击"讲解"按钮,显示讲解卡,用户可以了解当前介绍的产品。讲解卡展示一段时间后,会自动消失。如果希望讲解卡持续出现,再次点击"讲解"按钮即可。产品素材讲解完毕,点击"取消讲解"按钮即可关闭讲解卡。

三、注意事项

1. 产品亮点应为精练的文字或图片。

2. 设置讲解卡时,需与直播画面中产品的介绍内容同步。

培训项目 二

互动管理

学习单元 1　互动管理规则制定

互动管理规则制定的方法。

一、互动管理规则概述

1. 互动管理规则的定义

互动管理规则是一套管理原则、模式,是互动管理中各种管理条例、章程、制度、标准、办法、守则的总称。

互动管理规则是用文字形式规定管理活动的内容、程序和方法,是管理直播团队成员和用户的行为规则。

制定互动管理规则的目的在于维护交流互动的秩序,规范直播团队成员和用户的行为,使直播的各项流程、活动有序进行。

2. 互动管理规则的特点

（1）规则性

规则性是指互动管理规则是直播团队成员和用户共同制定并通过的、且一起遵守的条例和章程。互动管理规则的规则性告诉直播团队成员和用户应当做什么、应当如何做。

（2）强制性

强制性是指互动管理规则是基于规则性的、规范直播团队成员和用户行为的强制界线。强制性对直播团队成员和用户有约束力，直播团队成员和用户不得违反。

（3）科学性

制定互动管理规则的内容、方法、标准是一个科学的过程。科学性是指其本身是准确的、完整的、统一的、灵活的逻辑系统。

（4）稳定性

稳定性是指互动管理规则一经批准，在一定时期内应保持稳定，不能朝令夕改，否则，会使直播团队成员和用户无所适从。

（5）群众性

群众性是指互动管理规则应简明扼要，通俗易懂，便于直播团队成员和用户掌握和执行。

（6）执行力

执行力是指互动管理规则应具有执行标准和奖惩制度。同时，在具体执行过程中应注意以鼓励代替禁止，以事前防范代替事后责备，以积极奖赏代替消极处罚。

3. 互动管理规则的作用

互动管理规则是互动管理的基础，对于保证直播顺利进行，提高直播的互动管理水平起重要的作用。

（1）直播顺利进行的基本保证

互动管理规则正是从直播的特点和规律出发制定的，在直播中遵守互动管理规则，以保证直播稳定、顺利、高效地进行。

（2）直播有效性的基本依据

直播团队一般由几个人、十几个人，甚至更多人，按照一定的组织形式构成。因此，需要通过互动管理规则确定直播的各层次、各环节、各部门乃至各成员的工作内容、方式、方法，才能实现直播目标，形成完整统一的直播过程，达到预期的效果。

（3）直播科学管理的基本条件

加强科学管理是实现顺畅直播、达到预期效果的基础工作，遵守互动管理规则是实现标准化、流程化管理的基本条件。

(4)提高直播质量和效益的基本手段

互动管理规则的科学性决定直播具有科学的、准确的标准和依据。遵守互动管理规则是提高直播质量、促进直播效益增长的基本手段。

4. 执行互动管理规则的原则

执行互动管理规则是实现直播科学化、程序化、效益最大化的手段。执行互动管理规则，应当遵循以下原则。

(1)严格遵守规则原则

应严格遵守互动管理规则，共同维护互动管理规则的权威性，从而顺利实现直播目标。

(2)重视教育培训原则

通过对互动管理规则的教育培训，提高直播团队成员在直播中遵守互动管理规则的自觉性。

(3)严谨工作原则

基于直播灵活性、变化性的特点，培养直播团队成员严谨的工作态度、务实的工作习惯，以保证顺利直播，实现直播目标。

(4)树立执行模范原则

互动管理规则是规范直播团队成员和用户的行为准则。在直播中，应遵循在互动管理规则面前人人平等的原则。同时，各级管理人员须带头执行互动管理规则。

(5)严格检查和考核原则

在直播中，应不定期对互动管理规则的执行情况进行检查和考核，发现问题，及时解决。同时，对各部门、各岗位实行定性、定量考核，并将考核结果同奖励机制结合。

(6)团队协作原则

顺利直播是团队协作、共同努力的结果。互动管理规则也应强化团队协作的理念，增强直播团队成员的协作意识和团队观念。

5. 互动管理规则的优势

(1)规则优势

通过互动管理规则，将目标管理贯穿直播全过程，以绩效考核为结果，以奖励制度为保障，实现直播团队的整体利益。从而确保直播分工清晰、责权明晰、流程顺畅、基础管理工作扎实。

（2）管理优势

通过互动管理规则，强化组织架构和绩效管理，明确各部门的职能，清晰职位职责，责权匹配，形成最佳的业务组合和协作模式，以及具有竞争力的、可持续发展的管理组织模式。

（3）流程优势

通过互动管理规则，强化直播流程，完善规章制度，使直播团队成员明确行为规则和边界，协调与用户的关系。

二、互动管理规则的内容

1. 总则

（1）制定互动管理规则的目的是维护直播交流互动的秩序，保障用户的合法权益。

（2）制定互动管理规则的依据是国家有关法律、法规，以及互联网平台的基本要求等。

（3）在一般情况下，用户愿意接受互动管理规则并注册，即可成为互联网平台的用户。

2. 用户的权利与责任

（1）用户享有互联网平台用户的各种权利，可以享受互联网平台提供的各项服务。

（2）用户在直播中进行的所有活动应遵守中华人民共和国的相关法律、法规，并自行承担直接或间接活动引起的一切法律责任。

（3）用户应注意保管用户名及密码。若发现账号遭他人非法使用，应立即通知互联网平台管理人员。因用户保管疏忽或其他非互联网平台的原因导致账号、密码遭他人非法使用，互联网平台不承担任何责任。

（4）用户认为在直播中自身的权益受到侵害，有权根据相关规定进行投诉、申诉。

（5）用户有权对直播管理提出意见、建议，有权就直播管理工作向互联网平台进行咨询。

（6）用户在参与直播过程中，需遵守网络道德，注意网络礼仪，做到文明上网。

3. 用户留言禁止的内容

（1）反对国家现行的法律、法规的相关内容。

（2）危害国家安全、泄露国家秘密、颠覆国家政权、破坏国家统一的相关内容。

（3）损害国家荣誉和利益的相关内容。

（4）煽动民族仇恨、民族歧视，破坏民族团结的相关内容。

（5）煽动非法集会、结社、游行、示威、聚众扰乱社会秩序的相关内容。

（6）破坏国家宗教政策、宣扬邪教和封建迷信的相关内容。

（7）散布谣言、扰乱社会秩序、破坏社会稳定的相关内容。

（8）散布淫秽、色情、赌博、暴力、凶杀、恐怖或者教唆犯罪的相关内容。

（9）侮辱或者诽谤他人、侵害他人合法权益的相关内容。

（10）以非法民间组织名义开展活动的相关内容。

（11）包含种族、肤色、性别、性取向、宗教、民族、地域、残疾、社会经济状况等歧视内容的言论和消息。

（12）含有法律、行政法规禁止的其他相关内容。

（13）未经公开报道、未经证实的消息。

（14）可能妨害第三方权益的文件或者信息，如（包括但不限于）病毒代码、黑客程序、软件破解注册信息等。

（15）抄袭及剽窃他人的作品，不得发布原作者禁止转载的内容。

（16）缺乏理性讨论诚意、无理纠缠、恶意灌水等浪费资源的信息。

（17）明显缺乏章法、错别字过多、内容晦涩空泛的信息。

（18）包含影响其他用户正常浏览的内容或格式。

（19）涉及他人隐私、有意模仿他人注册名或冒充互联网平台管理人员发布的信息。

（20）破坏直播秩序、侵害互联网平台利益的内容。

（21）重复、大量留言并粘贴与直播主题无关的消息。

（22）未经互联网平台同意的任何形式的广告。

（23）在标题和内容中加入各种与留言明显无关的特殊符号。

（24）ASCII 码、区位码字符、汉字空字符、汉字全角字符、键盘上位字符（按 Shift 键出现的符号）等符号组合。

4. 账号名称管理

（1）禁止以党和国家领导人或其他名人的真实姓名、字号、艺名、笔名作为账号名称。

（2）禁止以国家机构或其他机构的名称作为账号名称。

（3）禁止使用不文明的、不健康的账号名称。

（4）禁止使用易产生歧义的、引起他人误解的账号名称。

（5）禁止使用图形符号的账号名称。

（6）账号名称一般禁止使用 ASCII 码、区位码字符、汉字空字符、汉字全角字符、键盘上位字符等符号组合。

（7）禁止使用与其他用户相近的并可能引起争执的账号名称。互联网平台支持先注册的账号名称，保留取消后注册账号名称的权力。

（8）对于严重违反互动管理规则的用户，互联网平台保留取消其账号名称的权力。

5．处罚条例

（1）对于违反互动管理规则的留言及图片等，互联网平台管理人员有权采取直接删改等措施。

（2）对于违反互动管理规则的用户，互联网平台管理人员有权删除其留言，并对该用户采取警告、屏蔽用户留言直至取消用户资格的处罚措施。

（3）对于严重违反互动管理规则的用户，互联网平台管理人员有权封禁用户的账号。

6．隐私保护

保护用户的隐私是互联网平台的一项基本政策。

（1）互联网平台保证不对外公开或向除留言办理工作单位之外的第三方提供单个用户的注册资料及用户在使用互联网平台服务时留下的非公开内容。以下情况除外。

1）经用户本人授权可以透露的信息。

2）根据相关法律法规的要求，互联网平台提供用户的个人资料。

3）留言办理工作单位提取用户个人资料用于处理解决留言问题。

（2）在不透露单个用户隐私资料的前提下，互联网平台有权对用户数据库进行分析和适当的使用。

7．版权声明

（1）用户在互联网平台发表的留言及图片仅代表用户本人的观点，相关责任应由用户本人负责。

（2）用户转发留言应注明原始出处和时间，并注意原作者的版权声明，用户需承担转发留言可能引起的版权责任。

（3）互联网平台有权将用户发表的留言及图片（附带版权声明的除外）自行

使用或者与他人合作使用。

（4）用户在互联网平台发表的留言及图片（包括转发的留言及图片）版权归原作者所有，若原作者有版权声明或原作从其他平台转载而附带原版权声明者，其版权归属以附带声明为准。

（5）互联网平台管理人员根据互动管理规则，有删除用户留言的权力。

8. 责任声明

（1）用户保管疏忽导致个人隐私泄露，互联网平台不承担任何相关责任。

（2）若用户在直播中触犯国家现行的法律、法规，由用户承担全部责任。

（3）互联网平台不担保直播的各项服务一定满足用户的要求，也不保证直播服务不会中断，对直播服务的及时性、安全性也不做担保。

（4）互联网平台不保证为用户提供外部链接的准确性和完整性。同时，对于外部链接指向的、不由互联网平台实际控制的网页内容，互联网平台也不承担任何责任。

（5）非故意及不可抗拒的原因（含系统维护和升级）导致用户数据丢失、直播服务暂停或停止，互联网平台不承担赔偿及其他连带法律责任，但将尽力减少给用户造成的损失和影响。

三、互动管理规则制定的方法

在直播中，与用户互动（如解答用户的问题、听取用户的意见，进而提升企业形象、改进直播产品、提高直播服务的质量）已经成为直播的重要工作。

因此，在直播中，对互动内容和方式进行及时的、准确的、专业的规范和规划，是制定互动管理规则的核心内容。

1. 互动管理规则制定的步骤

制定互动管理规则，应当遵循科学的程序和步骤。

（1）明确直播目标、适用人群及使用范围。

（2）根据直播团队所处内外环境变化及直播团队的发展规划，提出制定互动管理规则的目标和要求。

（3）直播团队综合管理部门收集岗位资料，起草互动管理规则的初步方案。

（4）由直播团队的业务、决策部门组织相关人员或智库的专家对互动管理规则的初步方案进行详细的、谨慎的讨论、调查、审核，确定互动管理规则的最终方案。

（5）由直播团队的最高管理层批准互动管理规则的最终方案。

2. 互动管理规则的内容要素

（1）标准话术。标准话术包括开播话术、互动话术、产品介绍话术、产品试用话术、促销话术、下播话术。

（2）定时互动。直播需要特定的时间互动，在不违反互联网平台规则的前提下，互动场景、互动时间需考虑用户的感受。

（3）定向互动。互动环节需有侧重点。在产品介绍和活动福利等环节，应区分节奏，做到主次分明。

（4）批量回复。预判问题及突发情况，建立互动常见问题库，准备应对话术，集中时间批量回复。

3. 互动管理规则应与时俱进

随着时代的发展、技术的更新、管理水平的提高，以及直播团队成员和用户认识的深化，互动管理规则也应与时俱进。更新互动管理规则时，应注意处理好以下关系。

（1）"破"与"立"的关系

互动管理规则在一定时间内应保持相对稳定，随着时间推移、网络环境变化，其内容也会发生相应的变化。为此，应遵循先立后破的原则。只有制定新的互动管理规则，让直播团队成员和用户逐步熟悉和习惯后，才能更改或废除旧的互动管理规则。

（2）变革与修订的关系

当直播外部环境遇到重大政策变化，直播内部环境出现经营战略转变、组织机构改组、专业制度改变，直播的方式、方法、观念、目标也将随之变化，互动管理规则也应进行变革与修订。

技能操作

技能　制定互动管理规则

一、操作准备

电脑、无线网络或有线网络、相关材料等。

二、操作步骤

步骤1　明确目标。

根据各岗位的职责要求及目标，确定调查的内容和方向。要求做到不脱离实际、从自身岗位的需求出发。

步骤2　确定资料收集方法，分配资料收集任务，分别收集资料。

协调各岗位人员，指派具有调查经验的人员参与，并由专人负责。编写、派发调查问卷，或实地考察收集资料。

步骤3　资料整理分析。

使用 Excel、Plotly 等软件，对收集的资料进行整理分析，并生成图表。

步骤4　讨论互动管理规则的内容。

召开会议，从资料出发，商讨互动管理规则的具体内容。

步骤5　制定互动管理规则。

整理并编写互动管理规则。由最高管理者批准、公布互动管理规则。

三、注意事项

1. 互动管理规则的内容应从实际出发，避免过多的主观色彩。
2. 互动管理规则应尊重用户的意愿，不可过于苛刻或脱离实际。
3. 在收集资料的过程中，遇到问题应及时记录并反馈。

学习单元2　互动常见问题库建立

1. 互动常见问题库的内容。
2. 互动常见问题库建立的方法。

一、问题库概述

1. 问题库建立的目的

问题库是将工作中涉及的和遇到的各类问题，按不同类型及其内在联系汇集起来，为特定知识和技能测试提供备选问题和解决方案的一种系统资源。

建立问题库，并非只是对问题收集和整理，而是直播过程、直播目标、直播内容涵盖的所有影响因素的具体体现，最终目的是为直播提供具有经验价值和意义的工作方法，并实现直播科学化和高效化，提高直播的整体质量。

2. 问题库建立的方法

（1）收集问题

发现并收集问题是直播的关键环节。收集问题的过程也指明未来直播发展的方向。因此，在直播中发现并收集问题是首要任务。

（2）整理问题

建立问题库，不是把收集的问题积攒起来，而是将所有问题按照特定的顺序整理成与直播有对应关系的逻辑体系。

将问题进行纵向处理，形成问题段，再按照在同一工作流程及时间段上出现问题的权重，形成具有严谨逻辑关系的问题链。

（3）分析问题

按照问题段、问题链、问题库的顺序，区分权重，并分析问题，提出解决方案。将解决方案及时整理、认真总结，从中提炼经验，并经常进行复盘、思考，让问题库变成经验库。

二、互动常见问题库的内容

在一般情况下，互动常见问题库的内容涵盖了直播各岗位和不同发展时期所遇到的大部分问题。按照问题类型，一般可以分为以下模块。

1. 直播环境问题

（1）直播环境嘈杂。

（2）户外直播突遇极端天气。

（3）室内直播场地受限，无法充分展示产品。

（4）直播场地装饰风格与直播内容不符。

（5）蝇虫等乱入直播镜头，严重影响观感和画质。

2. 直播硬件设备及网络问题

（1）视频播放卡顿、画面闪动。

（2）声音与画面不同步。

（3）视频闪退。

（4）直播硬件设备过热、死机。

（5）网络不稳定、直播硬件设备的电量不足。

（6）直播硬件设备分辨率低，画面不清晰。

（7）直播硬件设备突然损坏。

（8）虚拟背景消失。

（9）弹出广告页面。

3. 用户问题

（1）用户的问题专业性过强，无法立即回答。

（2）用户反复刷屏同一问题。

（3）用户发表不当言论、传递负能量。

（4）用户提出议价等要求。

（5）用户对产品持怀疑态度。

4. 选品问题

（1）产品与宣传不符。

（2）产品到货后错过流量期。

（3）产品存在质量问题。

（4）产品生产、发货的速度无法匹配销售的速度。

5. 售前问题

（1）未能及时发货。

（2）发货前，发现产品存在质量问题。

（3）因不可抗力无法及时发货。

6. 售后问题

（1）用户要求退换货，库房暂无同款或所需尺码。

（2）非质量问题退换货。

7. 直播团队协作问题

（1）直播团队分工不均。

（2）直播团队合作出现偏差。

（3）直播团队凝聚力弱、执行效率低。

8. 直播账号问题

（1）直播账号权重较低。

（2）用户黏性弱。

(3)直播账号被限流或被封禁。

三、互动常见问题库建立的方法

1. 建立方法

(1)收集整理问题

1)建立问题反馈渠道。由专职人员负责收集问题,同时建立问题反馈渠道。常用的问题反馈渠道有专用电话号码、微信群、钉钉群、QQ 群等。

2)宣导反馈问题的规则。对问题的基本信息应准确描述,包括问题类型、时间节点、问题描述、用户诉求、现有解决方案等。需及时宣导反馈问题的规则和方式,避免出现问题描述混乱等情况,保证问题收集有序进行。

3)初步筛选问题。收集问题后,对于重复的、描述不清的问题进行查重、补充,使问题描述完整,并根据业务部门或问题类型进行初步筛选、整理。

(2)分析解决问题

1)明晰解决问题的流程。为了及时解决问题,通常的流程是确认问题、提出解决方案、记录解决进展。对于特殊问题,会经历确认问题、反馈负责人并跟进、反馈提出问题的用户、提出解决方案、记录解决进展等流程,应及时公开共享信息。

2)实时更新解决进展。可以通过建立共享文档的方式,实时更新解决进展,并通过自动化的或人工的方式提醒相关人员。

3)正视解决问题的困难。如果遇到棘手的问题,或短时间内不能彻底解决的问题,可以给出建议,以及提醒用户应付成本与可以达到效果在价值上是否匹配,并使直播团队成员和用户达成共识。

(3)比较归类问题

1)划分问题类别。将问题根据类别或业务模块进行详细划分,如用户问题、直播环境问题、直播硬件设备问题等。同时,基于权重及时间等因素,排定优先级。

2)汇总问题。通常汇总问题文档包括日期、提出问题的用户、问题描述(可以配截图、操作步骤视频说明等)、优先级、负责人、解决进展、原因分析等内容。

3)联系解决问题的人员。负责解决问题的人员能够根据自身权限解决大部分的问题。

（4）整理归档问题

定期整理归档已解决的问题。定期整理归档可以防止互动常见问题库混乱，也可以防止遗漏某些资料。同时，定期整理归档问题，能够促使"回头看"旧问题，从中吸取经验，获得新的思路和解决方案。

2. 内容要求

内容是建立互动常见问题库的基础，也会影响建立互动常见问题库的工作进度和效率。因此，应努力提高互动常见问题库内容的时效性，以严肃的、认真的、周密的、慎重的态度对待互动常见问题库的内容建设。

（1）依据岗位职责

互动常见问题库的内容应以互联网平台规则作为解决问题的依据。互动常见问题库的内容应限定在各岗位职责的范围内，适度参考借鉴其他团队的解决方案，不得提出脱离实际的、无法落地执行的解决方案。

（2）执行入库标准

应按照互动常见问题库的入库标准，根据直播中的重点、难点及问题覆盖面，合理取舍问题，把握难易程度，保证入库问题的多元性。

（3）覆盖各岗位

互动常见问题库内容的数量和覆盖面是检验互动常见问题库是否合理的重要因素。为协助各岗位解决问题，使互动常见问题库具有较高的有效性和可信度，互动常见问题库的内容应有一定的数量和覆盖面。

（4）问题独立

应避免互动常见问题库的内容相互矛盾，一个问题不应给另一个问题制造矛盾或障碍，应形成问题闭环。当一个问题确实应从不同角度分析时，应注意区别表述方式。

技能操作

技能　建立互动常见问题库

一、操作准备

手机或电脑、无线网络或有线网络、收集的互动常见问题等。

二、操作步骤

步骤 1　选择建立互动常见问题库的工具。

建立互动常见问题库前，平台管理员可以使用手机或电脑，选择建立互动常见问题库的工具。

步骤 2　整理收集的问题，将其录入互动常见问题库（见表 5-7）。根据问题类别，在录入问题时，将问题进行初步划分。

步骤 3　对已录入的问题查重，并删除重复的问题（见表 5-8）。

表 5-7　互动常见问题库（一）

问题类型	当前问题	解决方案	负责人	解决进展
直播环境问题	直播环境嘈杂	铺设隔音棉	××	已解决
直播环境问题	室内直播场地受限，无法充分展示产品	更换更大的直播场地	××	已解决
直播环境问题	直播场地的装饰风格与直播内容不符		××	待解决
直播硬件设备及网络问题	音画不同步		××	待解决
用户问题	用户反复刷屏同一问题		××	待解决
选品问题	产品与宣传不符		××	待解决
选品问题	产品存在质量问题		××	待解决
直播环境问题	室内直播场地受限，无法充分展示产品	更换更大的直播场地	××	已解决

表 5-8　互动常见问题库（二）

问题类型	当前问题	解决方案	负责人	解决进展
直播环境问题	直播环境嘈杂	铺设隔音棉	××	已解决
直播环境问题	室内直播场地受限，无法充分展示产品	更换更大的直播场地	××	已解决

续表

问题类型	当前问题	解决方案	负责人	解决进展
直播环境问题	直播场地的装饰风格与直播内容不符		××	待解决
直播硬件设备及网络问题	音画不同步		××	待解决
用户问题	用户反复刷屏同一问题		××	待解决
选品问题	产品与宣传不符		××	待解决
选品问题	产品存在质量问题		××	待解决

步骤 4　向对应岗位人员核对问题细节及解决方案。

步骤 5　将解决方案录入互动常见问题库。

步骤 6　若无法及时解决问题,可以将待解决问题标红或录入"待解决问题"分类。

步骤 7　跟进待解决问题。致电或当面询问相关人员解决方案,或请其协助解决问题。

步骤 8　定期整理、更新互动常见问题库,并将互动常见问题库的内容同步至直播团队成员。

三、注意事项

1. 录入问题时,需认真核对问题。

2. 对于高频重复的问题,可以标红,该问题属于高发问题,应予以关注。

3. 对于待解决问题,应定期关注,切莫遗忘。

职业模块 六
售后与复盘

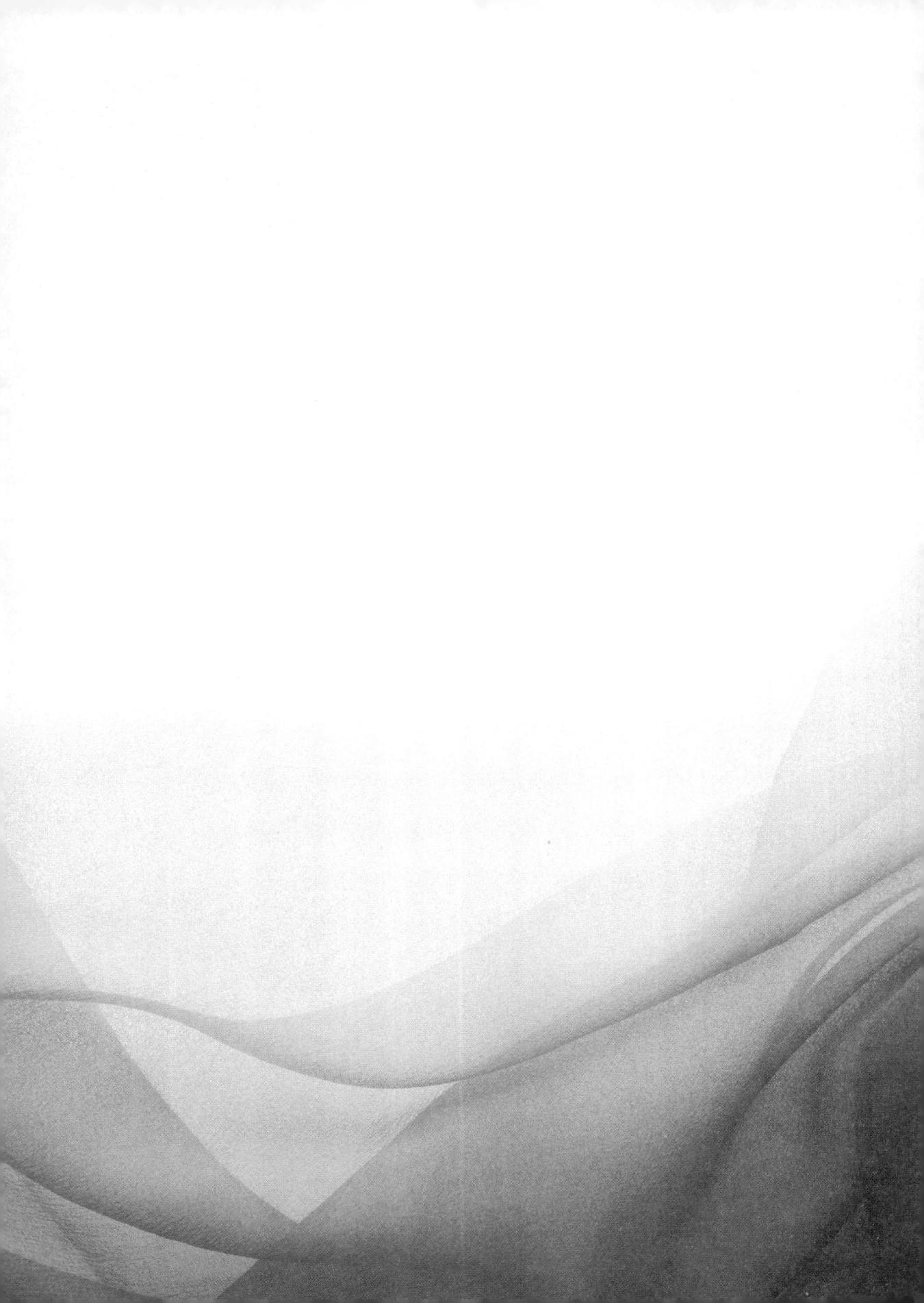

培训项目一 售后

学习单元1 异常数据汇总

1. 异常数据识别提取。
2. 异常数据汇总流程。

一、数据标准

数据标准是指保障数据定义和使用的一致性、准确性、完整性的规范性约束，是针对特定数据定义而进行的标准化指导。

1. 制定数据标准的前提

（1）构建数据标准管理组织

数据标准是直播团队所有部门共同参与制定并执行的基本守则。在直播团队构建的数据标准管理组织中，决策层是数据标准化的最高决策机构；数据标准管理部门是数据标准化的统筹机构；各部门是数据标准化的执行机构。

（2）制定数据标准管理制度

直播团队制定数据标准管理的办法、细则，从制度层面明确数据标准化中相关方的职责，建立数据标准制定、发布、落地、执行的流程，以及变更与复审机制,使数据标准在制度上得到保障。

2. 数据标准规范概述

(1) 数据标准规范的定义

数据标准规范是指规定数据标准的产品属性、技术属性、管理属性等,可以应用在直播团队数据管理的相关领域。

1) 产品属性。产品属性包括产品的中文名称、英文名称、标准别名、代码编码规则、标准依据、相关标准、与相关标准的关系等。

2) 技术属性。技术属性包括数据类型、数据格式等。

3) 管理属性。管理属性包括标准编号、标准主题、标准制定人、标准定义部门、标准管理者、数据使用者、产品应用领域、产品使用方式、标准大类、标准子类、标准状态等。

(2) 数据标准规范的分类

结合实际工作情况,直播团队的数据管理部门针对各种数据标准化的过程,可以将数据标准规范分为基础数据标准和指标数据标准。

1) 基础数据标准。基础数据标准是指针对业务开展过程中直接产生的数据,即未经过加工处理的基础业务数据制定的标准化规范。

2) 指标数据标准。指标数据标准是指按使用场景分类,为满足内部分析管理需要及外部监管需要,针对基础数据加工产生的指标数据制定的标准化规范。

3. 建设数据标准管理平台

数据标准管理平台是指数据标准制定、发布、管理、查询、执行的系统载体,是数据管理人员集中管理、展示和查询数据标准的综合性管理系统。数据标准管理平台可以提供保存和处理数据标准的内容,也可以提供统一数据标准管理与标准执行分析的功能,为日后商家在各互联网平台的数据标准化工作奠定基础。

二、异常数据识别提取

1. 单变量异常数据识别提取

(1) 简单统计量分析法

简单统计量分析法是指对变量做描述性统计,然后基于产品考虑数据合理性的方法。常用的简单统计量是最大值和最小值,判断变量是否超过合理范围。例如,用户的年龄为150岁,即异常数据。

（2）箱形图法

箱形图，又称盒状图或箱线图，是用以显示某组数据分散情况的统计类图表。箱形图的内容为某组数据的最大值、最小值、中位数及上下四分位数。箱形图的作用是提供异常数据的识别标准，即异常数据通常被定义为小于下边缘或大于上边缘的数据。

（3）3倍标准差法

若单变量数据服从正态分布规律，则异常数据通常被定义为偏离平均值超过3倍标准差。在正态分布的假设下，偏离平均值3倍标准差出现的概率小于0.3%，是小概率事件，即3倍标准差法的数学基础。

（4）Box-Cox变换+3倍标准差法

若原始数据是偏态分布的，不满足正态分布时，可以通过Box-Cox变换，在一定程度上修正偏态分布。无须先验信息，但需要找到最优的参数。

2. 时间序列异常数据识别提取

识别提取时间序列异常数据是对时间序列数据进行监控，并识别提取异常数据的过程。例如，从订单数、广告访问量、广告点击量等时间序列数据中提取异常刷单、恶意刷广告点击等异常数据。在一般情况下，有以下识别提取时间序列异常数据的方法。

（1）设定恒定阈值法

若时间序列数据在二维坐标系中呈现平稳分布的状态，即时间序列数据在二维坐标系中围绕中心值小范围波动，则可以定义上下边界的恒定阈值。超过上下边界恒定阈值的数据即异常数据。

（2）设定动态阈值法

动态阈值是指当前的异常数据阈值由过去 n 段时间的时间序列数据计算决定。对于无周期且比较平稳的时间序列数据，多使用移动平均法，即利用过去 n 个时间点的时间序列数据的平均值作为下一个时间点的时间序列数据，设定动态阈值。移动平均法主要适用于无周期性的、比较平稳的数据。

（3）STL数据拆解法

若时间序列数据是周期性的数据，可以使用STL数据拆解法将时间序列数据拆解成趋势项、周期项和余项，即每个时间点的时间序列数据等于当前时间序列的趋势项、周期项和余项的和或积。其中，趋势项涵盖时间序列数据的趋势变化，周期项涵盖时间序列数据的周期变化，余项表示时间序列数据除去趋势项和周期项后的日常波动变化。

3. 多变量异常数据识别提取

多变量数据异常识别提取是指不只从一个特征识别提取异常数据,而是从多个特征识别其是否异常。多变量异常数据识别提取可以使用算法模型,如聚类模型、孤立森林模型、One-Class Svm 模型等。用统计学解释,在数据空间中,分布稀疏的区域表示数据发生在该区域的概率很小,因而可以认为落在该区域的数据是异常数据。

三、异常数据分类

1. 按异常状态分类

（1）伪异常数据

伪异常数据是由特定的产品运营方式产生的,是反映产品的状态,而不是反映数据本身的异常。

（2）真异常数据

真异常数据不是由特定的产品运营方式产生的,客观地反映了数据本身的异常。真异常数据一般可以分为确定性异常数据和不确定性异常数据。

2. 按异常类型分类

（1）点异常

点异常是指某单个数据实例相对于其余数据被认为是异常的。这是最简单的异常数据类型,并且是大多数异常数据识别研究的重点方向。

（2）条件异常

若数据实例在特定条件下是异常的,但在其他条件下不是异常的,则将其称为条件异常,亦称上下文异常。

1）上下文属性。上下文属性用于确定数据实例的上下文（或邻域）,即确定数据实例在整个数据序列上的位置。例如,在空间数据序列中,位置的经度和纬度是上下文属性。在时间序列数据中,时间是上下文属性。

2）行为属性。行为属性用于定义数据实例的非上下文属性。例如,在某直播的平均点赞量空间数据序列中,任何时段的点赞量都是行为属性。

（3）集体异常

相关数据实例集合相对于整个数据集是异常数据,称为集体异常。在集体异常中,单独的数据实例可能不是异常数据,但作为集合则为异常数据。

四、异常数据采集平台、汇总流程及清洗

1. 异常数据采集平台

现阶段，异常数据采集平台主要为电子商务平台和视频直播平台。

2. 异常数据汇总流程

（1）异常数据审核与检查

汇总异常数据前，要对异常数据进行审核，检查异常数据的完整性、准确性和时效性。

（2）异常数据分类与汇总

按照一定的标准，将异常数据分类。汇总每类异常数据，并计算如均值、方差等指标。

（3）异常数据整理

在统计分类的基础上，计算每类异常数据的频数，整理成频数分布表，绘制频数分布图。

（4）异常数据积累与保管

在异常数据研究中，要经常进行动态分析，所以需要长期积累与保管异常数据。

3. 异常数据清洗

（1）数据筛选

设定异常数据的价格、销量、评论数等参数，进行升序或降序排列。

（2）数据标签

对异常数据定义标签分类，或商家自定义标签分类。

（3）数据二次筛选

对错误的异常数据，自定义辅助清洗。

技能　汇总异常数据

一、操作准备

电脑、无线网络或有线网络、待汇总异常数据的产品资料、标准数据表等。

二、操作步骤

步骤 1　打开异常数据汇总工具。

步骤 2　确定待汇总异常数据的产品资料。

根据产品异常数据需求的先后顺序，整理待汇总异常数据的产品资料。对于有特殊情况的产品，可以将其顺序提前。

步骤 3　按照顺序收集产品数据。

按照顺序收集产品数据，主要收集渠道为电子商务平台和视频直播平台。收集产品数据时，需要注意产品资料是否准确，产品数据是否真实。

步骤 4　汇总产品数据。

将从不同渠道收集的产品数据进行汇总，并制成表格。产品数据汇总表见表 6-1。

表 6-1　产品数据汇总表

名称	成交件数	销售额	退货率	好评率	点赞率	备注
牛仔外套						
针织毛衣						
连衣裙						
短裙						
马丁靴						
……						

步骤 5　明确数据标准。

根据产品类别，按照相关规则、产品属性等明确该产品的数据标准。标准数据表见表 6-2。

表 6-2　标准数据表

类别	标准数据	差值范围	备注
生活用品			
服装			
食品			
饰品			
书籍			
……			

步骤 6　识别提取异常数据。

将收集的产品数据与标准数据进行对比,识别提取异常数据并进行汇总。异常数据表见表 6-3。

表 6-3　异常数据表

产品	数据	标准数据	异常数据
生活用品			
服装			
食品			
饰品			
书籍			
……			

步骤 7　对异常数据进行初步分类。

按照异常状态或异常类型对异常数据进行初步分类。异常数据分类表见表 6-4。

表 6-4　异常数据分类表

伪异常数据	真异常数据	备注

步骤 8　审核并检查异常数据。

对异常数据进行审核并检查,包括数据的完整性、准确性和时效性。

步骤 9　清洗异常数据。

对检查出的、错误的异常数据,根据要求进行清洗。

步骤 10　汇总并分类异常数据。

按照一定标准,将异常数据汇总,并按照不同的数据属性进行分类。

三、注意事项

1. 异常数据汇总后,可以通过统计表或统计图,显示汇总结果。

2. 在异常数据研究中,要经常进行动态分析,所以异常数据汇总资料需长期积累且妥善保存。

3. 收集产品数据时，要保证产品数据的真实性。

学习单元2　异常数据分析

1. 异常数据分析。
2. 异常数据解决方法。

一、异常数据分析

互联网平台通过数据化方式和手段进行数据收集、整理、分析、监控和改进，分析用户及其消费过程，解决用户来源、产品转化率、投放广告效率等一系列的数据营销问题。异常数据分析是互联网营销的底层逻辑。

1. 异常数据分析方法

（1）对比方法

对比方法是指将互联网营销过程中出现的异常数据与标准数据进行对比分析，查找数据异常的原因。

（2）拆分方法

拆分方法是指将互联网营销过程中出现的异常数据拆分出因子数据，查找数据异常的原因。

（3）降维方法

降维方法是指当异常数据指标维度过多时，可以去掉部分由其他指标维度推导计算出的指标维度。例如，成交用户数＝访客数×转化率，可以在成交用户数、访客数、转化率3个指标维度中选择2个。

（4）增维方法

增维方法是指当已有的异常数据指标维度不能很好地解释相应的问题时，可以通过推导计算，增加异常数据指标维度，以确保异常数据分析的全面性。

（5）假设方法

当异常数据分析结果不明确时，可以使用假设方法，即选择部分可能的结果，在假设的前提下，分析造成结果的原因，这也是逆向思维的方法。

2. 异常数据分析指标

（1）总体运营指标

总体运营指标是指从流量、订单、总体销售业绩、整体指标方面进行异常数据分析，包括独立访客（UV）、页面浏览量（PV）、人均页面访问数、订单数、订单转化率、商品交易总额（GMV）、销售额、客单价、销售毛利、毛利率等。

（2）流量指标

流量指标是指对访客信息进行分析，基于其中的异常数据，可以对产品详情页面等宣传方式进行改进，对访客行为进行有效引导等。流量指标包括流量规模类指标、流量成本类指标、流量质量类指标和会员类指标。

（3）销售转化指标

销售转化指标是指分析从用户下单到支付全过程的数据，用以帮助商家提升产品转化率，也可以对部分异常数据展开分析。销售转化指标包括购物车类指标、下单类指标、支付类指标和交易类指标等。

（4）用户价值指标

用户价值指标是指利用相关价值模型分析用户价值，找出价值用户并进行精准营销等。用户价值指标包括用户指标、新用户指标和老用户指标等。

（5）产品类指标

产品类指标主要用于分析产品种类，包括产品售卖情况、库存情况，可以建立关联模型，分析产品同时销售的概率，进行产品组合销售。产品类指标包括产品总数指标、产品优势性指标、品牌存量指标、上架指标、首发指标等。

（6）市场营销活动指标

市场营销活动指标是指监控某次营销活动的数据，评价其商业效果及广告投放效果的指标。市场营销活动指标包括市场营销活动指标和广告投放指标。

（7）风险控制类指标

风险控制类指标是指分析用户对商家评论的指标，以及投诉、发现、解决问题的情况。风险控制类指标包括用户评价指标、投诉类指标。

（8）市场竞争指标

市场竞争指标是指通过分析市场份额及网站排名等相关数据，判断商家及其产品的市场竞争力，以便进行有效调整。市场竞争指标包括市场份额指标、网站排名指标等。

二、异常数据解决方法

1. 销售归因法

销售归因是指通过分析异常数据找到影响销售业绩的关键模块，并进行优化的过程。

采用销售归因法解决异常数据，需要商家与设计人员进行沟通，设计一套用户浏览互联网平台或账号轨迹的测试点，从而准确记录用户跳转页面的过程。

采用销售归因法需要与产品经理、运营部门进行充分沟通，综合分析提高销售业绩的归因模块及最佳销售行为组合。

2. 转化漏斗法

转化漏斗法是指通过对互联网平台或账号首页异常数据的观察，从而解决异常数据的方法。用户从浏览互联网平台或账号首页直至最终下单购买，一般需经过以下步骤。

（1）用户进入互联网平台或账号首页，点击产品推荐项，进入产品推荐页面。

（2）在产品推荐页面显示的产品列表中，点击选中的产品，进入产品详情页面。

（3）在产品详情页面，点击下单项，进入订单详情页面。

（4）在订单详情页面，点击支付项，完成订单支付。

转化漏斗法通过各步骤间的转化率，对比异常数据与标准数据，确定运营目标，进行程序及页面优化，以此提升转化率。同时，通过监控转化率，及时发现产品业务流程等方面的异常情况。

3. 产品比价法

产品比价法是指将当前时段的产品价格与过去不同时段的产品价格进行对比，通过比价调整产品策略的过程。例如，增加具有价格优势产品的曝光次数，减少价格较高产品的曝光次数，尽量避免产品价格造成的异常数据。

技能操作

技能　分析异常数据

一、操作准备
电脑、无线网络或有线网络、待分析的异常数据等。

二、操作步骤
步骤1　打开分析工具。

步骤2　确定待解决的数据问题。

（1）根据产品异常，确定待解决的数据问题，并制作数据问题表（见表6-5）。

（2）同一产品可以有多方面的数据问题，需仔细分析归纳。

表6-5　数据问题表

产品异常	待解决的数据问题	备注
销量减少	下单数、下单用户数等	
差评增加	用户评价数、用户好评率等	
……		

步骤3　选择异常数据分析指标。

（1）选择分析指标，进行异常数据分析（见表6-6）。

表6-6　异常数据分析指标表

分析指标	投诉类指标	总体运营指标	用户指标
数据名称			
标准数值			
……			

（2）对于不同的异常数据，选择的分析指标不同。

步骤4　拆分异常数据。

运用拆分思维，将异常数据拆分出因子数据。

步骤 5 分析异常数据产生原因。

根据异常数据或异常数据的因子数据,从多方面对异常数据进行分析,并寻找异常数据产生原因。异常数据原因表见表 6-7。

表 6-7 异常数据原因表

异常数据	产生原因			
	原因1	原因2	原因3	……
数据1				
数据2				
数据3				
数据4				
因子数据1				
因子数据2				
因子数据3				
因子数据4				
……				

步骤 6 制定异常数据解决方案。

根据异常数据产生原因,从多角度制定异常数据解决方案。异常数据解决方案表见表 6-8。

表 6-8 异常数据解决方案表

异常数据产生原因	解决方案	解决方案总结
原因1	方案1	
	方案2	
	方案3	
原因2	方案1	
	方案2	
	方案3	
……	……	

三、注意事项

1. 分析异常数据时，需要多种方法相结合。
2. 需选择合适的异常数据分析指标。
3. 可以制定多种异常数据解决方案，择优选用。

学习单元3　售后岗位工作流程建立

1. 售后岗位职责与工作内容。
2. 售后岗位工作流程建立。

一、售后岗位概述

售后是指在产品售出后，商家所提供的各种服务。售后服务是一种促销手段，是售后阶段的重要环节，已成为保持或扩大市场份额的要素，售后服务质量直接影响用户满意度。不论在售前阶段，还是售中、售后阶段，都可以通过完善的售后服务来提高商家的信誉，扩大产品的市场份额。

同时，高性价比的产品配合优质的售后服务体系往往会形成品牌效应，与用户维权意识提高和消费观念转变互为促进。

二、售后岗位职责

1. 了解并消除用户的抱怨心理

在售后阶段，由于产品使用、物流速度、沟通效率等问题，用户可能存在抱怨心理、不满情绪或过激言语。售后服务人员应换位思考，从多方面了解用户抱怨的原因，积极寻找解决问题的方式、方法。同时，在用户的抱怨中可能包含正当诉求及对产品的有益建议,通过售后服务人员的耐心沟通,可以有效提升产品性能和用户满意度。

2. 了解并满足用户需求

用户使用产品后有时会产生新的需求,了解并满足不影响商家利益的正常需求,是提升和改进产品以适应市场的便捷方法。了解并记录用户提出的有建设性意义的新需求是售后服务的重要内容。

3. 超越用户期望

通过售后服务使用户的正常需求得到满足,产生对产品的认可。超出用户需求的甚至用户意想不到的售后服务会极大地提升用户的体验感和满意度,是市场竞争的制胜法宝。

三、售后岗位工作内容

1. 查收产品,延长收货时间;处理补货、退货、换货、申请退款、用户维权等问题,将问题分别登记并对其进行跟踪;判断退、换产品二次销售的可能性。对因产品问题的退、换货,需要单独统计,以方便后期处理。

2. 跟踪前一天的物流情况,对信息缺失的订单,应及时与物流服务商和用户沟通,并主动延长收货时间。

3. 跟踪和统计前一天的评价信息,并解答用户提出的相关问题。同时,收集用户对产品质量的意见和建议。需要单独统计差评信息,并分析原因,以便及时改正。

4. 将用户信息及时汇总,建立用户档案、质量跟踪记录等售后服务信息管理系统。收集老用户的信息,了解并分析用户需求,规划老用户服务方案。处理产品安装、调试,用户投诉等相关问题。

5. 定期或不定期对用户进行回访。根据用户的要求,对其进行产品使用等方面的技术指导。

6. 配合售前服务人员,在不同的互联网平台进行营销推广,举办促销活动。

7. 与财务部门、仓储部门及物流服务商等进行沟通,保证产品维修零配件供应。

8. 核对交易类信息。对实际交易产品数进行统计,及时核对产品信息。

9. 与售前服务人员相互配合,共同提升用户在售前、售中、售后的体验感,提高用户的忠诚度。

四、售后岗位工作流程建立

1. 第一阶段——倾听引导阶段

首次与用户接触，售后服务人员应倾听用户阐述的产品信息和问题，并适时进行有效引导。然后根据用户的具体问题转入第二阶段。第一阶段应注意以下问题。

（1）售后服务人员需尽量缩短首次响应时间。

（2）售后服务人员在接待用户的过程中要端正服务态度，使用礼貌用语。

（3）售后服务人员需及时查看互联网平台的用户信息，并处理。

2. 第二阶段——提出初步解决方案阶段

详细了解用户的问题和诉求后，售后服务人员就具体问题与用户进行沟通，同时提出初步解决方案。若用户同意初步解决方案，可以直接转入第四阶段。若用户不同意初步解决方案，则转入第三阶段。第二阶段应注意以下问题。

（1）在接待用户的过程中，售后服务人员要采用合理的措辞。

（2）在接待用户的过程中，应遵守互联网平台规则，以免产生投诉。

（3）对于用户提出的退、换货要求，不能随意承诺。

（4）若用户因产品材质等问题而有投诉维权的意向，需及时咨询相关人员，协助解决。

3. 第三阶段——详细沟通阶段

当用户对售后服务人员提出的初步解决方案存在异议时，售后服务人员可以引导用户提出自己的解决方案，最终达成双方一致同意的解决方案后，转入第四阶段。第三阶段处理用户问题有以下方法。

（1）解释优先。若问题可以通过解释得以解决，则应向用户耐心细致地解释。

（2）提供优惠券。当解释不能解决问题时，可以考虑采用先解释后提供优惠券的方式。

（3）现金补偿。当提供优惠券不能解决问题时，可以采用现金补偿的方式。补偿的金额由产品价格决定。

（4）换货。当现金补偿也不能解决问题时，可以采用换货的方式。

（5）退货。当换货也不能解决问题时，最终可以进行退货处理。

4. 第四阶段——执行解决方案阶段

经过第二阶段或第三阶段，双方达成一致的解决方案，尽量实现双方利益最大化。商家可以在解决方案执行后积极与用户沟通，尽量争取用户好评。第四阶段应注意以下问题。

（1）按照流程操作，严格执行解决方案。

（2）对最终交易成功的订单，根据实际情况，尽量争取用户好评。

五、售后岗位工作的技巧

1. 耐心倾听

用户购买产品后，一般通过各种渠道，如电话、电子邮件等与售后服务人员联系。

售后服务人员在与用户沟通的过程中，应仔细、耐心地倾听用户的叙述，不要轻易打断，更不应与用户争辩。听用户叙述后，快速将用户的问题梳理出来，并在适当的时机表达观点。

2. 听出真意

由于用户的年龄、受教育程度、性格特点、交流习惯、交流方式不同，用户在沟通时的表达方式、语气、语速等方面都有很大差异，售后服务人员一定要注意倾听，理解用户的真正诉求。

3. 真诚面对

售后服务人员应尊重用户、真诚地面对用户。同时，售后服务人员要学会控制情绪。即使面对误解和过激的语言也要有耐心，不要过度辩解。在沟通过程中，控制情绪、不辩解、虚心接受批评会产生潜移默化的积极影响，有时也会达到意想不到的效果。

4. 提供解决方案

对于产品质量引起的售后问题，售后服务人员要诚恳地向用户表示歉意，并尽快帮用户解决问题。

对于人为原因造成产品不能正常使用的情况，售后服务人员应先肯定用户对产品的认可，感谢用户的支持。然后，向用户说明出现问题的原因，再提供解决方案。

5. 服务为本

在产品同质化日益严重的市场环境中，售后服务已经成为争夺用户的重要环节。良好的售后服务是最好的促销手段，是"服务为本"精神的重要体现，是建立口碑和提升产品形象的重要途径。

6. 提升用户满意度

售后服务的响应时间、效率、规范程度、增值程度与用户满意度相关。用户通常会持续购买自己满意的产品，并进行口碑传播，对扩大产品的市场份额和提高品牌的美誉度起推动作用。

六、售后岗位工作的原则

1. 诚实守信原则

从服务体系而言，无论是经营者还是商家，都应该遵循诚实守信原则。

2. 永续循环原则

有销售就有售后服务，售后服务的结束可能是销售新的开始。

3. 解决问题原则

对于售后问题，一定有适当的处理方式和解决方案。售后服务人员要调整心态、积极面对、用心解决。

4. 售后增值原则

解决好看似烦琐的售后问题，对产品的形象和公信力以及用户积累产生较好的增值效应。

5. 锻炼队伍原则

解决售后问题能够锻炼售后服务人员的临场应变能力和分析问题的能力，把每一次售后服务都当成是一次锻炼的机会，将大幅提高售后服务团队的实力。

6. 提升竞争力原则

售后服务人员了解用户真正的需求，是提升产品竞争力和服务竞争力最好的指挥棒和风向标。

七、售后岗位工作的注意事项

1. 对于产品或服务自身的问题，售后服务人员应及时响应，积极帮助用户调换产品或退款，并主动承担运费。

2. 若遇到用户不在线的情况，应及时通过电话、短信或微信与用户取得联系（回复互联网平台离线消息除外）。

3. 正常的退换货程序为用户退回产品后，商家退款或邮寄新产品（换货后，另行付全款下单的用户计入正常购买范围）。

4. 售后服务人员应养成保存关键聊天记录的习惯，为维护双方合理的、合法的权益提供证据。

5. 退换货运费问题

（1）产品质量问题或描述与实物不符等原因造成的退换货，运费应由商家承担。在一般情况下，用户先行垫付运费，交易完成后，商家将运费退至用户指定的账户中，或经协商，用户同意冲抵日后交易的运费。

（2）若非产品和服务问题造成的退换货，运费需由用户承担。

技能　建立售后岗位工作流程

一、操作准备

电脑、无线网络或有线网络、售后服务相关材料等。

二、操作步骤

步骤1　归纳、汇总售后服务的相关资料。

从多渠道、多方面收集售后服务的资料。平台管理员可以与售后服务人员召开工作会议，收集售后服务人员的意见、真实的工作经验等。将售后服务的相关资料进行归纳、汇总。

步骤2　明确售后岗位职责。

分析整理售后服务的资料，明确售后岗位职责。

步骤3　确定售后岗位工作内容。

汇总资料后，确定售后岗位工作内容。

步骤4　制定售后岗位工作流程。

根据售后岗位职责、售后岗位工作内容等，制定售后岗位工作流程（见图6-1）。制定售后岗位工作流程需从实际出发，考虑直播团队的实际情况及未来发展方向，具有科学性，不应有主观色彩。

步骤5　试运行售后岗位工作流程。

将售后岗位工作流程发送至售后服务人员，并组织试运行。

步骤6　优化售后岗位工作流程。

试运行一段时间后，查看运行情况并查找问题。同时，收集售后服务人员的建议，汇总、整理后，优化售后岗位工作流程。

步骤7　建立售后岗位工作流程。

将优化后的售后岗位工作流程与直播团队负责人的意见相结合，建立售后岗位工作流程（见图6-2）。

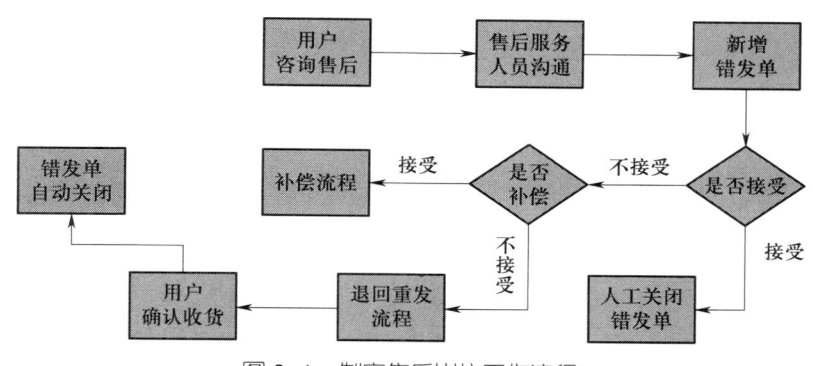

图6-1　制定售后岗位工作流程

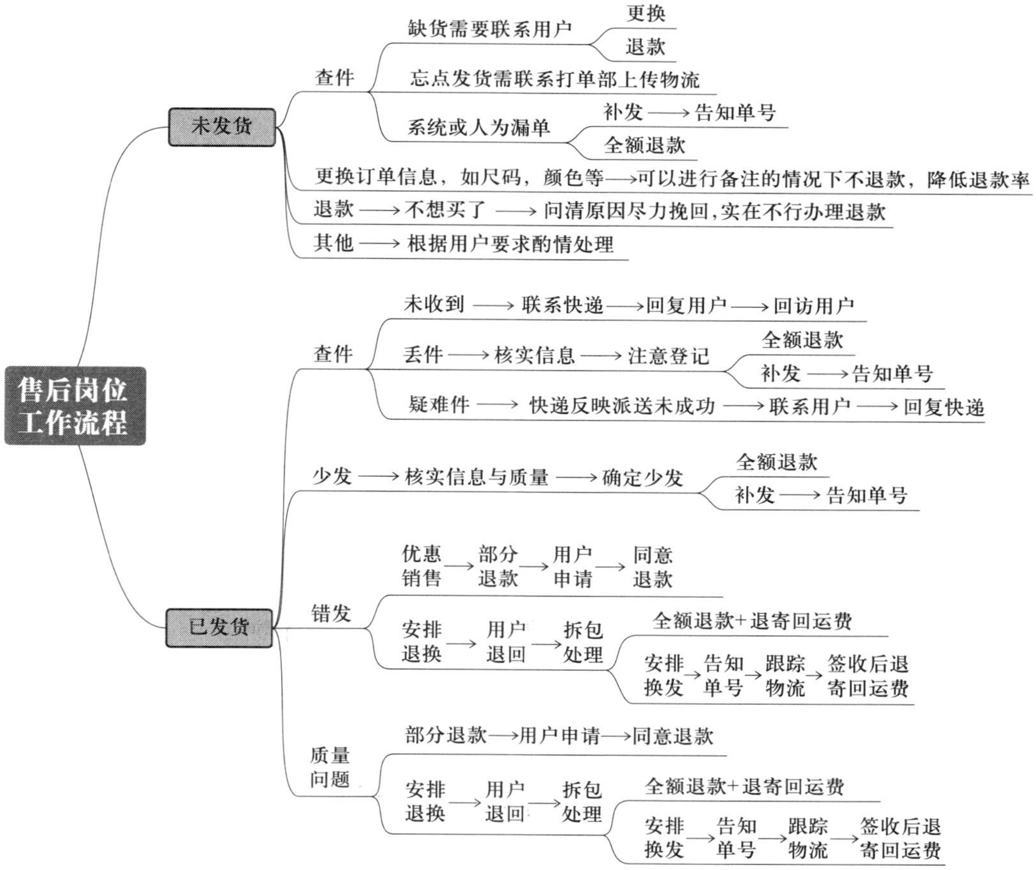

图6-2　售后岗位工作流程图

步骤 8　定期优化售后岗位工作流程并同步至直播团队成员。

需定期优化售后岗位工作流程，并同步至直播团队成员。

三、注意事项

1. 制定售后岗位工作流程需要参考多方意见。
2. 建立售后岗位工作流程后，售后服务人员需严格执行。

培训项目 二

复盘

学习单元1 售前预测数据复核

1. 售前预测数据的方法。
2. 售前预测数据复核的方法。

一、售前预测数据的方法

售前预测数据是指依据科学的预测理论和合理的预测模型，基于大量的数据收集、整理工作，在销售前期，阶段性、方向性、前瞻性地预测销售数据。售前预测数据有以下方法。

1. 因果推断法

因果推断法是指从市场营销学的理论出发，基于互联网营销中消费行为对销量的影响，对互联网营销进行指导，多采用统计的方法。使用因果推断法进行售前预测数据的精准度一般，但解释性较强。

2. 数据驱动法

数据驱动法是指从数据角度，利用机器学习、深度学习等方式，从海量数据中发掘特定信息的方法。

随着数据采集、存储的难度下降,大规模计算变得越来越容易,解决问题的方法变得多样化。

二、售前预测数据复核概述

售前预测数据复核是指对互联网营销售前数据进行审查、核实和评估,以确保数据的准确性和可靠性。

售前预测数据复核的目的是确保数据来源可靠、数据分析周密,以及数据准确,防止预测失误,造成既定目标无法实现,影响互联网营销的经济效益和社会效益。

三、售前预测数据复核的方法

售前预测数据复核是对已搭建好的预测模型进行技术层面和数据层面的复核。售前预测数据复核方法有技术复核法和数据复核法。

直播团队成员复核后,提交直播团队负责人再次复核,确认数据无误后落实执行。

学习单元 2 直 播 复 盘

直播复盘的方法。

一、直播复盘概述

直播复盘是指在完成直播后,对直播进行回顾、分析、总结,从而达到查漏补缺、积累经验,进而更好地指导后续直播的过程。

直播团队成员在直播后及时复盘,能够及时、全面地发现直播过程中存在的问题，从而改正缺点，发挥优势，优化直播。

1. 直播复盘的作用

直播复盘是对已完成直播的深度还原演练。在还原演练过程中，发现问题、分析问题、总结经验，从而为直播提供具有实际价值的优化方案。

直播复盘一般以直播过程为导向，关注基于直播过程的经验学习和能力提升。直播复盘不仅能对直播的整体规划和进度有更充分的认识，也能学习和收获更多的专业知识，从而更好地制定直播方案。

2. 直播复盘的意义

通过科学的、专业的直播复盘，直播团队能够明确直播的方法、存在的问题，并根据直播复盘总结，对直播进行更准确的、更有针对性的调整，进而积累直播经验。

二、直播复盘的方法

1. 直播复盘的维度

（1）结果维度

结果维度是指对特定场次的直播进行完整的复盘，以结果为导向对直播全过程进行梳理和分析，发现直播过程中的优势和不足，并根据实际情况，对基于直播结果的核心指标进行优化和调整，以提升直播的质量。

（2）策略维度

策略维度是指基于系统性策略思维，总结直播过程中的成功经验、存在的问题和不足，以及失败的教训。基于策略维度的直播复盘可以判断直播思路、分析直播策略，根据分析结果，为直播团队及直播过程确定工作标准。

（3）团队维度

团队维度是指直播团队成员针对岗位职责进行复盘，并接受直播团队成员的评价。

基于团队维度的直播复盘可以充分发挥集体智慧，总结经验教训，有效增强团队的凝聚力。同时，基于团队维度的直播复盘能够磨合团队成员间的关系，建立团队信任，坚定团队目标。

2. 直播复盘的环节

（1）自我阐述环节

直播团队成员进行自我阐述，内容包括岗位描述、岗位目标、完成情况、未完成目标的原因以及在完成目标过程中的经验总结等。

（2）查找问题环节

对直播团队成员的工作情况进行深入剖析，找出未完成目标的原因。查找问题是直播复盘中最具挑战的环节，也是收获最大的环节。

（3）结果反馈环节

结果反馈是分享经验、提出建议的过程，形式因人而异，可以采用鞭策法或鼓励法等。结果反馈也需要根据时机、对象。结果反馈是直播复盘的重要环节。

3. 直播复盘的流程

在一般情况下，直播复盘可以参照以下流程。

（1）回顾直播目标

清晰、明确、有共识的直播目标是确定直播复盘结果、分析问题的基础。对预设的直播目标进行回顾，基于直播目标分解，进而复盘直播。

直播目标由于直播的时间、地点、场次差异而有所区别，其逻辑内核一般为直播初始意图、直播预期目标、直播目标计划、直播突发情况预判等。

1）回顾直播目标的合理性。判断直播初始意图是否合理，是回顾直播目标的第一步。直播过程的总结、分析均基于直播目标的完成度。有具体量化指标的直播目标回顾，是直播复盘的基础。

2）回顾直播目标的制定方法。回顾直播目标的制定方法是为解决因直播团队缺乏共识和具体规划产生的相关问题。直播前，直播团队成员要对直播目标进行充分研讨，对直播目标的理解应保持一致，制订切实可行的计划，并确定直播目标的分解方案，将任务具体落实到个人。

3）回顾直播突发情况预案。直播突发情况预案是为应对直播过程中的突发情况而预先设定的解决方案。回顾直播突发情况预案应在充分理解直播现场发生突发情况的主客观因素的基础上，考虑直播突发情况预案的前置条件、直播突发情况预案的严密性、执行直播突发情况预案的客观条件、直播突发情况预案的实施结果等因素，对直播突发情况预案给予客观评判。

（2）直播结果对比

直播结果对比是指通过对比直播结果与直播预期目标，发现两者间存在的差距，分析差距产生的原因，形成系统性的经验，更好地指导直播。

1）陈述直播结果。陈述直播结果是指直播复盘时，将直播数据进行全面、系统的展示，将直播数据与直播预期目标数据进行对比，以便研判直播是否达到预期目标。

2）找出亮点与不足。通过对比，找出直播过程中的亮点与不足。在直播结果对比环节，不需要提出改进方法。

3）分析直播结果原因

①如实叙述直播过程，为直播团队成员提供讨论的依据。

②就直播过程进行客观的分析，要求分析直播结果可控因素的主客观性、直播结果原因的关联性等。

③应站在直播团队的角度，对直播结果进行复盘式设问，以期探讨更多的可能性。分析直播结果原因通常采用鱼骨图分析法、表格分析法。

4）总结直播经验。总结直播经验时，需明确经验的可推广性、对于直播的指导性、经验的直接应用性等。直播经验总结是复盘的出发点和核心。在直播经验总结时，应注意直播经验的普遍性、公正性、可交叉验证性，排除偶发性因素。

5）直播经验转化。在直播经验转化的过程中，需根据直播经验，改进直播，坚持正确做法，改正错误做法。

6）评判直播结果。确定直播结果的评判标准，通过评判标准去复盘并判断直播结果。直播结果的评判方法包括对直播结果进行正、反两方面的假设。对直播结果进行验证，确认直播复盘的最终结论。

技能　复盘直播

一、操作准备

电脑、无线网络或有线网络等。

二、操作步骤

步骤1　直播结束后，登录后台管理系统，调取直播数据。

步骤2　将直播数据生成图表进行演示。

步骤3　对直播数据做分析总结，直播团队成员结合自身岗位职责进行直播复盘。

步骤4　对直播复盘的重点内容进行梳理和总结，形成图文形式的报告。直播团队负责人对直播复盘报告进行审核，并制定直播优化方案。

三、注意事项

1. 收集直播数据应准确无误，保障数据分析的准确性。
2. 直播团队成员应积极参与直播复盘，充分自我剖析，并提出解决方案。
3. 直播复盘结果应落实到具体的执行人员，确保分工无误，领会到位，并划分岗位职责。

学习单元3　营销方案优化

1. 营销方案策划。
2. 营销方案优化。

一、营销方案策划

1. 营销方案策划概述

营销方案策划是指运用营销资源，实现营销目标的各种方法，是利用收集的信息和分析的结果，添加全新的构想与创意，周密策划形成的，并通过对营销方案的执行和控制来实现预定的营销目标。

营销方案策划并非单纯的广告和销售策划，它针对营销系统中的每一个环节，如市场细分、营销环境、市场调研、市场规划、营销策略、营销服务、整合营销、关系营销等。营销方案策划必须与产品经营策略有机结合，才能掌握最佳的市场机会。

2. 营销方案策划的方法

（1）整合营销

整合营销是指由于营销信息的双向互动特性，使消费者真正参与商家的营销过程成为可能，消费者的主动性、选择性增强，消费者在直播营销过程中的地位高于传统营销。

（2）软营销

软营销是指在营销的环境下，向消费者传递的信息及采用的促销手段更理性化，更易于被消费者接受，进而实现信息共享与营销整合。互联网发展的基础是信息共享、降低信息交流成本以及用户主动参与，这决定了在互联网中传递信息，必须遵守网络礼仪。软营销的特征主要体现在遵守网络礼仪的同时，通过巧妙运用网络礼仪留住消费者，并使消费者建立对产品的忠诚度，从而达到最佳的营销效果。

（3）直复营销

直复营销是指通过分销渠道直接销售产品。现阶段，常见的做法包括：在互联网平台上申请账号或申请社交媒体账号，制作短视频并直播营销；由直播销售员进行产品销售；委托信息服务商在互联网平台上发布产品宣传信息，进而直接销售产品。

3. 营销方案策划的内容

（1）制定品牌整合营销策略，包括市场分析、用户定位、市场定位、产品定位、营销策略、媒体策略、公关策略、推广执行等。

（2）进行数字创意形象包装，包括互联网形象设计、视频创意、产品卖点提炼、App 定制等。

（3）在网络媒体上进行互动传播，提高关注度、美誉度，最后转化为购买力，树立产品良好的口碑。

二、营销方案优化

拥有全面的、准确的数据以及可以灵活使用的数据分析方法，对于有效制定和优化营销方案至关重要。

1. 基于大数据精准搜索

借助大数据分析技术，精准搜索关键词，关注带来最多流量的关键词以确认目标用户的兴趣喜好，再对互联网平台的内容进行优化，以便潜在用户能第一时间看到最感兴趣的产品。可以针对不同的目标用户有选择地展示产品，并有效地优化营销方案。

2. 优化营销方案内容

利用营销方案内容将用户引向预期的消费行动。优化直播营销方案内容时，需了解用户的兴趣点。通过数据分析也可以发现用户行为的特点，进而优化直播营销方案内容，并提高用户的参与度。

3. 拓展营销渠道

从互联网平台到短视频平台、直播平台，当营销渠道发生变化时，用户的购买方式也会有所不同。分析用户的变化有助于优化用户路径并提升目标用户转化率。

4. 发现目标用户群体

通过观察实时直播数据，可以进一步了解用户的意图和心态，并通过专业的数据分析工具对用户的行为进行分析，找到目标用户群体，并增加投入，进一步扩大用户群体。

技能　优化营销方案

一、操作准备

电脑、无线网络或有线网络等。

二、操作步骤

步骤1　使用相关软件，以7天、15天、30天、90天为单位，收集整理直播的营销数据。

步骤2　使用图表对营销数据进行不同维度的分析。

步骤3　总结直播过程中的亮点与不足，形成图文结合形式的报告。

步骤4　全面、周密地考量直播团队成员、产品、资金等实际情况，得出营销方案的优化方向。

步骤5　直播团队成员根据营销方案的优化方向和具体内容，进行优化、完善。优化后的营销方案经直播团队负责人审核通过后，形成正式直播的营销方案。

三、注意事项

1. 收集营销数据应准确无误,保障数据分析的准确性。
2. 优化营销方案不宜频繁,在一般情况下进行月度或季度优化调整即可。
3. 优化后的营销方案重在可操作、可执行,不能脱离实际。

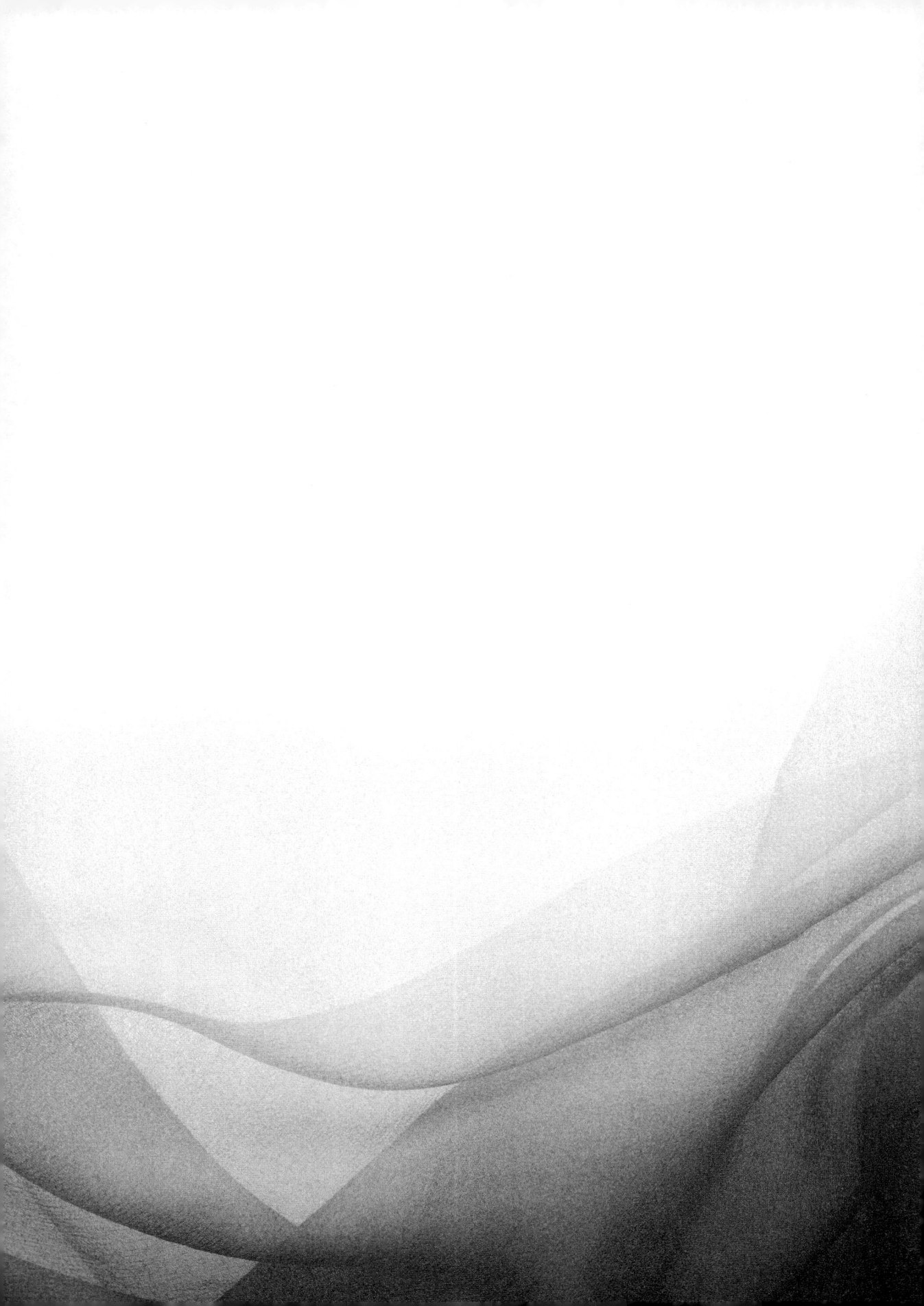

高级

职业模块 七

工作准备

培训项目一 宣传准备

学习单元1 第三方宣传供应商资源库建立

1. 第三方宣传供应商选择和评价方法。
2. 第三方宣传供应商资源库建立。

一、第三方宣传供应商概述

1. 第三方宣传供应商的概念与分类

第三方宣传供应商是指为直播进行宣传、引流和推广策划的第三方服务企业。

根据在直播宣传中的作用,可以将第三方宣传供应商分成两类。第一类是直播宣传内容制作公司,如广告传媒公司、短视频拍摄制作公司等;第二类是直播宣传策划公司,进行直播宣传推广的方案策划与运营。

2. 第三方宣传供应商的功能和作用

第三方宣传供应商的主要功能包括宣传方案策划、宣传内容制作、推广引流等。

直播宣传推广的灵魂是策划,核心是内容。目前直播平台众多,各平台流量竞争激烈。一方面,只有深入人心的创意和制作精良的内容才能得到更多的流量,因此要与精于创意策划和内容制作的第三方宣传供应商开展合作,才能够真正地用好宣传推广平台。另一方面，随着直播行业的发展，直播宣传需求日益增长，伴随而来的宣传费用也逐年提高，选择专业的第三方宣传供应商也可以为直播节约相应的成本。

二、第三方宣传供应商的选择和评价方法

1. 第三方宣传供应商的选择方法

根据第三方宣传供应商的功能和作用，直播团队选择第三方宣传供应商的方法主要有以下3点。

（1）直播团队的经济实力。每个直播团队的经济实力不同决定了其宣传需求也不同。资金不足的直播团队可能会自行承担宣传方案策划和宣传内容制作，只是把推广引流交给第三方宣传供应商；资金雄厚的直播团队为了达到更好的直播效果，可能需要第三方宣传供应商提供宣传方案策划、宣传内容制作和推广引流的一站式服务。

（2）直播团队的宣传需求。每个直播团队都具有自己优势和特点。例如，擅长宣传策划的直播团队，如果不具备视频拍摄、制作能力，则可以选择内容制作类的第三方宣传供应商。

（3）直播团队所在的平台。目前直播平台众多，不同平台的宣传手段和方法不同，不同的第三方宣传供应商专注的平台也不同。因此，直播团队在选择第三方宣传供应商时，事先要了解该供应商的业务领域与自己的需求是否匹配。

2. 第三方宣传供应商的评价方法

评价一个第三方宣传供应商是否达到了直播团队所期望的宣传目标，取决于直播要达到的目标，如预期的引流人数、粉丝人数、转粉率、销量和销售额等能够量化的指标。

直播团队可以通过直播后台或者第三方数据分析平台对以上指标进行统计汇总，作为第三方宣传供应商绩效评价的依据。

三、第三方宣传供应商资源库建立

为了合理利用资金，达到预期宣传目标，直播团队需要建立一个第三方宣传供应商资源库，通过制定一套完善的第三方宣传供应商管理制度，优化配置现有资金，合理选择和评价第三方宣传供应商，并加快对各类供应商的培养。

1. 制定第三方宣传供应商资格预审制度

制定合理的第三方宣传供应商资格预审制度，从财务状况、合作意愿、专业研发设计能力、公司声誉等方面，对候选第三方宣传供应商进行综合评分，确保

第三方宣传供应商符合直播宣传需求，节约采购成本，提升采购效率。

2. 制定第三方宣传供应商开发流程

第三方宣传供应商开发可以按照以下流程：公开招标→接收投标文件→资格初审→确定入围名单→现场评审→确定终审候选名单→现场考察→综合评价并确定最终中标名单。另外，将没有中标但是符合直播需求的第三方宣传供应商纳入公司的第三方宣传供应商备选库。

3. 深化第三方宣传供应商动态管理

定期对第三方宣传供应商合同履行情况进行考核，从专业能力、宣传质量、服务水平、目标达成率等方面进行综合评价，并将评价结果记入第三方宣传供应商档案。

4. 推行第三方宣传供应商分级管理

在与第三方宣传供应商合作过程中，按照业务范围、合同履行情况对第三方宣传供应商进行分类、分级，不断优化对第三方宣传供应商的日常管理和质量考核，从而实现对第三方宣传供应商资源的科学管理和高效利用。

5. 完善第三方宣传供应商档案资料管理

加强对第三方宣传供应商的档案资料收集、分类和汇总工作，动态更新合作过程的资料，定期撰写第三方宣传供应商合作总结分析报告并归档。

学习单元 2　直播预热计划制订

1. 直播预热的方式。
2. 直播预热计划制订的方法。

一、直播预热概述

直播预热是直播准备的重要部分，目的是使正式直播的流量更大、更精准。直播预热不拘泥于形式，可以是文案、视频、图片甚至是一句话。直播预热需注意以下方面。

1. 直播预热的时间应充足，如提前一周开始直播预热。

2. 直播预热应尽可能覆盖较多的宣传渠道，如微信朋友圈、社群、微博、微信公众号、短视频平台、小红书、线下门店等。

3. 直播预热的宣传方式应多样化。

4. 直播预热需有明确的主题。仅预告直播时间和直播内容一般无法吸引用户，需有明确的主题。例如，"不赚钱，交个朋友"。

二、直播预热的方式

1. 文案方式

采用文案方式为直播预热具有画龙点睛的作用，能够击中用户的消费痛点、引起用户的好奇心。

（1）互联网平台账号简介文案方式

正式直播前，更新互联网平台账号简介文案，包括账号名称和简介等。可以预告直播时间及直播主题，提醒用户和粉丝准时参与直播。

（2）站外文案方式

利用其他互联网平台（如微博、微信、小红书等）为直播预热。站外文案应展现直播的亮点，吸引更多的用户准时参与直播。

2. 短视频方式

短视频方式是较常见的直播预热方式。在短视频中预告直播时间和直播内容，吸引用户和粉丝准时参与直播。常见的直播预热短视频有以下形式。

（1）直播预告类短视频

直播预告类短视频的目的是提醒用户直播时间，预告直播内容。可以在直播预告类短视频中留下悬念以引起用户的好奇心。

（2）吸引预告类短视频

直播预热短视频应有一定的吸引力，才能促使用户参与直播。因此，吸引预告类短视频一般具有较好的直播预热作用。例如，在吸引预告类短视频中宣布直播抽奖活动。

（3）植入预告类短视频

植入预告类短视频与植入广告类似。通常在直播或视频结尾处，播放植入预告类短视频，让用户在不知不觉中记住直播。

（4）花絮预告类短视频

花絮预告类短视频与电视剧、电影播放前的花絮类似。采用花絮预告类短视频进行直播预热，为下一场直播造势引流。

3. 其他直播预热方式

（1）开启同城定位

直播开始前，在互联网平台的前台界面上，开启同城定位，也能够吸引更多同城用户参与直播。

（2）分享直播二维码

直播开始前，可以将直播二维码分享给用户和粉丝，为直播吸引更多的用户。

三、不同直播阶段的直播预热方式

直播预热的方式取决于不同的直播阶段。

1. 直播初期

直播初期一般没有粉丝基础，知名度不高。因此，应以吸引用户为重心，可以优先采用文案方式。不仅要在互联网平台账号简介方案中详细介绍直播的特色优势，也要在其他互联网平台上反复强调直播的特色优势，吸引更多的用户。

2. 直播上升期

通过直播初期的积累后，直播一般会拥有一定数量的粉丝，吸引更多的用户、维护已有的粉丝成为此阶段的重要工作。因此，采用文案方式的同时，应在固定时段采用短视频方式进行直播预热。短视频可以调动粉丝的积极性，粉丝的点赞、转发、评论等亦可提升互联网平台账号的权重，同时有创意的短视频能吸引新的用户，如搞笑或创意教学等类型的短视频。

付费预热是在直播上升期常用的有效方式。通过付费预热方式可以从互联网平台获取精准的、优质的流量。

3. 直播平稳期

在直播平稳期，直播的用户和粉丝都相对稳定。增强粉丝的黏性、促使粉丝成为传播者是此阶段的主要工作。因此，为分享直播二维码的粉丝举办抽奖活动，可以有效提升直播的整体品质和粉丝满意度。

四、直播预热计划制订的方法

直播预热是直播的开端，应采用相同的主题。优秀的直播预热计划可以提升直播的整体效益。

1. 直播预热计划的内容

（1）直播主题

直播预热应清晰传达在直播中用户能够获得什么，如价格优惠的产品或生活常识等。直播预热应明确直播的用户定位。在直播预热文案中加入精准的关键词，传达直播主题。

（2）直播福利

在直播中，设置福利环节能够吸引更多的粉丝和用户。例如，抽奖游戏、免费赠送精美礼品等，可以快速吸引粉丝和用户参与直播。因此，在直播预热文案中需强调直播福利，以提高直播的热度。

（3）直播悬念

设置悬念可以使直播预热事半功倍。例如，可以策划一个具有悬念的直播预热视频，让粉丝和用户对直播产生好奇心。

2. 直播预热计划制订的步骤

制订直播预热计划一般有以下步骤。

（1）明确直播主题，选择直播预热的方式。

（2）准备直播预热所需的资料及道具。

（3）确定直播预热的内容。

学习单元 3　直播预热投入产出比测算

直播预热投入产出比测算的方法。

一、影响直播预热投入产出比的因素

影响直播预热投入产出比有以下因素。

1. 账户结构

直播预热应按照直播计划进行，明确直播目标，设定清晰合理的账户结构，以提高管理效率，方便后期数据统计和分析。

2. 定向方式

为提高直播预热投入产出比，应做好定向方式的确认和优化，更加准确地进行流量投放。

根据直播账号的用户画像，包括地域、年龄、性别、浏览习惯、兴趣爱好等特征，分析用户的地域、年龄分布等。

根据互联网平台的反馈，分析直播数据。例如，通过分析发现，在某地域的点击量特别高，可以定向投放到该地域，也可以制订独立的计划、分配预算、设计有针对性的文案或短视频，进一步提高直播预热投入产出比。

需要注意定向范围过小，可能导致直播预热曝光率低；同一定向方式组合的直播预热不建议重复投放，可能出现内部竞争流量的现象，影响直播预热投入产出比。

3. 投入预算

初期可以从小笔金额开始尝试性投入。密切监控直播预热效果，根据实际情况随时增加或减少直播预热投入预算。

4. 投入时段

直播预热投入时段一般应为目标用户在互联网平台较活跃的时段。为了确定目标用户在互联网平台活跃的时段，需进行测试，依据互联网平台及直播反馈的数据确定。

5. 直播预热点击率

直播预热点击率是影响直播预热投入产出比的重要因素。为了提高直播预热点击率，应保持一定的更新频率，一般为2~3天更新一次。

二、直播预热投入产出比测算的方法

直播预热投入产出比 =（直播的实际成交金额 ÷ 直播预热的投入成本）× 100%

当直播预热投入产出比为1（100%）时，即理论上的财务收支平衡状态。但考虑到人力成本和其他固定支出成本，互联网平台账号是处于财务亏损状态的。

学习单元4　网络舆情风险分析

1. 网络舆情风险分析的特征。
2. 网络舆情风险分析的方法。

一、网络舆情风险分析概述

舆情风险分析也称倾向性分析、观点分析或者统计调查，是借助技术手段对大众就某事物（事务）的看法进行了解的过程。

传统的舆情风险分析，通常采用抽样调查的方式，广泛地应用于选举预测、产品市场调研、市场评估等领域。

随着互联网技术的发展，从网络中主动地收集信息，用数据挖掘的方法或自然语言处理的方法，分析风险信息中用户真实的观点，成为当前舆情风险分析的一种重要和直接的手段，即网络舆情风险分析。

1. 网络舆情风险分析的定义

网络舆情风险分析是指用数据形式提供网络舆情风险应对建议的过程。网络舆情风险分析具有还原网络舆情风险发展的过程，找到网络舆情风险产生的根源，分析并预测网络舆情风险未来的走向，再根据预测结果提出应对方案。网络舆情风险分析已逐渐成为政府、企业乃至个人应对网络舆情风险的基础。

2. 网络舆情风险分析的特征

（1）跨学科研究

网络舆情风险分析具有跨学科研究的特征，涉及情报学、新闻学、社会学、政治学等多个领域。其中，情报学主要针对网络舆情风险抓取阶段，通过系统建模的方法，致力于早期发现网络舆情风险；新闻学主要针对网络舆情风险传播阶段，探讨新媒体与传统媒体的发展及传播影响力、媒体关系以及舆论引导等；社会学和政治学则致力于寻求解决方案，对网络舆情风险进行深度剖析。

（2）技术型博弈

网络舆情风险分析技术应用经历了人工搜索阶段和引入舆情监测软件阶段。早期的网络舆情风险分析多为政府部门服务，依赖分析师自身的业务素养，判断网络舆情的重要性、敏感性，抓取、提炼重要的网络舆情风险，综合研判网络舆情风险的动向。近年来，随着技术发展，涌现出大量的舆情监测软件，给网络舆情风险分析提供了有效的工具。据统计，中国网民发布和转发的微博信息达2.5亿条/天，发送微信信息超过200亿条/天。分析研判如此数量级的网络舆情风险是无法通过人工搜索实现的。

3. 网络舆情风险分析的内容

（1）网络舆情风险预警。全天候、不间断地网络舆情风险预警，一旦发现网络舆情风险，及时上报。

（2）基于网络舆情风险监测系统的智能分析。网络舆情风险监测系统可以满足网络舆情风险分析的需要。

（3）针对日常性网络舆情风险或某一特定事件进行监测与趋势研判。

（4）网络舆情风险修复。有针对性地解读网络舆情风险，引导网络舆情发展的方向，降低网络舆情的风险。

（5）建立网络舆情风险分析研判指标体系。发布网络舆情风险分析榜单、报告，如网络舆情排行榜、政务微博排行榜、政务微博报告等。

二、网络舆情风险分析的原则

1. 正视危机

面对网络舆情风险，要积极应对，敢于正视，通过履行社会责任来处理网络舆情风险，获得公众认可。此外，防患于未然是最佳解决方案。

2. 快速反应

基于网络信息裂变式高速传播的特点，网络舆情风险爆发的最初24 h一般被定义为网络舆情风险控制的黄金时间。随着时间延长，网络舆情风险将更加难以控制。

3. 善于沟通

在处理网络舆情风险的过程中，要善于与媒体沟通。要有意识地与媒体沟通合作，遇到网络舆情风险时，可以将媒体作为发声窗口。

4. 敢于担当

面对网络舆情风险，应保持客观的、诚恳的态度。处理网络舆情风险的正确做法是邀请第三方权威机构介入，了解真实的、可靠的事实经过，得出明确的、客观的结论，以敢于担当、勇于承担的态度赢得社会的支持和理解，从而化解网络舆情风险。

三、网络舆情风险分析报告

1. 客观真实，实事求是

网络舆情风险分析报告的内容必须符合客观事实，引用的材料、数据应当真实可靠。

2. 资料与观点一致

网络舆情风险分析报告需以网络舆情资料为依据。在撰写过程中，要善于利用资料说明观点，用观点概括资料，二者相互统一。

3. 语言简明、准确、易懂

网络舆情风险分析报告的受众面广，使用的语言需简明、准确、易懂。

四、网络舆情风险分析的方法

常用的网络舆情风险分析的方法主要有内容分析法和实证分析法。

1. 内容分析法

内容分析法是定量分析的方法，旨在分析网络舆情风险的本质，揭示隐性事实的内容，进而做出趋势预测。网络舆情风险按照时间和热度可以分为发生期、发展期、高潮期和消亡期等阶段。可以将经过量化的网络舆情风险按照阶段制成可视化图表，方便管理人员了解并应对。

2. 实证分析法

实证分析法是通过分析大量的案例和相关的数据，得出结论的一种常见的分析方法。针对特定的网络舆情风险进行重点分析，收集大量相同的或相似的网络舆情风险，详细分析其发生发展的情况，提出可行性的建议，为管理人员提供参考。

技能　模拟网络舆情风险分析

一、操作准备

电脑、无线网络或有线网络、网络舆情热点信息等。

二、操作步骤

步骤1　在互联网中寻找网络舆情热点。

步骤2　撰写网络舆情风险分析报告。

网络舆情风险分析报告包括关键词、具体事件、发生时间、话题影响力、影响层面、传播动态、网民情绪、话题热度、传播路径、可能演变趋势、过程数据、数据分析、分析图表、总结报告等。

通常进行网络舆情风险分析时,可以使用专业的网络舆情风险分析软件,将监测和分析过程的数据、信息,自动生成统计图表、简报。

步骤3　检查网络舆情风险分析报告的结论性意见及可操作性。

三、注意事项

1. 寻找网络舆情热点时,尽量灵活掌握当下的热点话题。
2. 详细检查网络舆情风险分析报告的结论性意见。

培训项目 二

设备、软件和材料准备

学习单元1 直播硬件设备采购

1. 直播硬件设备采购的渠道。
2. 直播硬件设备采购的流程。

采购是指企业或个人在一定条件下,从供应市场获取产品或服务作为工作或生产资源,以满足自身需要或保证生产、经营活动正常开展的一项活动。

合理制订采购计划可以为企业或个人采购提供依据。同时,也可以有效规避经营风险、减少经济损失、合理配置相关资源,实现经济效益最大化。

企业或个人在明确直播需要的软件及硬件设备后,需制定直播硬件设备采购计划表,比较直播硬件设备采购的渠道,分析直播硬件设备采购成本的影响因素等。合理采购直播硬件设备,满足直播的需要,保证直播顺利进行。

一、直播硬件设备采购计划表

在采购直播硬件设备前,需制定直播硬件设备采购计划表。直播硬件设备采购计划表的内容一般包含类别、名称、型号(品牌)、数量、单价、合计和备注等内容,需根据不同的直播类型或直播形式,对直播硬件设备采购计划表进行调整。

直播硬件设备采购计划表见表 7-1。

表 7-1　直播硬件设备采购计划表

类别	名称	型号（品牌）	数量	单价（元）	合计（元）	备注
拍摄类设备	手机					
	电脑					
	摄像头					
	摄像机					
	……					
收音类设备	领夹式蓝牙型无线麦克风					
	有线电容型麦克风					
	专业声卡					
	……					
灯光类设备	环形补光灯					
	矩形补光灯					
	球形补光灯					
	……					
辅助类设备	直播、拍摄类设备支架	手机支架				
		麦克风支架				
	直播背景	定制背景				
		绿幕背景				
	视频采集卡					
	LED 显示屏					
	……					
合计（元）						

二、直播硬件设备采购的渠道

直播硬件设备采购的渠道包括线上渠道、线下渠道等。

1. 线上渠道

线上渠道一般指在互联网中搜索直播硬件设备信息，选择所需的直播硬件设备，发出购物请求，填写联系电话、收货地址等信息，商家或厂家在接到电子购物订单后，通过邮寄的方式发货至收货地址。

无论直播硬件设备的种类及数量多少，均可以通过互联网进行对比、购买。收到直播硬件设备后，需要测试实际使用效果。

2. 线下渠道

（1）零售商渠道

零售商一般指百货商场、大型综合超市、专营店和购物中心等实体零售门店。虽然线上渠道对零售商渠道造成了一定的冲击，但零售商渠道依然是不可或缺的采购渠道。

若直播硬件设备的种类、数量较少，或急需某一个直播硬件设备时，可以选择零售商渠道，但其价格相对线上渠道一般较高。

（2）批发商渠道

若直播规模较大，直播硬件设备的种类、数量较多，可以选择批发商渠道。选择批发商渠道购买直播硬件设备，种类较多、价格较低，但应注意其交易的规范性。购买前，应做好准备工作，谨慎选择直播硬件设备，避免直播硬件设备的质量及使用效果等因素影响直播。

三、直播硬件设备采购成本的影响因素

在采购过程中产生的各种费用，即采购成本。欲实现采购经济效益最大化，需要科学、合理、有效地制定采购标准及流程，降低采购成本。直播硬件设备采购成本的影响因素一般包括供应商、价格、品质、数量和时间等。

1. 供应商

应根据直播规模、直播硬件设备的数量等因素，合理选择供应商。

2. 价格

应根据影响价格的因素，科学、合理地降低价格。同时，还应注意直播硬件设备的性价比。

3. 品质

直播硬件设备的品质应确保直播顺利进行。要根据直播的规模、效果和成本，选择品质适合的直播硬件设备。

4. 数量

根据直播的要求，确定直播硬件设备的数量。避免采购数量过多导致不必要的成本，或采购数量不足导致直播无法顺利进行。

5. 时间

应合理安排采购时间。如果选择线上渠道购买直播硬件设备，要确保直播开始前所有直播硬件设备搭建与联机调试完成。

四、直播硬件设备采购的流程

一般采购的流程包括收集信息、询价、比价、议价、评估、索样、决定、请购、订购、协调与沟通、催交、进货验收、整理付款等阶段。

直播硬件设备采购的流程一般包括选择直播硬件设备、收集直播硬件设备信息、制作直播硬件设备采购计划表（确定直播硬件设备采购的数量）、确定直播硬件设备采购的渠道、验收调试直播硬件设备、采购财务结算等阶段。

1. 选择直播硬件设备

选择直播硬件设备，需要确定直播场地，确定直播类型，确定直播形式，明确直播效果，参考同类型直播和遵循性价比最大化原则等。

2. 收集直播硬件设备信息

选择直播硬件设备后，需收集直播硬件设备的信息，了解直播硬件设备的参数、功能和价格等。

3. 制作直播硬件设备采购计划表

通过制作直播硬件设备采购计划表，可以对直播硬件设备的类型及数量有清晰的、明确的认识，避免出现直播硬件设备采购不齐全、数量不足或过多等情况。

4. 确定直播硬件设备采购的渠道

根据直播硬件设备采购计划表，选择合适的直播硬件设备采购的渠道。常见的直播硬件设备采购的渠道包括线上渠道、零售商渠道和批发商渠道等。

5. 验收调试直播硬件设备

收到直播硬件设备后，需进行搭建与联机调试。通过视频调试和音频调试，检验直播效果是否符合预期要求。

6. 采购财务结算

调试直播硬件设备后,如果符合预期要求,由管理人员进行采购财务结算。

学习单元 2　直播硬件设备状态检测

1. 直播硬件设备效果测试。
2. 直播硬件设备状态检测。

直播硬件设备搭建完成后,需严格按照直播硬件设备操作说明书,测试、检测直播硬件设备并及时反馈。

一、直播硬件设备操作说明书

直播硬件设备操作说明书的内容一般包括概述、主要结构及工作原理、主要性能参数、安装步骤、操作指南、保养和使用注意事项等。

在安装、测试、使用、保养直播硬件设备前,需认真阅读直播硬件设备操作说明书,严格按照直播硬件设备操作说明书的要求操作。

二、直播硬件设备效果测试

在按照直播硬件设备操作说明书操作的基础上,测试各类直播硬件设备效果。

1. 测试拍摄类设备效果

(1) 在网络稳定的前提下,观察直播画面是否清晰、稳定。

(2) 需按照直播硬件设备操作说明书连接线路及电源,明确是否需要在电脑端设备上安装驱动程序，测试直播画面是否出现卡顿、中断等情况。

（3）根据直播要求，调节画质、帧率、锐度等参数，测试直播画面是否清晰、稳定。

2. 测试收音类设备效果

（1）需按照直播硬件设备操作说明书连接线路及电源，测试直播声音是否清晰。

（2）根据直播要求，调节收音类设备的位置及角度，测试收音效果。

（3）按照直播硬件设备操作说明书的要求，调节录音音量、麦克风音量、监听音量等参数，测试在直播过程中，音频的输出效果。

3. 测试灯光类设备效果

（1）按照直播硬件设备操作说明书调节灯光类设备，选择与直播产品的属性匹配的光线色调。

（2）根据直播要求，调节灯光类设备的位置及角度，确保直播销售员的面部光线均匀、柔和。

（3）选择适合直播的灯光类设备搭配方案，按照直播硬件设备操作说明书调节灯光类设备，确保直播背景的整体光线明亮、通透、色调统一。

三、直播硬件设备检查与反馈

直播硬件设备检查与反馈是直播硬件设备维护的重要内容，及时掌握直播硬件设备的运行情况、工作性能，并严格按照直播硬件设备操作说明书进行修理、维护，确保直播顺利进行。

直播硬件设备检查可以分为日常检查和定期检查。日常检查由直播硬件设备操作人员负责。直播硬件设备操作人员按照直播硬件设备操作说明书操作直播硬件设备，并针对直播硬件设备的问题，进行必要的修理、维护。定期检查由专业检修人员负责，直播硬件设备操作人员参与并记录检查过程。

四、直播硬件设备状态检测

依据直播的类型、规模及专业化程度检测直播硬件设备状态。直播的要求不同，检测直播硬件设备状态的标准也存在差异。一般检测直播硬件设备状态包括检测拍摄类设备状态、检测收音类设备状态、检测灯光类设备状态、检测直播背景状态和检测道具状态。

1. 检测拍摄类设备状态

按照直播硬件设备操作说明书操作拍摄类设备，调节拍摄类设备的位置及角度、合理设置画面参数。直播画面清晰、流畅、构图协调。

2. 检测收音类设备状态

按照直播硬件设备操作说明书操作收音类设备，调试收音类设备的位置及专业声卡等参数。直播声音清晰、稳定。

3. 检测灯光类设备状态

按照直播硬件设备操作说明书操作灯光类设备，调试灯光类设备的亮度、色度、角度等参数。直播光线均匀、柔和、明亮、通透。

4. 检测直播背景状态

合理选择直播背景的材质，颜色不宜过多。直播背景符合直播产品的属性、整体风格协调。

5. 检测直播道具状态

检测、调试实验类直播道具。直播道具的色调统一、符合预期要求。

技能操作

技能　检测直播硬件设备状态

一、操作准备

电脑、无线网络或有线网络、直播硬件设备操作说明书等。

二、操作步骤

步骤1　平台管理员按照直播硬件设备操作说明书操作直播硬件设备，测试直播硬件设备的效果。

步骤2　在测试直播硬件设备过程中，实时检测直播硬件设备的状态，详细记录，在必要的情况下可反复进行检测。

步骤3　平台管理员依据直播硬件设备的检测结果，并结合直播的要求、效果、专业化程度，制定直播硬件设备状态检测标准表（见表7-2）。

表 7-2 直播硬件设备状态检测标准表

直播硬件设备状态检测标准				
设备	规格	数量	目标效果	检测要求
拍摄类设备				
收音类设备				
灯光类设备				
直播背景				
直播道具				
其他				

三、注意事项

1. 在检测直播硬件设备状态时，要严格按照直播硬件设备操作说明书的要求操作直播硬件设备。

2. 要根据预期的直播效果，适当调整直播硬件设备的检测标准。

培训项目三 风险评估

学习单元1 风险管理奖惩制度制定

1. 风险管理奖惩制度概述。
2. 风险管理奖惩制度的制定方法。

一、风险管理奖惩制度概述

1. 风险管理的定义

风险管理是指通过对风险的认识、衡量和分析,选择最有效的方式,主动、有目的、有计划地处理风险,以最小的成本获得最大安全保障的管理方法。

2. 风险管理的目标

风险管理是一种有目标的管理方法。确定风险管理的目标一般要满足以下基本要求。

(1)一致性

确保风险管理的目标与风险管理主体的总体目标一致。

(2)现实性

确定风险管理的目标要充分考虑其实现的客观可能性。

（3）明确性

对风险管理的目标进行客观评价。

（4）层次性

从总体目标出发，根据重要程度，区分风险管理的目标，以便于增强风险管理的综合效果。

3. 风险管理的作用

（1）有利于保证稳定直播

有效的风险管理能够充分了解风险的性质、严重程度，及时采取措施，避免网络或减少风险损失。或当风险发生时，能够及时得到补偿，从而保证迅速恢复正常的直播。

（2）有利于提高经济效益

通过风险管理，可以减少风险损失，从而提高经济效益。同时，有效的风险管理会使直播团队成员获得安全感，有利于提高经济效益。

（3）有利于树立良好的 IP 形象

有效的风险管理有助于创造稳定的直播环境，调动直播团队成员的积极性和创造性，树立良好的 IP 形象。

4. 风险管理奖惩制度的定义

奖惩制度是奖励制度和惩戒制度的合称。奖励制度是指根据直播团队成员的现实表现和工作实绩，对其进行物质或精神的鼓励，以调动其工作潜能和工作积极性的制度，是一种正向激励机制。惩戒制度是指通过剥夺直播团队成员的权利和增加直播团队成员的义务，对违法渎职行为给予最大限度的防范和纠正的制度，是一种反向激励机制。

风险管理奖惩制度是指根据风险管理的要求，有针对性地采取各种措施和方法，消除或减少风险发生的可能性，或减少风险损失，给予直播团队成员奖励或惩戒的制度。

5. 风险管理奖惩制度的作用

（1）促进直播团队成员与直播团队的价值观协调一致

风险管理奖惩制度有利于形成目标明确的直播团队价值观，促进直播团队成员与直播团队的价值观协调一致，进而提高风险管理的效率，降低风险发生的概率。

（2）调动直播团队成员对风险管理的积极性

风险管理奖惩制度促进直播团队向心力的提升，实现直播团队成员的个人价值，以奖励为引导，调动直播团队成员对风险管理的积极性。同时，对风险管理不力的直播团队成员，及时予以惩戒，进而形成竞争的氛围。

（3）提高风险管理的效率和经济效益

风险管理奖惩制度是薪酬差异化的主要依据，是从直播团队成员的角度制定适应竞争趋势的举措。风险管理奖惩制度能够提高直播团队风险管理的效率和经济效益。

二、风险类型

1. 战略风险

战略风险是指直播团队在战略制定和实施上出现失误，或未能随环境改变而做出适当调整，产生经济损失的风险。战略风险包括宏观政策及形势风险、新产品推广策略风险、新市场开发投入风险等。

2. 财务风险

财务风险是指融资安排、会计核算与管理、会计及财务报告失误，产生直接或间接经济损失的风险。财务风险包括资金结构与现金流风险、会计核算与流程风险、会计及财务报告风险等。

3. 市场风险

市场风险是指市场等外界条件变化，产生经济损失的风险。市场风险包括产品价格与物资供应风险、用户或供应商信用风险、税收风险、利率或汇率风险等。

4. 运营风险

运营风险是指人为因素、直播团队内部流程因素、信息系统因素或外部事件，产生经济损失的风险。

人为因素是指直播团队成员缺乏知识或能力导致的失误、损失，或缺乏诚信道德而导致的舞弊行为等。

直播团队内部流程因素包括产品选品组合定价、产品数据记录分析、产品销售流程、产品出货等。

信息系统因素包括系统失灵、数据存取和处理不当、系统安全可用性问题、系统非法接入与使用等。

外部事件是指火灾、自然灾害、市场环境扭曲等。

5. 法律风险

法律风险是指直播团队违反法律、法规、规定或侵害其他利益相关者的权益，产生经济或声誉损失的风险。法律风险包括国内外政治法律环境与政策、重大协议与合同的遵守与履行法律纠纷、知识产权纠纷等。

三、风险管理奖惩制度的目标及适用范围

风险管理奖惩制度的目标是直播团队以最小的成本获取最大的安全保障。实现风险管理奖惩制度的目标可以通过外部驱动形式，调动直播团队成员对风险管理的积极性。

风险管理奖惩制度的适用范围为直播团队运营过程中涉及战略决策、财务管控、市场调研分析、生产运营、法律维护的全部工作及全体直播团队成员。

四、风险管理奖惩制度的内容及制定的方法

1. 风险管理奖惩制度的内容

风险管理奖惩制度的内容一般包括目标、奖惩原则、奖惩方式、奖惩内容、考核方法及奖惩流程等。

（1）目标

风险管理奖惩制度的目标包括促进直播团队成员与直播团队价值观协调一致、调动直播团队成员对风险管理的积极性、提高风险管理的效率和经济效益、维护直播团队正常管理秩序，为直播团队成员考核和晋升提供依据。

（2）奖惩原则

1）奖惩有据原则。奖惩的依据为风险管理奖惩制度、直播团队成员岗位职责及岗位目标等。

2）奖惩及时原则。及时鼓励直播团队成员对风险管理的贡献和正确的行为、及时纠正直播团队成员的错误行为，使风险管理奖惩制度发挥应有的作用。

3）奖惩公开原则。为了使奖惩公正、公平，并达到应有的效果，需公开奖惩结果。

4）奖惩分明原则。严防直播团队成员产生特权思维，风险管理奖惩制度对所有直播团队成员一视同仁。

（3）奖惩方式

1）精神奖励。口头表扬、通报表扬、授予荣誉称号等。

2）物质奖励。奖金、奖品以及晋级、晋职等。

3）精神惩戒。口头警告、通报批评、记过等。

4）物质惩戒。罚款、降级、降职等。

（4）奖惩内容

1）风险发生前，对预判并制订风险应对计划、防止风险发生的直播团队成员给予奖励。

2）风险发生时，对及时响应并执行风险应对计划的直播团队成员给予奖励。

3）风险发生后，对制订同类风险应对计划的直播团队成员给予奖励。

4）风险发生前，对未按风险管理标准执行导致风险发生的直播团队成员给予惩戒。

5）风险发生时，对未按风险应对计划执行或未及时执行，导致风险延伸扩大的直播团队成员给予惩戒。

6）风险发生后，对未能找到风险发生的原因并制订同类风险应对计划的直播团队成员给予惩戒。

（5）考核方法

风险管理奖惩制度的考核方法通常分为日常、月度、季度、年度考核。一般采用日常考核方法，在直播复盘时判定风险管理情况，按照风险奖惩制度，对相应负责人进行奖惩。

（6）奖惩流程

1）直播团队成员推荐、本人自荐或部门提名，推荐时需说明推荐理由。

2）部门领导、人力资源部门审核推荐材料。

3）直播团队负责人审核并批准。

4）公示直播团队奖惩名单并予以奖惩。

2. 风险管理奖惩制度的制定原则

（1）全面性原则

风险管理奖惩制度应贯穿决策、执行和监督的全过程，全面覆盖各类风险。

（2）重要性原则

风险管理奖惩制度应在全面管理的基础上，关注常见风险和高风险。

（3）适应性原则

风险管理奖惩制度应与直播规模、业务范围、竞争状况和风险水平等相适应，并随着环境变化及时调整。

（4）成本效益原则

风险管理奖惩制度应权衡实施成本与预期效益，以适当的成本实现有效管理。

3. 风险管理奖惩制度的制定方法

（1）提出需求

直播团队相关部门和直播团队成员根据风险管理的目标，提出需求。经管理部门确认后，在充分调查研究的基础上，撰写风险管理奖惩制度草案。

（2）讨论与审查

撰写风险管理奖惩制度草案后，要广泛征求各方的建议和意见，集思广益，充分讨论。在讨论的基础上，改正不切合实际之处，弥补疏漏，避免与其他制度的矛盾、重复之处，使风险管理奖惩制度草案进一步完善。

（3）草案试运行

风险管理奖惩制度草案的修改稿经管理部门审批后，可以进行试运行。目的是在实践中进一步检验和完善，使之成熟化、合理化。

（4）正式执行

风险管理奖惩制度草案经过一段时间的试运行后，即可形成正式的、具有权威性的风险管理奖惩制度，按照风险管理奖惩制度确定的范围和时间正式执行。

风险管理奖惩制度需在一定时期内保持稳定。当直播团队的管理结构发生变化时，风险管理奖惩制度也需要做出相应的调整。

五、制定风险管理奖惩制度的注意事项

1. 奖优罚劣

根据趋利避害的心理，在制定风险管理奖惩制度时，奖励和惩戒必须并存。

2. 奖惩及时

风险发生后，要及时奖励或惩戒，否则奖惩的效果会显著减弱。

3. 注意守信

承诺的奖励一定要兑现，否则会使直播团队成员失去信心，无法保证风险管理奖惩制度的权威性。

4. 差别化奖励

注重在公平的基础上实行差别化奖励，反对平均主义，因为平均分配奖励意味着没有奖励。

5. 奖惩适度

过度奖励会让直播团队成员骄傲和自满，过度惩戒会让直播团队成员感到不公平，惩戒过轻会让直播团队成员认识不到错误的严重性。

6. 重视精神奖励

精神奖励不仅让直播团队成员感到快乐，还能带来满足感和成就感，增强直播团队成员的信心。

技能　制定风险管理奖惩制度

一、操作准备

电脑、无线网络或有线网络等。

二、操作步骤

步骤1　直播团队相关部门明确风险管理的目标，提出风险管理需求。

步骤2　根据需求，撰写奖惩内容、奖惩方式、奖励流程等。

步骤3　撰写风险管理奖惩制度草案后，广泛征求各方的建议和意见，集思广益，充分讨论，查缺补漏，丰富内容。

步骤4　风险管理奖惩制度草案经管理部门审批后，可以进行试运行，在实践中进一步检验和完善，使之成熟化、合理化。

步骤5　根据试运行的结果，完善风险管理奖惩制度。

三、注意事项

风险管理的目标、风险管理奖惩制度的建立需根据市场变化和直播团队的条件。

学习单元2　风险防控方案评估

1. 风险防控方案评估。
2. 风险防控方案时效性评估。

一、风险防控方案概述

1. 风险防控方案的定义

风险防控方案是指根据风险管理策略,针对各类风险或重大风险制定的风险管理解决方案。风险防控方案分为风险内控方案和风险外包方案。

制定风险内控方案,应满足合规性的要求,遵循经营战略与风险策略一致、风险控制与运营效率及效果平衡的原则,针对重大风险涉及的管理和业务流程,制定涵盖各环节的全流程控制措施;对其他风险涉及的业务流程,要把关键环节作为控制点,采取相应的控制措施。

制定风险外包方案,应注重成本与收益平衡、外包工作质量、自身商业秘密保护及防止自身对外包产生依赖性等,并制定相应的预防和控制措施。

2. 风险防控方案的作用

(1)有利于提高经济效益

风险防控方案为执行者提供了明确的目标及实现目标的正确途径,提高了风险防控的效率和效益。

(2)有利于管理风险防控

风险防控方案为风险防控制定目标、指标、步骤、进度和预期成果,是风险防控的标准和依据。

3. 风险防控的重点

在一般情况下,风险防控的重点包括组织风险、流程风险、技术风险、人员风险、外部风险等。

(1)组织风险

组织风险源于直播团队管理层更迭、直播团队文化与沟通、组织结构与责权配置、直播团队持续发展计划等因素。

(2)流程风险

流程风险源于直播团队业务和管理流程中的薄弱环节等因素。

(3)技术风险

技术风险源于直播团队运营技术不完善或技术失败、软硬件欠缺等因素。

（4）人员风险

人员风险源于直播团队成员的素质及能力水平不佳、直播团队成员与直播团队之间利益冲突等因素。

（5）外部风险

外部风险源于直播团队外部环境，如自然灾害、政策法规变化、外部欺诈等。

4. 风险防控方案的内容

风险防控方案的内容通常包括风险防控的具体目标、组织领导、涉及的管理及业务流程、条件及资源、风险发生阶段（前、中、后）所采取的具体应对措施以及风险管理工具等。

5. 风险防控方案的制度

（1）内控岗位授权制度

对内控岗位，明确规定授权的对象、条件、范围和额度等，直播团队成员中的任何人不得超越授权，做出风险性决定或决策。

（2）内控报告制度

明确规定内控报告人与接收报告人，报告的时间、内容、频率、传递路线，负责处理报告的部门和人员等。

（3）内控批准制度

对内控涉及的重要事项，明确规定批准的程序、条件、范围和额度、必备文件及批准部门和人员及其相应责任。

（4）内控责任制度

遵循权利、义务和责任统一的原则，明确规定各有关部门和业务单位、岗位、人员应负的责任及奖惩制度。

（5）内控审计检查制度

结合内控的有关要求、方法、标准与流程，明确规定审计检查的对象、内容、方式和负责审计检查的部门等。

（6）内控考核评价制度

在具备条件的情况下，把各业务部门风险管理的执行情况与绩效薪酬形成联动制度。

（7）重大风险预警制度

对可能面临的重大风险进行持续不断的监测，及时发布预警信息，制定应急预案，并根据情况变化调整控制措施。

（8）法律顾问制度

建立以法律顾问团队为核心的法律顾问制度，形成由直播团队负责人主导、法律顾问提供业务保障、直播团队成员共同参与的法律风险责任体系。

（9）重要岗位权力制衡制度

明确规定不相容职责分离制度，包括授权批准、业务经办、会计记录、财产保管和稽核检查等职责。对重要岗位可以设置一岗双人、双职、双责，相互制约，明确岗位的上级部门或人员对其采取的监督措施和应负的监督责任，将该岗位作为内控审计的重点等。

二、风险防控方案评估

1. 风险防控方案评估的定义

风险防控方案评估是关注风险管理的目标，深思熟虑、谨慎分析风险防控方案，集中发现重大风险、重大事件、重要管理及业务流程的风险管理缺陷，并根据变化进行改进，持续提升风险管理水平的过程（见图7-1）。

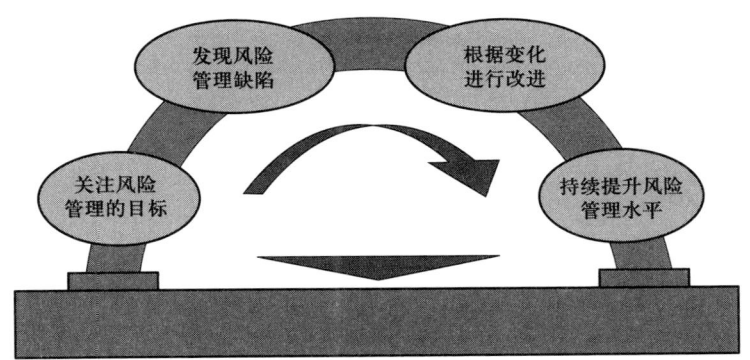

图7-1 风险防控方案评估过程

2. 风险防控方案评估的前提

风险防控方案评估的前提是信息传递。以重大风险、重大事件、重要管理及业务流程为重点，传递风险管理的初始信息、风险评估、风险管理策略、关键控制活动及风险管理解决方案的实施情况。

（1）及时信息

确保将重要风险管理信息及时地传递到相关部门和岗位。

（2）准确信息

确保将重要风险管理信息准确无误地传递到相关部门和岗位。

（3）完整信息

确保将重要风险管理信息完整无缺地传递到相关部门和岗位。

3. 风险防控方案评估的方法

（1）压力测试

压力测试是指在极端情景下，分析评估风险防控方案的有效性，发现问题并制定改进措施的方法，目的是防止出现重大损失事件。

（2）返回测试

返回测试是指将历史数据输入风险管理模型或内控流程，对比结果与预测值，以检验其有效性的方法。

三、风险防控方案时效性评估

1. 风险防控方案时效性评估的定义

风险防控方案时效性评估是指对风险防控方案的时效性进行分析、权衡和论证的过程。风险防控方案时效性影响风险决策的生效时间、有效期。

2. 风险防控方案时效性评估的方法

（1）法律法规分析

分析国家法律法规、行业及互联网平台规则。例如，在直播过程中，收到后台管理系统弹窗（如"未取得资质或未挂载官方组件的情况下进行产品宣传或售卖"，被封禁 10 min，再次违规可能被升级处罚）等提醒时，需结合违规原因及修改建议，分析直播销售员的行为及话术是否违反国家法律法规、行业及互联网平台规则。如确定违规，需及时调整直播销售员的行为及话术，学习互联网平台规则，等待解封。如未发现违规，可以通过申诉通道，申请解封。

（2）应急能力分析

应急能力分析通常考虑以下因素。

1）历史因素。直播团队及其他同类型直播团队，在相同的直播环境下，发生的紧急情况。

2）地理因素。直播团队及其他同类型直播团队，在相同的直播地理位置下，发生的紧急情况。

3）技术因素。直播团队及其他同类型直播团队，在直播过程中，可能出现的问题及可能产生的后果。

4）人为因素。造成人为失误的原因有培训不足、工作缺乏连续性、粗心大意、误操作、身体疲劳等。

5）物理因素。直播硬件设备的物理条件。

6）其他因素。风险防控方案所需的资源与能力是否配备齐全；风险防控方案的外部资源能否及时到位；在风险防控方案实施过程中，是否有其他可以优先利用的资源。

技能　评估风险防控方案

一、操作准备

电脑、无线网络或有线网络、风险防控方案等。

二、操作步骤

步骤1　明确风险管理初始信息，收集风险发生时的现场情况及人员情况等。

步骤2　根据风险防控方案，了解风险管理的效果，进行法律法规分析和应急能力分析。

步骤3　根据风险管理的效果，得出风险防控方案评估结果。

三、注意事项

应根据风险管理的效果进行实时有效的评估。

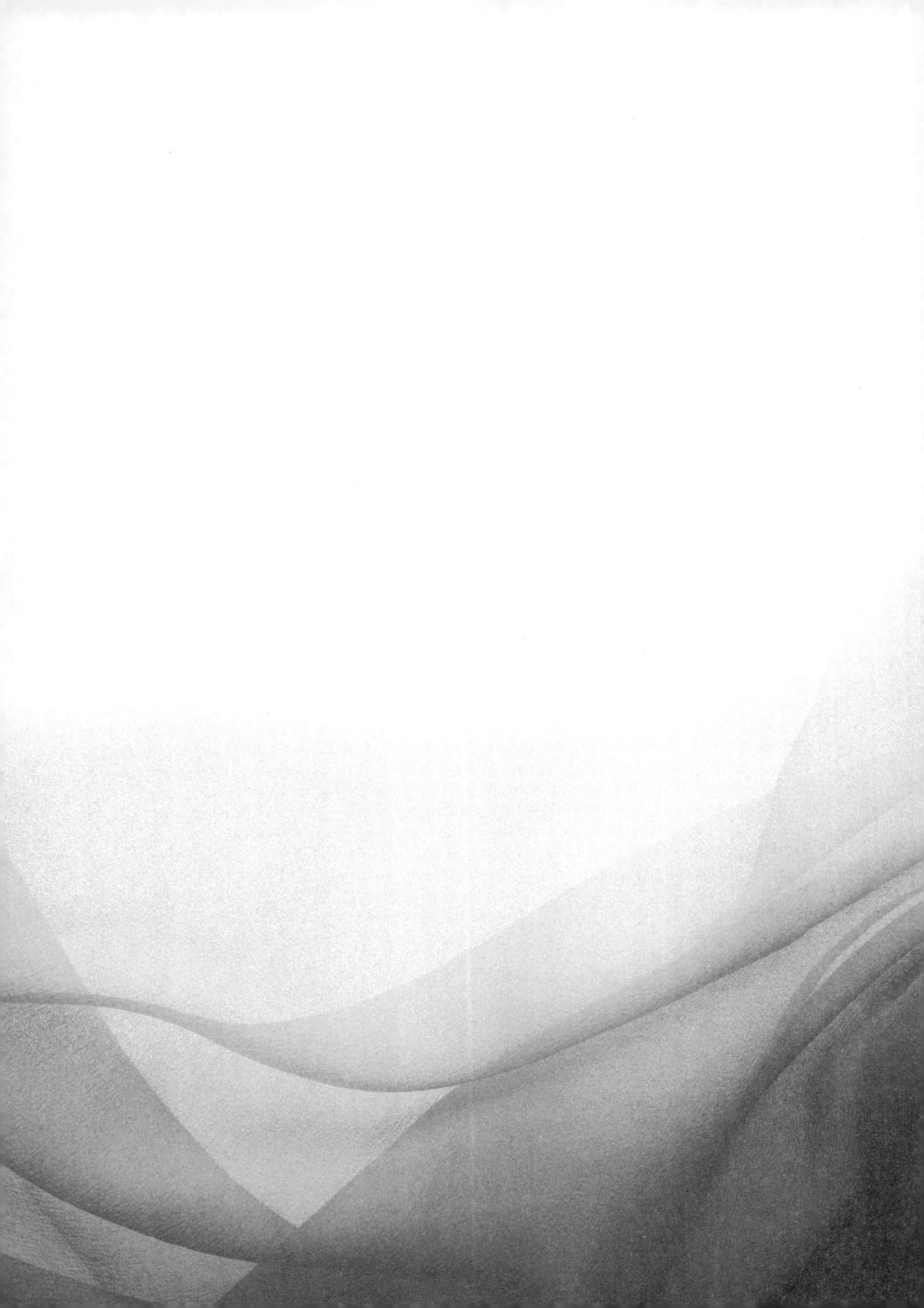

职业模块 八
运维管理与技术支持

培训项目 一

运维管理

学习单元 1　现场设备管理方案制定

1. 现场设备管理要求。
2. 现场设备管理方案制定的方法。

一、设备管理概述

1. 设备管理

设备管理是以设备为研究对象,追求设备的综合效率,通过一系列技术、经济、组织措施,对设备的物质运动和价值运动进行全过程(从规划、设计、选型、购置、安装、验收、使用、保养、维修、改造、更新直至报废)的科学管理。

2. 设备管理周期

设备管理周期分为初期、中期和后期。

(1) 设备初期管理

设备初期管理是指从设备验收之日到使用半年或一年时间,对设备进行调整、使用、维护、状态监测、故障诊断、操作、维修人员培训教育,维修技术信息收集、处理等管理。设备初期管理应建立设备固定资产档案、技术档案和运行维护原始记录等。

（2）设备中期管理

设备中期管理是指设备过保修期后的管理。做好设备中期管理，有利于提高设备的完好率和利用率，降低维护费用。

（3）设备后期管理

设备后期管理是指设备更新、改造和报废阶段的管理。对性能落后、不能满足生产需要，以及设备老化、故障不断、需大量维修费用的设备，应进行改造更新。

3. 设备管理分类

设备管理一般分为自有设备管理和租赁设备管理。

（1）自有设备管理

自有设备管理是指根据设备使用计划，进行设备调配，提高设备的使用效率，确保直播顺利进行，主要处理现场设备的日常管理和使用磨损核算等。自有设备管理主要包括使用计划、采购管理、库存管理、设备台账管理、设备使用、设备日常管理、费用核算等。

（2）设备租赁管理

设备租赁管理是指根据直播团队预算和直播计划，结合自有设备情况，制订设备租赁计划，确保直播顺利进行。设备租赁管理包括制订租赁计划、租赁合同管理、设备进场、设备出场、租赁费用等。

二、现场设备管理要求

1. 规范现场设备管理，做到实物、账目分类标签，资产编号统一，定期对账物进行核对，查验现场设备状态。

2. 对所有现场设备，应根据类型，做到有序安放并登记编号。

3. 对所有现场设备，要做到专用、专人保管，且只能用于与直播相关的活动，不得移作他用。非经主管人员同意，不得外借。

4. 严格执行借用、归还、验收制度。有丢失、损坏现场设备的情况，应明确责任，进行赔偿。

5. 直播团队成员应加强业务学习，不断提高管理水平，经常检查现场设备，并做好保养。

6. 严格执行赔偿制度。主观原因或非工作原因导致现场设备损坏、丢失，应照价赔偿。不熟悉性能或操作不慎导致现场设备损坏，视情节轻重由管理人员负担部分或全部责任。

7. 对正常报损的现场设备，必须严格履行手续，经专业人员鉴定，并填报固定资产报损表，由管理团队审批并财务销账后，统一由管理人员处理。

8. 加强现场设备存放处安全防范，及时检查电源、消防设施，注意防盗、防尘、防锈、防压等。

9. 对相关检验证明、使用说明书、技术资料、保养工具等，按照分类有序放置。

10. 应避免浪费直播消耗品，对未使用的直播消耗品应清点分类，全部退库，禁止挪用。

11. 定期向主管人员汇报现场设备的管理和使用情况，并根据需要申请补充必要的现场设备及零件、材料。

三、现场设备管理方案制定的方法

1. 制定原则

（1）政策性原则

应贯彻执行国家有关直播的方针、政策，符合相关管理条例的要求。

（2）继承性原则

在现场设备管理方案修改、执行过程中，应保持原有先进的管理方法，剔除不符合实际工作要求的部分。

（3）先进性原则

应不断补充、调整现场设备管理方案，使其具有适应性、先进性。

（4）协调性原则

应确保在直播的各阶段，现场设备的品种、数量、使用时间等协调配合，紧密衔接。

（5）可行性原则

现场设备管理方案应符合实际，不能脱离直播流程或使用要求。

（6）规范性原则

现场设备管理方案一旦制定，各环节、步骤、流程、岗位都应按照现场设备管理方案执行。

2. 制定程序

（1）确定任务

根据现场设备管理的需要，由设备管理部门提出，经主管人员同意后，起草现场设备管理方案。

（2）撰写草案

由起草人进行调查研究、收集资料、撰写现场设备管理方案草案，提交管理层或内部公开征求意见，修改后，形成现场设备管理方案送审稿。

（3）会签审批

现场设备管理方案送审稿经部门会签，然后送主管人员审批，并以文件形式正式发布实施。

3. 内容构成

（1）适用范围

按照各部门的业务范围，将现场设备的使用周期进行科学划分，确定每个阶段的管理范围和管理对象。

（2）管理职能

按照直播流程确定相关职能部门，如管理、采购、财务等部门，在现场设备管理中的责任和权限。

（3）管理内容

按照现场设备物流、价值流的流动方向或管理程序，规定各职能部门的管理内容、方法、手段、相应的凭证及凭证传递路线、应具备的资料等。同时，制定相关部门之间业务上的衔接、协调和制约方式。

（4）检查与考核

规定现场设备管理的标准、要求，对相关管理人员的考核内容、考核时间、考核方法及奖惩办法等。

4. 凭证设置

（1）现场设备管理凭证一般为表格形式，要求内容明确、语言简练、数据来源可靠。

（2）现场设备管理凭证一般随现场设备物流和价值流传递。在传递过程中，部分环节需要保留凭证。因此，凭证联次设计要合理，并在每联注明缴存的部门。

（3）现场设备管理凭证的格式一旦确定，应保持相对稳定，非必要不做修改及调整。

在一般情况下，现场设备管理凭证包括直播硬件设备采购计划表、直播道具采购计划表、直播硬件设备清单、直播硬件设备故障清单、直播硬件设备存放清单、直播硬件设备状态检测标准等。

5. 方案修改

（1）根据直播的具体情况，预先规定现场设备管理方案的试运行期。试运行期满后，根据试运行的问题，集中研究，综合分析，统一修订。

（2）现场设备管理方案正式发布实施以后，要在一定时期内，保持相对稳定。当直播行业管理方针、政策有重大改变，或直播规模、管理组织机构有重大变化，原有规章制度已不适用时，可以进行修改。如某项现场设备管理方案不适应，也可以进行单项修改。

（3）现场设备管理方案修改要依据相关规章制度，保留适用的部分，对新增的部分要充分调研、论证，并广泛征求相关人员的意见，修改程序与制定程序相同。

（4）修改的现场设备管理方案要经严格谨慎的审批，审批程序与现场设备管理方案制定的审批程序相同。

技能　制定现场设备管理方案

一、操作准备

1. 电脑、无线网络或有线网络等。

2. 检查、收纳现场设备

（1）盘点现场设备。

清点、分类现场设备，并仔细检查现场设备能否正常使用、是否破损、配套零件是否齐全，并登记在册。

（2）修理现场设备。

修理有问题的现场设备、补配零件。记录送修时间、送修原因、返回时间、零件购买渠道等。

（3）管理现场设备。

应仔细包装、归类现场设备，按照分类放置在指定位置。

（4）建立现场设备档案表。

应建立现场设备档案表，主要内容包括设备名称、数量、采购时间、维护周期、建议使用周期、配套零件是否齐全等（见表8-1）。同时，建立现场设备使用记录档案、租赁设备档案等。

表8-1 现场设备档案表

设备名称	数量	采购时间	维护周期	建议使用周期	配套零件是否齐全	备注
摄像机	2	××××年××月××日	月	5年	是	
环形补光灯	4	××××年××月××日	月	2年	是	
领夹式蓝牙型无线麦克风	3	××××年××月××日	月	3年	是	
蓝牙耳机	3	××××年××月××日	季度	3年	是	
专业声卡	4	××××年××月××日	季度	3年	是	
云台	2	××××年××月××日	季度	3年	是	
绿幕背景	1	××××年××月××日	季度	3年	是	
台式电脑	2	××××年××月××日	月	3年	是	
笔记本电脑	2	××××年××月××日	月	3年	是	
手机	5	××××年××月××日	月	3年	是	

二、操作步骤

步骤1 讨论现场设备管理方案。

召集相关人员，从实际情况出发，讨论现场设备管理方案的内容。

步骤 2　整理撰写现场设备管理方案。

确定现场设备管理方案的内容，交由专人整理撰写。

步骤 3　公布现场设备管理方案。

通过直播团队决策程序，批准、公布现场设备管理方案。

三、注意事项

1. 制定现场设备管理方案应从实际出发，不可脱离直播的需要。

2. 盘点、使用现场设备时，应注意轻拿轻放，避免现场设备受损。

3. 对现场设备盘点及使用中的各类问题，应及时记录并反馈。对缺少的零件，应及时采购。

学习单元 2　团队协作规则制定

1. 团队协作概述。
2. 团队协作规则制定方法。

一、团队协作概述

1. 团队协作的定义

团队协作是指调动直播团队成员的资源与才智，同时对表现突出者及时予以奖励，从而使直播团队产生强大而持久的工作动力的手段及制度。

2. 团队协作的重要性

（1）提高直播团队的整体效能

发扬团队协作精神，加强直播团队建设，可以进一步减少内耗，提高经济效益。团队协作可以弱化工作责任界定、提高直播团队成员的亲和力，强化直播团队的凝聚力，提高工作效率，有效降低工作成本。

（2）实现直播团队的目标

实现直播团队的目标需要每个成员的努力，具有团队协作精神的直播团队尊重成员的个性，重视成员的不同想法，激发成员的潜能，使每个成员真正参与直播团队工作，风险共担、利益共享、相互配合，实现直播团队的目标。

（3）产生创新的巨大动力

人具有主观能动性。直播团队发展必须合理配置人、财、物，调动直播团队成员的积极性和创造性是资源配置的核心。团队协作即将团队成员的智慧、力量、经验等资源进行合理配置，使之产生创新的巨大动力。

3. 团队协作的要求

（1）分工

在团队协作中，可以通过平等协商和沟通，有效分配工作量和工作内容，从而实现分工协作、相互配合、共同进步的目标。

有的直播团队成员的人数较多。因此，难以通过平等协商和沟通，分配工作量和工作内容。此时，直播团队负责人需遵循分工协作的原则，进行安排与协调，实现直播团队的目标。

（2）合作

有分工，便需要合作，即相互配合。直播团队成员构成复杂，工作烦琐，对合作提出了更高的要求。需在分工协作的基础上，直播团队成员合作、协调、沟通，形成有机整体，共同实现直播团队的目标。

（3）监督

监督作为必备的团队协作手段，其逻辑基础是成本和收益的"纠缠"曲线。因此，在直播中，需要引入恰当的监督机制，保障直播能够顺利完成。良好的监督机制，会引导、敦促直播团队成员相互支持、相互配合、分工协作，快捷、高效地实现直播团队的目标。

4. 团队协作的关键要素

（1）相互尊重

相互尊重是指直播团队成员交往时的一种平等的态度。在一般情况下，直播团队是由不同个性、背景的成员组成的，直播团队成员首先是追求自我发展和自我实现的自然人，然后才是有职业分工的社会人。

直播团队成员基于不同生长、教育、工作的环境，最终形成不同的价值观，每个成员都有被尊重的需要。因此，相互尊重是实现团队协作的基础。

（2）相互信任

相互信任一般包括充分信任、坦诚相待、解决问题、承担责任。在直播团队中，无论是成员与管理者，还是成员之间，都应充分信任，相信每个成员都能发挥应有的作用。

（3）核心领导

直播团队核心领导的作用在于当有重大问题或意见不一致时，由其做出最终决策。核心领导具有对人、财、物的指挥权，协调能力和充分的决策权。同时，核心领导要有大局观，多了解实际工作，听取各方的意见。

（4）强力执行

确定直播团队的任务及目标后，直播团队成员应具备强大的执行力。执行力是顺利实现直播团队目标的基础。在实现直播团队的目标过程中，直播团队成员应在相互协作的基础上，执行各自的任务。

（5）充分讨论

直播执行方案确定前，直播团队成员应充分发表相关的意见，以期开阔思路。

（6）牺牲精神

直播执行方案确定后，直播团队成员需具备牺牲、奉献的精神，按确定的直播执行方案开展工作。

二、团队协作规则

1. 直播团队成员应相互协作、团结互助，发挥直播团队的优势，形成凝聚力。
2. 直播团队成员应遵守各项规章制度，听从指挥、认真负责。
3. 直播团队成员应勤奋工作、努力学习，不断提高自身素质。
4. 直播团队成员应加强团结、增进友谊，热情主动地帮助他人解决问题。
5. 直播团队成员应爱护直播硬件设备，厉行节约，借用其他直播团队的物品要及时归还。
6. 直播团队成员应自觉维护直播团队的利益和声誉。
7. 直播团队成员应定期召开会议，积极讨论计划和总结并提出意见和建议。
8. 直播团队内部应及时交流，有问题与直播团队成员协商解决。
9. 直播团队成员间应平等对待，严禁论资排辈及特殊化。

10. 直播团队成员应及时总结工作经验、教训，并与直播团队成员分享，防止同类错误再次发生。

三、团队协作规则的编写工具

团队协作规则的编写工具是为了提高直播团队整体的工作效率，对直播团队成员进行统计、分析和管理的软件。通过团队协作规则的编写工具，不仅可以编写团队协作规则，也可以实现资料共享、信息发布等。常用的有以下团队协作规则的编写工具。

1. Word

Word 是一款文字处理器应用软件，提供了许多易于使用的文档创建工具，同时提供了丰富的功能，用于创建复杂文档。

2. 石墨文档

石墨文档是一款支持实时协作的办公软件，可以实现多人同时在同一文档及表格上进行编辑，还具有实时讨论功能，该软件的同步响应速度达到毫秒级。

3. WPS Office

WPS Office 是一款办公软件系列组合套装，具备办公软件最常用的文字、表格、演示、PDF 阅读等多种功能。该软件具有内存占用低、运行速度快、云功能多、强大插件平台支持、免费提供在线存储空间及文档模板等优点。

4. Xmind

Xmind 是一款实用的、易用的、高效的可视化思维导图软件。使用 Xmind 软件，可以持续、系统地收集直播团队成员的灵感，有序组织零散的想法，并可以借助思维导图梳理整体思路。

四、团队协作规则制定方法

1. 团队协作规则制定的范围

（1）资源协作

实现直播团队的目标需要一定的资源，包括人力、财力、物力等方面。在实现直播团队的目标过程中，会有资源不足（如缺少人力、设备不足）等情况。需直播团队成员或其他直播团队从全局出发，给予必要的支援，互通有无，相互帮助，为实现共同的目标，开展协作。

（2）技术协作

技术协作既包括技术团队为其他直播团队提供必需的技术资料、技术知识、工艺方法等，也包括直播团队间、直播团队成员间进行必要的技术交流等。

（3）配合协作

为实现直播团队的目标，或多或少与其他直播团队有一定的联系，需要直播团队间配合协作。

（4）信息协作

信息协作是指在实现团队的目标过程中，直播团队间、直播团队成员间及时进行信息交流、情报传递。只有及时掌握信息，才能制定、传达正确的决策，进行有效的实施控制。

2. 团队协作规则的编写规范

团队协作规则一般由章节与编号、表头、目的、适用范围、职责权限、工作内容、其他内容等部分组成。各部分的编写规范如下。

（1）章节与编号

章是划分团队协作规则内容的基本单元。在每项团队协作规则中，应从"一"开始对章编号。每一章应有标题，标题应置于编号后，并与后续的条文分行。

节是章的细分类目，应使用阿拉伯数字编号，如 1.1、1.2、1.3 等。节可以有标题，标题应置于序号后，并与后续的条文分行。

条是节的细分子类目，应使用阿拉伯数字编号，如 1.1.1、1.1.2 等。在同一节中有 2 个或 2 个以上条文时，才可以设条。

（2）表头

表头应包含直播团队名称及标识、规则类型、规则名称、规则编写部门、编号等。

（3）目的

目的为必备要素，主要描述编写团队协作规则的目的或意图，一般应置于团队协作规则正文的起始位置。

（4）适用范围

适用范围为必备要素，一般应置于团队协作规则的正文前，说明适用的区域、直播团队、组织、人员等。

（5）职责权限

职责权限为可选要素，主要简述执行团队协作规则的职责和权限分工。当团队协作规则的事项需要 2 个或 2 个以上直播团队或成员参与完成，且需要界定其职责权限时，应明确说明。

（6）工作内容

工作内容主要描述直播团队成员的具体工作，描述内容包括工作的时间、地点、方式、内容等。

（7）其他内容

其他内容为必备要素，一般应作为团队协作规则正文的最后一章。其他内容应明确表明团队协作规则的解释部门，当与其他规则冲突时，应表明处理原则。

3. 团队协作规则制定的流程

（1）撰写草案

团队协作规则草案是根据直播团队的需求、面对的市场变化情况，在广泛征集意见或者深入调研的基础上，撰写的草案。

团队协作规则草案应先列出方向框架、标注重点、列明和其他规则的关联性，同时要考虑新制定的规则与其他规则是否存在冲突，然后完善内容，语言应严谨、合法、合理。

（2）完善初稿

团队协作规则草案需经直播团队成员代表或全体成员讨论，提出建议和意见，修改后形成团队协作规则初稿。

（3）规则审批

经直播团队成员讨论协商，最终确定团队协作规则，提交直播团队负责人，按审批流程，经过逐级签字、加盖公章后，公布执行。

（4）规则公示

团队协作规则经审批后，需要向直播团队成员公示。

技能操作

技能　制定团队协作规则

一、操作准备

电脑、无线网络或有线网络、会议相关资料。

二、操作步骤

步骤 1　分配意见收集人员。

由专人负责协调各岗位具有工作经验的人员参与收集意见。

步骤 2　确定意见收集方法。

通过线上、线下问卷法等方法收集相关意见。

步骤 3　收集意见。

根据各岗位职责要求及目标，收集直播团队各岗位、各成员的意见。

步骤 4　整理意见。

对收集的意见进行整理归纳，并生成文档，提交直播团队负责人。

步骤 5　商讨草案。

针对团队协作规则草案，召开会议，商讨团队协作规则草案的内容。

步骤 6　整理编写团队协作规则。

确定团队协作规则的相关内容后，交由专人进行整理编写。

步骤 7　公布团队协作规则。

由直播团队负责人批准后，公布团队协作规则。

三、注意事项

1. 团队协作规则的正式文稿可以通过线上公布，也可以采用纸质形式公布，文件应采用统一用纸幅面、格式。

2. 公布、印发团队协作规则，应加盖相应的管理级公章。

培训项目 二

技术支持

学习单元 1 互动特效方案制作

1. 互动特效的作用。
2. 互动特效使用的方法。

一、互动特效概述

1. 互动特效的定义

互动特效是指由互联网平台制作，可以在特定平台用户之间相互使用的视频类音效产品的互动特殊效果。

2. 互动特效的作用

（1）建立良好的印象

良好的印象能够让用户对产品或服务产生兴趣，甚至能够改善产品使用过程中的用户心情。建立良好的印象，不仅依靠后台管理系统，还需要有足够个性化的前台界面和程序设计作为支撑。

前台界面与其他同类产品不同，用户首次打开时会得到暗示，即互联网平台具有崭新的特性，从而产生差异化的互动感受，进而引起用户对互联网平台的关注。

（2）增加趣味性

互动特效通常和微信结合使用。在互动前给予用户提示，在互动完成后给予反馈，可以完善互联网平台的前台界面的逻辑性，同时让用户体验更加有趣的互动过程，进而增强用户黏性。基于严密逻辑的互动特效不仅可以提升互联网平台的可用性，更能增加互联网平台的前台界面的趣味性。

（3）提升互动质感

互动过程的实质是借助互联网平台，商家和用户的真实交流过程。互动的程序、节奏等细节都是决定互动感受、提升互动质感的基础。

二、互动特效的类型

1. 弹幕互动

弹幕是指以字幕弹出方式大量显示在互联网平台的前台界面的互动评论。弹幕在屏幕上飘过，所有的用户都可以实时看到。

目前，已有互联网平台尝试电视直播与体育比赛、文艺演出等合作，进行弹幕互动。

2. 剧情参与

剧情参与多见于户外直播。可以邀请用户或粉丝共同参与策划直播，增强用户或粉丝在直播中的参与感、增强用户或粉丝的黏性。

邀请用户或粉丝参与直播，一方面可以使用户或粉丝充分发挥创意，令直播更具有趣味性，另一方面可以让被采纳建议者获得满足感。

3. 发红包

为了使直播更好地聚集人气，增强宣传效果，可以通过第三方平台发红包或等价礼品，与更多用户或粉丝互动。发红包一般分为以下步骤。

（1）约时间

可以通知或提醒用户或粉丝发红包的时间，如"5分钟后我们会发红包""20：00咱们准时发红包"等，一方面通知用户或粉丝发红包的时间，另一方面暗示用户或粉丝邀请朋友加入直播，等待发红包，从而提升直播人气。

（2）选平台

可以选择支付宝、微信、微博等第三方平台作为发红包的平台。提前通知用户或粉丝，目的在于从站外平台引流，提升直播人气。

（3）定时发

在约定的发红包时间，在第三方平台发红包。在发红包前，可以通过倒计时的方式，让发红包更有氛围。除红包外，还可以通过不定时发礼物的方式回馈用户或粉丝，也能够营造良好的直播氛围，达到良好的直播互动效果。

4. 发起任务

在直播过程中发起任务，如"快闪"活动，即在特定的地点、特定的时间、同时做一系列指定的行为，然后迅速离开。

（1）建群快闪

邀请用户或粉丝进入特定的 QQ 群，在群内发表对特定话题的感受，直播结束后即解散该群。

（2）发表感受

邀请用户或粉丝在某论坛的帖子下方或微信公众号评论区留言，发表对特定话题的感受。

（3）晒出同步动作

号召用户或粉丝做出一致的或相似的动作，随后分别"晒"在特定的社交网络平台。

三、互动特效使用的方法

互动特效通常在直播中出现，不同的互动特效应在直播的不同节点使用。

在直播初期，使用弹幕互动，不仅可以调动用户或粉丝的积极性，还可以提升直播的人气及直播账号的权重，同时为直播引流。

在直播中期，即最关键的时期发红包，鼓励用户或粉丝参与，并通过用户或粉丝向外扩散发红包的信息，同样可以提升直播的人气和关注度。

在直播后期，可以发起任务，与用户或粉丝约定，下次直播时给予完成任务的用户或粉丝奖励，借此提升与用户或粉丝的亲密度，以期为下次直播引流。

技能操作

技能　制定互动特效方案

一、操作准备

1. 直播脚本准备

平台管理员准备互动特效方案的直播脚本（见表 8-2）。

表 8-2 互动特效方案直播脚本模板

×× 服装工作室直播脚本	
直播主题	初入职场服装搭配
直播时间	×××× 年 ×× 月 ×× 日 20：00—22：00
直播目标	销售额：20 万元　粉丝数量：+2 万人
直播道具准备	道具包、高跟鞋、眼镜、丝巾、文件袋
产品准备	主打款：衬衫西裤三件套（赠腰带） 衬衫裙（赠袜子） 鱼尾裙（赠丝袜） 衬衫短裙套装 福利款：贝雷帽、便携雨伞

时间节点	流程安排	直播销售员	助理	后台	价格及福利
20：00-20：10	热场互动	互动、聊天	引导关注、互动		
20：10-20：20	引流	介绍福利产品	引导互动	中奖信息	前 10 名免单，后 90 名 9.9 元
20：20-20：40	产品介绍	介绍主打产品	配合试穿	产品链接	79 元
20：40-21：00	产品介绍	介绍主打产品	配合试穿	产品链接	68 元
21：00-21：10	游戏	介绍福利产品	引导互动	中奖信息	限量 50 份
21：10-21：30	产品介绍	介绍主打产品	配合试穿	产品链接	77 元
21：30-21：50	产品介绍	介绍主打产品	配合试穿	产品链接	108 元
21：50-22：00	下播	直播预告			

2. 物品准备

电脑、无线网络或有线网络等。

二、操作步骤

步骤 1　确定直播互动数据（见图 8-1）。

步骤 2　根据直播节奏，选择互动特效方案。例如，直播开始时，通过发福利留住用户或粉丝。此时，平台管理员提示："有多少我们家的'老'粉丝，买过我们家东西的在屏幕上发送'1'，没买过我们家东西的在屏幕上发送'2'。"

步骤3　确定互动特效方案的具体实施细节。

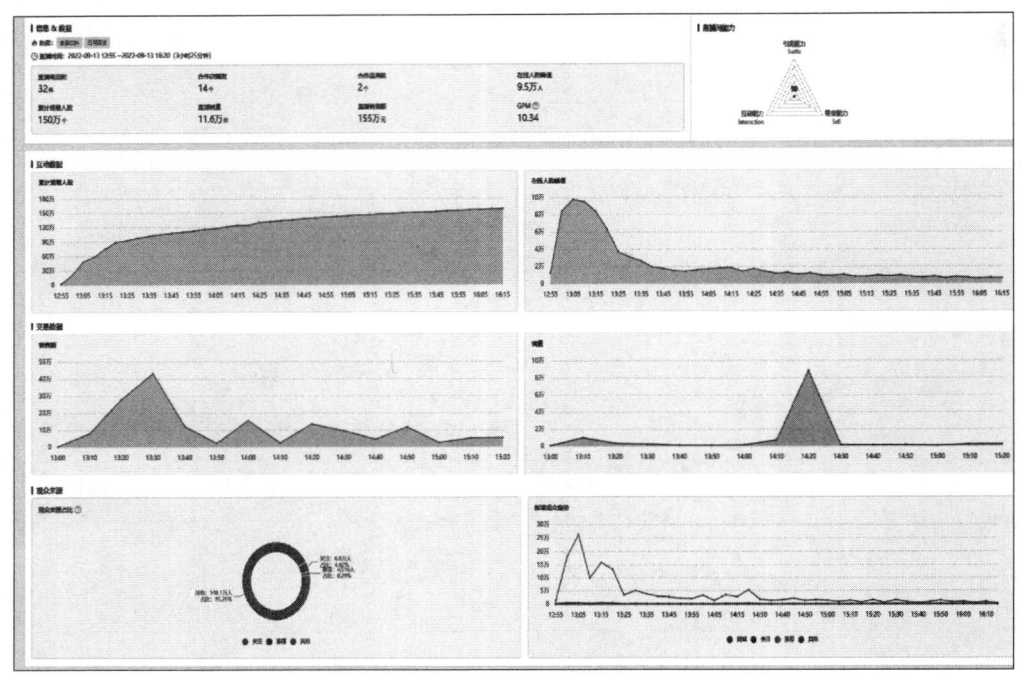

图 8-1　直播互动数据

三、注意事项

在制定互动特效方案过程中，需考虑操作的难度及成本。

学习单元2　动态网络舆论数据监控

1. 动态网络舆论数据监控的应用场景。
2. 动态网络舆论数据监控的方法。

一、动态网络舆论数据监控的应用场景

正确舆论导向的基础是动态网络舆论数据监控。动态网络舆论数据监控是指通过对各类网络数据、信息进行汇集、分类、整合、筛选等技术处理,对网络热点、动态、网民意见等进行实时统计、监控、疏通、引导的过程。其中,动态网络舆论数据监控及预警机制,已成为互联网营销的必备条件。

动态网络舆论数据监控主要可以应用于以下场景。

1. 敏感与负面信息监控

敏感与负面信息监控是动态网络舆论数据监控最基础的且又极其重要的应用场景。敏感与负面信息监控主要遵循以下原则。

（1）全面性

动态网络舆论数据监控的范围越广,遗漏的可能性越低。在实际监控中,动态网络舆论数据监控的范围应包括常规类数据、行业垂直类数据、评论型口碑数据。

（2）及时性

及时性即动态网络舆论数据监控的及时性。越早获知动态网络舆论数据,应对的时间越充足,影响网络舆论发酵、引领网络舆论正确导向的可能性就越高。

（3）服务能力

数据是实施敏感与负面信息监控的基础。网络舆情监控系统无法完全取代人工。人工在数据报送、数据分类、报告撰写、危机应对等方面能够补足网络舆情监控系统的短板。因此,选择网络舆情监控系统的服务供应商时,应考察其是否具有自有服务团队和团队的服务能力,以及在具体领域的实操经验等因素。

2. 品牌与营销传播分析

动态网络舆论数据监控在品牌与营销传播分析中主要有以下应用场景。

（1）线上品牌形象评估

通过监控动态网络舆论数据,基于数据的规律性、方向性的分析,可以对品牌形象传播力、品牌美誉度、网络声誉等多维度进行评估与分析,为维护品牌的网络声誉和认可度，提供真实有效的数据支撑。

（2）产品与服务网络声誉分析

加强对评论型口碑数据的监控及分析，对产品与服务的网络声誉持续跟踪。由售后服务部门快速响应用户的问题及诉求，产品与服务部门根据用户的需求，优化产品与服务，以实现产品与服务网络声誉动态、正向、良性循环。

（3）营销效果专题分析

通过如新品上市、门店开业等专项互联网营销活动，监控动态网络舆论数据，可以实现对营销效果的考核及复盘，进而对整体营销效果进行专题性、专业性的分析。

3. 竞品分析

动态网络舆论数据监控在竞品分析中主要有以下应用场景。

（1）正向对比

针对竞品的品牌宣传及营销信息，进行动态网络舆论数据监控及分析，实时了解竞品的动态，形成竞品宣发专项分析、竞品媒体列表等信息，做到知己知彼。

（2）反向对比

监控竞品的敏感数据，通过梳理典型案例，分析敏感事件的发展脉络和应对措施及公众反馈情况，为未来的动态网络舆论数据监控提供经验。同时，通过对竞品的敏感数据进行问题属性分类、敏感数据站点梳理等操作，可以为提升产品与服务质量、经营媒体关系提供宝贵的经验。

4. 行业信息监控与决策支持

动态网络舆论数据监控在行业信息监控与决策支持中包括以下应用场景。

（1）行业信息监控

动态网络舆论数据监控在行业信息监控方面的应用场景包括定向监控目标行业内主要企业的战略发布、人事变动、营销效果等重要信息，以及通过行业网站或财经类网站获取目标行业综合资讯。

（2）决策支持

动态网络舆论数据监控在决策支持方面的应用场景包括定向监控主管部门与监管部门的政策性、导向性信息等。根据以往监管案例分析，获取监管尺度、监管重点等信息，从而避免在经营过程中产生监管风险。

5. 监控与考核支撑

通过动态网络舆论数据监控可以对互联网营销、媒体关系维护、危机与用户诉求管理等方面的工作成效进行量化考核。

（1）互联网营销

通过动态网络舆论数据监控，可以及时评估产品的新闻发布量、重点媒体占比、标题提及率、潜在触达量、媒体交互率、正面评论率等指标，进而形成正确的互联网营销方向和网络舆论导向。

（2）媒体关系维护

通过动态网络舆论数据监控，可以准确评估产品的媒体影响力、报道偏好性、媒体转载关系等媒体信息，从而有针对性地建立媒体维护清单，与媒体形成良性的互动关系，提高产品的媒体友好度，提升产品的影响力。

通过动态网络舆论数据监控，分析媒体报道频次、报道倾向性等指标，以实现对媒体关系维护的量化考核。

（3）危机与用户诉求管理

通过动态网络舆论数据监控，可以将敏感数据按照区域、类型、时效性等维度交叉分类，确认危机与用户诉求管理的量化考核指标。同时，也可以引入竞品指标进行营销数据的对比分析。

6. 媒体维护清单建立

在互联网时代，自媒体平台崛起，出现大量具有强势话语权和网络号召力的行业自媒体，部分自媒体的影响力不弱于传统媒体，需维护的媒体数量显著增加，给媒体维护带来挑战。自媒体平台的数量增加，使任何信息都可以短时间内在多个自媒体平台发布，使动态网络舆论数据监控更加复杂。自媒体的数量巨大且层出不穷，需科学地判断其影响力，以便集中资源、维护重点媒体。

针对上述挑战，基于动态网络舆论数据监控，建立媒体维护清单，对于促进互联网营销，具有重要作用和现实意义。媒体维护清单建立一般包括以下方面。

（1）对媒体进行多维度的交叉分类

例如，按照财经媒体与行业媒体、自媒体与传统媒体、全国性媒体与区域性媒体等维度，通过人工整理、分类后进行标注，以便为后续工作提供清晰明了的媒体维护清单。

（2）扩大监控的范围

引入同一账号在多个互联网平台的搜索机制，确保目标媒体发布信息的全部互联网平台均被监控。

（3）建立立体的、以数据为导向的媒体评估体系

通过持续监控目标媒体的发文量、转载量、阅读量、评论量、点赞量等指标，评估目标媒体的影响力。

（4）提高监控的频次

高频次监控目标媒体发布信息后的阅读量、点赞量等指标数据，并将其与正常曲线拟合，判断目标媒体是否有违规"刷量"操作，从而剔除虚假影响力媒体。

7. 内部动态舆论数据库建设

通过一定时间的动态网络舆论数据监控，积累较多的数据后，则可以按照业务需求、组织架构、区域分布等维度，搭建数据框架，预设数据标签与字段，为每条数据进行标注。同时，可以利用弹性搜索技术提供多条件搜索，以此构建内部动态网络舆论数据库，更好地服务互联网营销。

二、动态网络舆论数据监控的渠道

1. 新闻资讯类媒体平台

新闻资讯类媒体平台包括以网易网、搜狐网、新浪网和腾讯网为代表的综合性门户类媒体平台；以人民网、凤凰网、央视网和澎湃网为代表的传统媒体平台；以今日头条、一点资讯、UC头条为代表的聚合类媒体平台；以钛媒体、汽车之家为代表的垂直类媒体平台。新闻资讯类媒体平台的特点为用户数量多、活跃度高、影响力强。因此，在动态网络舆论数据监控中应对新闻资讯类媒体平台给予足够的重视。

2. 电商类口碑媒体平台

电商类口碑媒体平台是指以美团、大众点评、小红书等为代表的电商类媒体平台。对于企业及其产品，此类平台是基于影响力和行业类别的消费口碑库，也是用户关注和购买的决策入口。因此，在动态网络舆论数据监控中应对电商类口碑媒体平台加强重视。

3. 短视频类新媒体平台

短视频类新媒体平台是指以抖音、快手等为代表的短视频平台。短视频类新媒体平台的特点为日活用户数量多，以碎片化、生活化、轻松化的内容为主，很容易引发病毒式、现象级传播。因此，在动态网络舆论数据监控中应对短频类新媒体平台引起特别重视。

4. 传统社交媒体平台

传统社交媒体平台的主要代表有微博、微信、博客、论坛等。传统社交媒体平台制造并传播社交生活的热门话题，吸引传统媒体争相跟进，其特点为受众人数较多、自发传播。因此，在动态网络舆论数据监控中需对传统社交媒体平台持续跟进。

三、动态网络舆论数据监控的方法

1. 网络搜索工具监控

网络搜索工具监控是动态网络舆论数据监控的传统方法。使用百度、360、搜狗等网络搜索工具，输入关键词，然后逐一查看搜索结果，整理分析后，形成动态网络舆论数据监控分析报告。

2. 有针对性搜索

有针对性搜索是指在新闻资讯类媒体平台上搜索特定的新闻主题。使用网站、社交网络平台或新闻客户端提供的搜索功能，输入特定的关键词进行搜索，并按时间顺序对搜索结果进行排序，形成有针对性的动态网络舆论数据监控分析报告。

3. 舆情软件监控

舆情软件监控是指利用关键词控制和语义分析等智能技术，将自动信息收集和人工干预相结合，识别和监控动态网络舆论数据的过程。使用舆情软件监控的优势在于可以对产品的敏感数据进行实时监控和及时分析，并自动生成动态网络舆论数据监控分析报告。

学习单元 3　产品实时数据收集

培训重点

1. 产品实时数据的类目。
2. 产品实时数据收集的渠道。

一、产品实时数据概述

1. 实时数据的定义

实时数据是指在某事物发生、发展过程中，同一时间所获取的数据，是用于表示描述客观事物未经加工的原始素材。

2. 实时数据处理

实时数据处理是指利用计算机对事件现场数据在实际发生时进行收集和处理的过程。

3. 实时数据库的作用

在实时数据处理过程中，实时数据库是提供高速数据收集和处理的系统。为了适应不同的集成系统，实时数据库要提供高精度的存储格式。对实数型数据点采用双精度表示，对整数型数据点采用四字节长整型表示，对时间的存储必须表示到毫秒级，对时间戳的存储采用格林尼治时间。

4. 产品实时数据的定义

产品实时数据是指在互联网营销中，同一时间所获取的产品数据。产品实时数据用于表示产品未经加工的原始素材，是在互联网营销中用于分析运营策略的重要依据。

二、产品实时数据的类目

产品实时数据收集主要是获取对销售量和销售额产生影响的不同类目的产品数据，以便调整互联网营销的运营策略、实施相应的营销计划。现阶段，产品实时数据一般包括以下39个类目。

1. 产品好评率

产品好评率是指在互联网营销中，特定时间段内产品获得的好评数在产品总评价数中的占比。

2. 产品差评率

产品差评率是指在互联网营销中，特定时间段内产品获得的差评数在产品总评价数中的占比。

3. 产品点击数

产品点击数是指在互联网营销中，特定时间段内产品在直播、短视频、产品卡中的点击数量。

4. 产品点击率

产品点击率是指在互联网营销中，特定时间段内产品点击数在产品总浏览量中的占比。

5. 产品成交人数

产品成交人数是指在互联网营销中，特定时间段内产品在直播、短视频、产品卡中"去重"后的成交人数（同一用户成交多次，只计算1次）。

6. 产品成交件数

产品成交件数是指在互联网营销中，特定时间段内产品成交的数量。

7. 产品成交客单价

产品成交客单价是指在互联网营销中，每一个用户平均购买产品的金额，产品成交金额与产品成交人数的比值。

8. 产品成交订单数

产品成交订单数是指在互联网营销中，特定时间段内产品成交订单的数量。

9. 产品成交金额

产品成交金额是指在互联网营销中，特定时间段内产品在互联网平台当天支付成功或货到付款确认的订单金额汇总，包含退款金额。

10. 产品有效成交金额

产品有效成交金额是指在互联网营销中，特定时间段内剔除退款金额（退款金额一般统计到有效成交前一日）后的成交金额。

11. 产品成交新客率

产品成交新客率是指在互联网营销中，特定时间段内成交新客数在产品成交人数中的占比。

12. 产品成交新客数

产品成交新客数是指在互联网营销中，特定时间段内首次在目标店铺购买产品的用户数量。

13. 产品成交转化率

产品成交转化率是指在互联网营销中，特定时间段内成交订单数在产品点击数中的占比。

14. 产品点击人数

产品点击人数是指在互联网营销中,特定时间段内产品在直播、短视频、产品卡中"去重"后的点击人数(同一用户点击多个产品,只计算1次)。

15. 产品点击数

产品点击数是指在互联网营销中,特定时间段内产品在直播、短视频、产品卡中的点击数量。

16. 产品点击率

产品点击率是指在互联网营销中,特定时间段内产品点击数在产品总浏览量中的占比。

17. 产品曝光次数

产品曝光次数是指在互联网营销中,特定时间段内产品在直播、短视频、产品卡中曝光的页面浏览量。

18. 产品实际结算金额

产品实际结算金额是指在互联网营销中,统计周期(选择日期为实际结算日期而非成交日期)内产品结算的净收益(不含平台券补贴)。

19. 产品实际佣金支出

产品实际佣金支出是指在互联网营销中,特定时间段内产品实际佣金支出金额。

20. 产品投诉率(滞后)

产品投诉率(滞后)是指在互联网营销中,14天前成交的有效订单中,在14天内被投诉的订单数在14天前成交的有效订单数中的占比。

21. 产品品质退货率(滞后)

产品品质退货率(滞后)是指在互联网营销中,14天前成交的有效订单中,在14天内因品质问题申请发货后退货的订单数在14天前成交的有效订单数中的占比。

22. 产品退款率

产品退款率是指在互联网营销中,统计周期内退款成功的订单数在统计周期内成交的订单数中的占比。

退款包括发货前退款和发货后退款。由于订单的退款成功日期一般晚于成交日期,产品退款率可能出现大于100%的情况。

23. 产品退款订单数

产品退款订单数是指在互联网营销中,发货前和发货后退款成功的订单数量。

24. 产品退款订单数（发货后）

产品退款订单数（发货后）是指在互联网营销中，特定时间段内申请发货后仅退款和退货退款的订单数量（同一订单多次申请退款，只计算最后一次）。

25. 产品退款金额

产品退款金额是指在互联网营销中，发货前和发货后退款成功的金额。仅包含在售后系统中退款成功的订单（含货到付款），不含线下退款（如先行赔付等）。

26. 产品退款件数

产品退款件数是指在互联网营销中，发货前和发货后退款成功的产品数量，选择日期为退款成功日期。

27. 产品退款人数

产品退款人数是指在互联网营销中，发货前和发货后退款成功的人数（同一用户多次退款，只计算1次），选择日期为退款成功日期。

28. 产品曝光成交金额（千次）

产品曝光成交金额（千次）是指在互联网营销中，产品被浏览1000次所产生的成交金额。

29. 产品曝光成交用户转化率（直播）

产品曝光成交用户转化率（直播）是指在互联网营销中，特定时间段内直播产品成交人数在直播产品曝光人数（跨直播间和日期"去重"）中的占比。

30. 产品曝光成交用户转化率（短视频）

产品曝光成交用户转化率（短视频）是指在互联网营销中，短视频产品成交人数在短视频产品曝光人数（跨日期"去重"）中的占比。

31. 产品平均到货时长

产品平均到货时长是指在互联网营销中，特定时间段内订单的签收时间之和/签收订单数。

32. 产品曝光人数（直播）

产品曝光人数（直播）是指在互联网营销中，特定时间段内看到直播中购物车、讲解卡、闪购卡中的产品（"去重"后）的人数。

33. 产品点击人数（直播）

产品点击人数（直播）是指在互联网营销中，特定时间段内点击直播中购物车、讲解卡、闪购卡中的产品（"去重"后）的人数。

34. 产品成交订单数（直播）

产品成交订单数（直播）是指在互联网营销中，特定时间段内直播中成交的订单数量。

35. 产品成交转化率（直播）

产品成交转化率（直播）是指在互联网营销中，特定时间段内直播中成交人数在直播产品点击人数中的占比。

36. 产品曝光人数（短视频）

产品曝光人数（短视频）是指在互联网营销中，特定时间段内看到短视频购物车、搜索购物车中的产品（"去重"后）的人数。

37. 产品点击人数（短视频）

产品点击人数（短视频）是指在互联网营销中，特定时间段内点击短视频购物车、评论购物车、产品卡、搜索购物车中的产品（"去重"后）的人数。

38. 产品成交订单数（短视频）

产品成交订单数（短视频）是指在互联网营销中，特定时间段内通过短视频成交的订单数量。

39. 产品支付转化率（短视频）

产品支付转化率（短视频）是指在互联网营销中，特定时间段内通过短视频成交的人数在短视频中产品的点击人数中的占比。

三、产品实时数据收集的渠道

数据收集是指收集数据信息，并通过处理机制，分析过滤数据和储存数据。通过综合运用数据收集技术、计算机技术、传感器技术和信号处理技术等，建立产品实时数据收集与处理系统。常用的有以下产品实时数据收集的渠道。

1. 在互联网营销中，已出现较多的产品实时数据收集软件，如蝉妈妈、飞瓜数据等。

2. 不同的互联网平台也会结合自身发展，自主设计便于使用的产品实时数据收集系统，如抖音电商罗盘、快手电商直播大屏等。

应结合操作习惯及应用性能，选择和使用产品实时数据收集的渠道。

四、产品实时数据收集的步骤

在互联网营销过程中，收集产品实时数据通常使用产品实时数据收集软件或互联网平台自主设计的产品实时数据收集系统。使用产品实时数据收集软件收集产品实时数据有以下步骤。

1. 注册产品实时数据收集软件的账号，并绑定现有的商家账号或注册新的互联网平台的商家账号。
2. 登录账号，进入产品实时数据收集软件的后台操作中心。
3. 输入需收集产品实时数据的账号信息。
4. 查看产品实时数据的类目。
5. 导出产品实时数据并保存。

技能　收集产品实时数据

一、操作准备
电脑、无线网络或有线网络等。

二、操作步骤
步骤1　注册产品实时数据收集软件（如灰豚数据）的账号，并绑定互联网平台的商家账号。

步骤2　登录账号，进入产品实时数据收集软件的后台操作中心。

步骤3　输入需收集产品实时数据的互联网平台的账号信息。

步骤4　查看产品实时数据的类目。

步骤5　导出产品实时数据并保存，放置于指定文件夹中。

三、注意事项
需分类收集互联网营销产品实时数据，并注意数据的时效性。

职业模块 九
售后与复盘

培训项目 一

售后

学习单元 1　智能交互系统使用

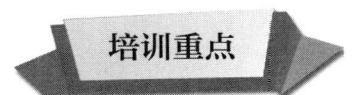

1. 智能交互系统的作用。
2. 智能交互系统使用的方法。

一、智能交互系统概述

1. 智能交互系统的定义

智能交互系统是一种基于语言或文字交互的人机交互系统。智能系统通过与用户或环境进行交互，实现学习与建立模型等操作。智能交互系统包括泛问答系统、任务或目标型对话系统、开放领域闲聊系统等。

（1）泛问答系统

泛问答系统旨在从结构化（如知识库、表格）、非结构化（如文档）数据中寻找精确的信息，回答用户的提问，属于单轮次的对话系统，如自动问答、阅读理解等。

（2）任务或目标型对话系统

任务或目标型对话系统需要通过交互实现特定的任务或目标，如各种智能助理、售后自动回复系统等。

（3）开放领域闲聊系统

开放领域闲聊系统侧重和用户闲聊、情感交流与陪护等，是社交机器人走进千家万户的重要基础和前提。

2. 智能交互系统的作用

（1）沟通快速及时

智能交互系统可以快速回复用户咨询，能够迅速处理用户对产品的问题，提升用户对互联网平台好感度的同时，也让用户得到良好的购物体验。

（2）提高交易成功率

智能交互系统可以自动回复用户咨询产品的具体情况，在用户主动咨询时不需要等待，提高交易成功的概率。

（3）缩短解决问题时间

互联网平台可以根据用户的问题类型，设置自动回复，迅速处理用户的问题，节省时间、提高效率。

二、智能交互系统分类

1. 传统电商平台的智能交互系统

传统电商平台一般会自带智能交互系统。

（1）设置欢迎语。当用户第一次咨询时，回复如"您好亲，欢迎光临本店""小店刚开张，所有商品 5 折出售""请问有什么可以帮助您"等。

（2）设置数字快捷回复键。在智能交互系统中，可以列出店铺常见的问题，并绑定数字，实现快捷回复。用户可以输入问题对应的数字，进行咨询，如"1"对应发货时间、"2"对应快递选择、"3"对应产品质量等。

（3）设置话术快捷回复。在智能交互系统中设置特定的话术，当用户提出某类固定问题时，可以直接使用话术快捷回复。

2. 互联网平台的智能交互系统

（1）机器人知识库

机器人知识库包含推荐问题和自定义问题。推荐问题为互联网平台默认用户咨询的高频问题，商家可以根据实际情况调整回复内容。自定义问题为商家根据实际情况和产品、店铺的特点设置的问题。

（2）人工策略

采用人工策略无须商家手动配置，符合互联网平台规则即可。在智能交互系统中设置拦截词。例如，可以将"投诉""315""消协"等易引起舆情或敏感问题的词语设置为拦截词，当用户问题中包含拦截词时，即可自动转入人工客服。

三、智能交互系统使用

1. **智能交互系统使用的方法**

首先，根据互联网平台规则选择合适的智能交互系统，然后，在设置页面选择自动回复设置，最后，根据账号的风格及产品类型编辑自动回复的内容并保存。

2. **智能交互系统使用的注意事项**

（1）需符合互联网平台规则。例如，在回复中不可以出现其他互联网平台的联系方式、不使用违规词汇等。

（2）使用智能交互系统设置自动回复时，避免回复话术生硬，内容不全面等情况。

（3）避免过度依赖智能交互系统，需要时刻关注智能交互系统是否解决用户的问题，人工客服仍需做好用户咨询服务。

（4）使用智能交互系统时，尽量将回复内容设置得简洁易懂。

四、常用的沟通话术

1. **开场接待沟通话术**

开场接待沟通话术是指用户首次咨询时的沟通话术。

"很高兴为您服务，请问您需要咨询什么问题？"

"您好，非常高兴为您服务，有什么可以为您效劳的呢？"

"在美好的时光，与您相见。欢迎光临××官方旗舰店。"

2. **产品咨询沟通话术**

产品咨询沟通话术是指用户咨询产品时的沟通话术，包括产品质量问题、产品发货问题、产品价格问题、物流问题等。

"您看中的这款宝贝有现货呢，您可以放心拍。"

"亲，是正品，质量都是有保证的，您可以放心拍。"

"拍下的产品48小时内就可以为您安排发货。"

"非常抱歉，我们的定价已经是最低的价格了，没有办法再优惠啦。"

"默认是发××快递，您这边可以收到××快递吗？"

"一般发货以后3天左右可以收到货，您收到后，仔细检查一下，如有任何质量问题，7天内可以无条件退换货，偏远地区可能延迟到货哦。"

3. 关联销售沟通话术

关联销售沟通话术是指用户购买产品后，根据用户购买产品的类型，预测用户可能需要的其他产品，并向用户推荐的沟通话术。

"非常抱歉，这款宝贝已经没有现货了，您可以看一下这款，两款宝贝的质量都非常不错，款式和价格也相差不多。"

"亲，您看中的这款宝贝有现货，现在有满减活动，您可以看一下。"

4. 售后问题沟通话术

售后问题沟通话术是指用户咨询产品售后问题时的沟通话术。

"您的问题我们已经了解了，马上联系人工客服为您处理！"

"关于这件产品有什么可以帮到您的呢？"

5. 结束沟通话术

结束沟通话术是指用户购买产品或咨询结束时的沟通话术。

"非常感谢您的惠顾，我们会在第一时间为您安排发货哦，请您耐心等待收货。如果有任何问题，请您及时联系客服为您处理，祝您购物愉快。"

"如无其他疑问，客服这边关闭会话了，您可以继续在××官方旗舰店逛逛，遇到其他问题也可以随时联系客服。"

6. 离线沟通话术

离线沟通话术是指用户在人工客服休息的时间，咨询问题时的沟通话术。

"亲，客服正在休息哦，暂时无法回复您。客服上班后会主动联系您，谢谢您的理解。"

"亲，时间很晚啦，客服已经休息啦。您有什么问题可以留言哦，我们会在上班后，第一时间联系您哟！"

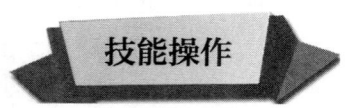
技能操作

技能　使用智能交互系统

一、操作准备

电脑、无线网络或有线网络、常见问题及回复的资料等。

二、操作步骤

步骤1　打开后台管理系统。

使用智能交互系统前，平台管理员应先打开后台管理系统，一般使用电脑操作。

步骤2　确定需使用智能交互系统回复的问题。

（1）平台管理员收集需使用智能交互系统回复的问题。

（2）平台管理员将收集的问题汇总、分类。

（3）平台管理员筛选出现频率最高的问题。

步骤3　输入问题的关键词。

（1）平台管理员按照操作指南，将筛选出的问题输入智能交互系统。

（2）问题过于复杂时，可以尝试输入问题的关键词。

步骤4　针对问题，探讨回复内容。

平台管理员与相关人员探讨回复内容，应简洁、清晰、有趣。

步骤5　确定问题回复内容。

平台管理员根据多方意见，确定最优回复内容。

步骤6　设置回复。

平台管理员在问题回复界面输入回复内容，完成设置。

步骤7　检查问题与回复内容是否对应。

平台管理员根据资料，检查问题与回复内容。

步骤8　完成智能交互系统设置。

平台管理员检查后，保存回复内容，完成智能交互系统设置。

三、注意事项

1. 平台管理员收集问题时，应综合考虑多方意见，不能以个人意见为准。

2. 收集的问题与回复内容要保证准确，不能出现错误。

3. 设置完成后，应进行检查，保证智能交互系统正常使用。

学习单元2 售后工作报告撰写

1. 售后工作报告的主要内容。
2. 售后工作报告撰写的原则。

一、售后工作报告概述

1. 售后工作报告的定义

售后工作报告是指根据工作情况，定期或不定期地向上级汇报本人、本部门完成售后工作的情况、做法、经验及问题的报告。售后工作报告的内容包括近期的售后工作情况和未来一段时间的售后工作部署。

2. 售后工作报告的作用

通过撰写售后工作报告可以总结以往工作的经验教训，提高对售后工作的认识和工作技能。撰写售后工作报告既是培养、提高工作能力的重要途径，也是推动事业不断发展、前进的重要手段。撰写售后工作报告是做好各项营销工作的重要环节。通过售后工作报告可以全面、系统地了解售后工作，正确认识售后工作的优缺点，明确售后工作的方向，从而提高售后工作的效率。

售后工作报告通过对一段时间售后工作的回顾、检查、分析、评估，将零散的、浅显的认识系统化、深刻化，为售后工作奠定基础，明确售后工作的发展方向，确立更合理的目标，提供经验，从而进一步提高售后工作效率。

二、售后工作报告的主要内容

1. 总体情况概述及评价

总体情况概述及评价是售后工作报告不可缺少的内容。此部分内容主要是对售后工作的主客观条件、有利和不利条件，以及工作环境和基础等进行分析，包括售后问题的处理数据、售后服务人员的工作情况、售后工作的用户满意度等内容。

2. 分析成绩和不足

分析成绩和不足是售后工作报告的中心内容。售后工作报告的目的是肯定成绩，查找不足。主要内容包括取得的成绩、取得成绩的方式，存在的不足、产生的原因等。

3. 总结经验教训，提出改进措施

总结经验教训，提出改进措施是售后工作报告的重要内容。对以往的售后工作的经验教训进行分析、研究，并归纳总结以及提出改进措施，可以为后续的售后工作提供有针对性的指导。

4. 总结重点问题及处理方法

总结重点问题及处理方法是售后工作报告的必备内容。此部分内容主要是总结以往售后工作中出现频率较高的问题及处理方法，可以为售后工作提供经验，也可以为产品升级提供专业的意见。

5. 明确工作方向，制订售后工作计划

明确工作方向，制订售后工作计划是对售后工作的展望，是售后工作报告的重点内容。根据发展趋势及自身能力，明确售后工作的发展方向，并制订可执行的工作计划及符合实际的目标。

三、售后工作报告撰写的原则

1. 诚实认真

售后工作报告撰写是对售后工作的总结，是对劳动成果的尊重。在售后工作报告中，反思不足，提高水平。所以，应以诚实认真的态度撰写售后工作报告。

2. 真实清楚

总结售后工作经验，对于直播团队发展及成员个人成长非常重要，售后工作报告中的经验总结是对直播团队发展的贡献，因此，要真实清楚地总结取得成绩的原因，并将真实感悟系统化。售后工作报告撰写要就事论事，也要触类旁通。

3. 思路清晰

售后工作报告撰写要思路清晰。应注意：线索单一，每部分只总结一项内容，不设置多条线索；情节简单，突出主要情节，将复杂情节简单化；过渡自然，前后内容转换要明显，一般应设过渡句；提纲挈领，可以使用主题句作为小标题，起到"首句标其目"的作用，使主题更加鲜明，意图更加明显。

4. 重点突出

总体情况概述及评价对整个售后工作报告起到画龙点睛、提纲挈领的作用。因此，总体情况概述及评价能否概括售后工作报告的核心内容非常关键。撰写总体情况概述及评价时，要突出重点，有点有面。点即重点，应展开讲、深入讲；面即非重点，起辅助性、说明性的作用，可以适当概括。

5. 直面问题

直面售后工作中存在的问题，勇于剖析问题是职业精神的体现。要透彻明晰、实事求是地分析售后工作中存在的问题，要从个人和团队、主观和客观等多角度，分析售后工作问题的原因。树立全局观念、大局意识，以利于售后工作改进。

6. 准确无误

针对售后工作的问题，制定有针对性的改进措施，做到准确、到位、切中要害。明确改进问题的过程，既是深化对问题认识的过程，也是系统思考的过程。制定改进措施前，需与相关人员进行全面的交流、沟通，听取其意见。

7. 细致入微

在售后工作报告中，各种计划安排应细致入微，要考虑计划推进的每个步骤、所需资源、影响因素等细节。

8. 戒骄戒躁

撰写售后工作报告要保持谦虚的态度，立足售后工作本身，对其优缺点进行归纳总结，戒骄戒躁可以收获更多的建议，为做好售后工作提供更多的思路。

四、售后工作报告撰写的注意事项

1. 售后工作报告撰写需数据真实、详细，事实清楚、明了，绝不能弄虚作假。
2. 售后工作报告撰写需条理清晰，内容言之有物且重点突出。
3. 售后工作报告撰写需详略得当、逻辑清晰，结构层次分明，文字简洁有力。

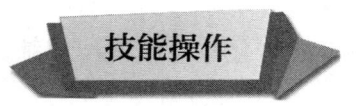
技能操作

技能 撰写售后工作报告

一、操作准备

电脑、无线网络或有线网络、售后工作的过往数据、售后工作的问题总结等相关资料。

二、操作步骤

步骤1 汇总分析售后工作的过往数据。

对售后工作的过往数据进行汇总、分类并分析。

步骤2 总结售后工作的总体情况。

根据分析结果，总结过往售后工作的总体情况。

步骤3 分析售后工作的成绩和不足。

对过往售后工作的成绩和不足进行汇总、分类并分析，内容需真实。

步骤4 总结售后工作的经验教训，并提出改进措施。

根据分析结果，总结售后工作的经验教训，并提出改进措施。

步骤5 总结售后工作的重点问题及处理方法。

平台管理员收集售后工作中出现的所有问题，从中筛选出重点问题。针对重点问题提出处理方法。

步骤6 制订售后工作计划。

平台管理员根据分析结果，明确售后工作的发展方向，并制订售后工作计划。

步骤7 撰写售后工作报告。

平台管理员根据售后工作过往数据的分析结果，撰写售后工作报告。

步骤8 检查售后工作报告。

撰写完成后，需检查售后工作报告的内容，并确保文字正确、语句通顺。

三、注意事项

1. 售后工作报告撰写需保证数据真实。

2. 售后工作报告撰写需全面完整、重点突出。

3. 售后工作报告撰写需逻辑清晰，文字简洁有力。

培训项目二 复盘

培训单元1　数据指标与数据维度制定

1. 数据指标与数据维度概述。
2. 直播数据指标与维度。

一、数据指标与数据维度概述

1. 数据指标

数据指标是指用于衡量事物发展程度的单位或方法。

数据指标需要经过求和、平均等汇总计算的方式得到，需要在一定的前提条件下进行汇总计算，如统计口径与范围。

数据指标可以分为绝对数指标和相对数指标。绝对数指标反映规模大小，相对数指标反映质量好坏。

2. 数据维度

数据维度是指事物或现象的某种特征或属性，如性别、地区、时间等。每个数据维度具备相应的取值范围和数据类型。

基于数据类型标准，数据维度分为定性维度和定量维度。数据类型是字符型

（文本型）数据，为定性维度；数据类型是数值型数据，为定量维度。

二、直播数据指标与数据维度

直播结束后，直播团队进行复盘时，通常需重点关注流量维度、直播维度、电商维度、投放维度。

1. 流量维度

流量维度的核心数据指标为视频引流进入率指标。视频引流进入率是指通过短视频等形式引流的用户比例。计算公式为：

$$视频引流进入率 =（观看人数 \times 视频推荐占比）\div 短视频播放量$$

其中，短视频播放量代表视频引导进入直播的效率。

2. 直播维度

直播维度的核心数据指标为平均停留时长、互动率和粉丝转化率等指标。

（1）平均停留时长

平均停留时长是指用户观看直播的平均时长。计算公式为：

$$平均停留时长 = 用户观看时长 \div 观看人数$$

（2）互动率

互动率是指用户参与特定互动活动的比例。计算公式为：

$$互动率 = [（点赞量 + 评论量 + 转发量）\div 观看人数] \times 100\%$$

（3）粉丝转化率

粉丝转化率是指用户关注直播账号，成为粉丝的比例。计算公式为：

$$粉丝转化率 =（新增关注人数 \div 观看人数）\times 100\%$$

3. 电商维度

电商维度的核心数据指标为购物车点击率、转化率、客单价、销售额、UV价值和净利润等指标。

（1）购物车点击率

购物车点击率是指用户点击购物车产品的比例。计算公式为：

$$购物车点击率 =（点击购物车人数 \div 观看人数）\times 100\%$$

（2）转化率

转化率是指用户购买直播产品人数的比例。计算公式为：

$$转化率 =（成交人数 \div 观看人数）\times 100\%$$

（3）客单价

客单价是指用户人均购买产品的金额，即平均交易金额。计算公式为：

$$客单价 = 成交金额 \div 成交人数（用户人均购买的产品件数）$$

（4）销售额

销售额是指在规定时间内直播销售产品的金额。计算公式为：

$$销售额 = 流量 \times 转化率 \times 客单价$$

（5）UV价值

UV价值是指用户平均购买的产品金额。计算公式为：

$$UV价值 = 全场销售额 \div 观看人数$$

（6）净利润

净利润是指在规定时间内直播销售额去除成本、所得税等费用后的利润金额。计算公式为：

$$净利润 = 在规定时间内直播销售额 - 产品成本 - 退货金额 - 物流成本 - 投放成本 - 税金$$

4. 投放维度

投放维度的核心数据为消耗成本、商品交易总额（GMV）和总投资收益率（ROI）等指标。

（1）消耗成本

消耗成本是指在规定时间内直播投入的金额，如流量、红包、赠品等。

（2）商品交易总额（GMV）

商品交易总额（GMV）的计算公式为：

$$商品交易总额（GMV）= UV \times 订单转化率 \times 客单价$$

（3）总投资收益率（ROI）

总投资收益率（ROI）的计算公式为：

$$总投资收益率（ROI）= GMV \div 消耗成本$$

三、直播基础数据记录

使用直播基础数据记录表的目的是方便直播团队对数据进行全局概览，虽然部分直播基础数据可以从第三方平台调取，但数据较分散且不集中，需要采用表格形式集中记录，从而更好地监控直播基础数据的变化，指导制定直播方案。

技能 制作直播基础数据记录表

一、操作准备

电脑、无线网络或有线网络等。

二、操作步骤

步骤1 确定直播维度、电商维度和投放维度3个数据维度。

步骤2 按照数据维度制定数据指标。

步骤3 根据数据维度和数据指标制作直播基础数据记录表（见表9-1~表9-3）。

表9-1 直播维度基础数据记录表

场次	日期	直播时长	PV	UV	粉丝流量占比	评论人数占比	在线人数峰值	平均在线人数	粉丝人均观看时长	平均停留时长	新增粉丝数	粉丝团人数	粉丝转化率
1													
2													
3													
4													
5													
6													

表9-2 电商维度基础数据记录表

成交人数	销售额	转化率	粉丝下单占比	UV价值	客单价

表9-3 投放维度基础数据记录表

消耗成本	订单数	GMV	流量	停留数量/min	ROI

三、注意事项

1. 直播基础数据记录表应简洁明晰，条理分明。
2. 记录直播基础数据时，应先确定数据格式。

培训单元2 数 据 分 析

1. 数据分析的类型与工具。
2. 直播数据分析的流程与要素。

一、数据分析的定义

数据分析是指利用适当的统计方法分析收集的大量原始数据，从中提取有用的信息，并对数据进行详细研究和概括总结，并形成结论的过程。

二、数据分析的类型

数据分析按统计学规则，一般分为描述性数据分析、探索性数据分析和验证性数据分析等。

1. 描述性数据分析

描述性数据分析是指对调查总体所有变量的有关数据进行统计性描述的分析方法，包括数据频数分析、集中趋势分析、离散程度分析及分布，以及基本统计图形。

2. 探索性数据分析

探索性数据分析是指为了形成值得假设的检验，对数据进行分析的方法，侧重在数据之中发现新的特征，是对传统统计学假设检验手段的补充。

3. 验证性数据分析

验证性数据分析侧重对已有假设的证实或证伪。

直播数据分析需要针对不同的分析目的（如选品、营销策划、售前预测等）及不同的阶段（如直播前、直播中、直播后等），结合数据分析的类型进行分析。

三、数据分析的工具

现阶段，Excel 作为常用的数据分析的工具，可以完成数据分析的所有工作。而商业智能领域的 Cognos Analytics、Style Intelligence、MicroStrategy、Brio Intelligence、Oracle 等数据分析的工具，以及国内的魔镜洞察、FineBI、Yonghong Z-Suite BI 套件等均属于主流的数据分析的工具。

此外，基于互联网平台自主开发的数据分析的工具也广泛应用，如生意参谋、巨量百应、磁力引擎等。

四、数据分析的步骤和方法

1. 数据分析的步骤

数据分析具有广泛的应用范围。典型的数据分析包括以下步骤。

（1）探索性分析

探索性分析是指通过作图、制表、方程拟合、计算特征量等手段，探索数据规律性的方法。

（2）模型选定分析

在探索性分析的基础上，提出一类或几类可能的数据分析模型，进一步分析，从中选定数据分析模型。

（3）推断分析

使用数理统计的方法，对选定的数据分析模型的可靠程度和精确程度做出推断。

2. 数据分析的方法

（1）列表法

列表法是指将实验数据按一定的规律用列表的方式表示，是记录和处理实验数据最常用的方法。表格的设计要求为对应关系清楚、简单明了，有利于发现数据之间的关系。在标题栏中，注明数据名称、符号、数量级和单位，并根据实际需要，列出除原始数据以外的计算和统计栏目。

（2）作图法

作图法可以清晰、醒目地表达数据间的变化关系。在二维坐标图中，方便找出所需的结果性曲线对应的数值，读取没有观测的对应点位的数值，或在一定的条件下从数据曲线的延伸部分读取数据测量范围以外的对应点位的数值。还可以把某些较复杂的函数关系，通过一定的变换，用近似直线的图形表示出来，便于进行数据分析。

五、多维数据分析

1. 多维数据分析的作用

多维数据分析是将数据进行不同属性的比较、细分，使分析结果更加真实地反映客观事实。多维数据分析可以发现单一维度数据分析无法发现的某些问题。

2. 多维数据分析的方式

常见的多维数据分析的方式有数据钻取（上钻和下钻）、数据切片及数据切块、数据旋转等。

（1）数据钻取

数据钻取是指按照某个特定层次结构或条件，将数据细分呈现，让用户关注的数据范围从一个比较大的面，逐步下钻并聚焦到一个小的点上。钻取是改变维度的层次，变换分析的粒度。钻取包括数据上钻和数据下钻。数据上钻是在某一维度上将低层次的细节数据概括到高层次的汇总数据的过程，减少数据分析的维度；数据下钻则相反，是将高层次的汇总数据进行细化，深入分析低层次的细节数据的过程，增加数据分析的维度。

（2）数据切片及数据切块

在多维数据分析中，如果在某一个维度上限定某一数值，则称为对原有数据分析的一个切片。如果对多个维度进行限定，每个维度限定一组取值范围，则称为对原有数据分析的一个切块。

（3）数据旋转

在多维数据分析中，维度都是按某一顺序显示的，如果变换维度的顺序和方向，或交换 2 个维度的位置，则称为数据旋转。

六、直播数据分析的流程

1. 收集、整理并归类直播数据，形成直播基础数据记录表。

2. 在已完成的直播基础数据记录表中记录分类数据，按照设定的原则和规律，填入直播复盘表，进行数据分析，完成基于数据的精准复盘。

七、直播数据分析的要素

1. 直播内容吸引力

直播内容吸引力主要表现为在线人数峰值、平均停留时长、新增粉丝数、粉丝转化率、评论人数、互动率等指标。

直播内容吸引力直接影响直播热度、粉丝量、关注度、直播权重、直播流量配比等，从而最终影响营销效果。影响直播内容吸引力有以下关键因素。

（1）短视频内容与直播内容匹配的精准程度。短视频与直播精准匹配可以有效降低用户流失率。

（2）短视频直播预热的有效性，产品展示场景、卖点、表现突出。

（3）直播场景布置合理，提升视觉效果，进而达到预定的直播效果。

（4）直播销售员临场表现的吸引力、感染力。

（5）直播销售产品组合的创新性或与粉丝的契合性等，从而确保用户的有效停留时长，提高营销效果。

（6）在直播过程中，互动活动设计具有前瞻性，执行完整、到位。

应针对直播数据及存在的问题进行综合分析，直播团队讨论后得出复盘结论。

2. 直播销售效率

直播销售效率（即直播销售力）直接影响营销效果。

直播销售效率主要表现为转化率、订单转化率、客单价、客单件、UV 价值等指标。影响直播销售效率有以下关键因素。

（1）直播内容垂直，可以形成精准的流量，进而达到高转化率。

（2）产品组合销售与营销方案匹配度高，可以有效避免客单价过低的情况。

（3）在直播过程中，直播销售员的场控能力、产品讲解能力与引导成交能力是影响营销效果的直接因素。

（4）在直播过程中，直播场景与产品展示效果，可对转化率、客单价等指标产生一定的影响。

3. 直播流量来源

现阶段，直播流量来源分为免费流量和付费流量。其中，免费流量包括短视频推荐、直播推荐、其他、关注、同城等。通过第三方平台，可以将直播流量来源划分为利于精准分析的详细类别。付费流量包括流量撬动节点、直播承接流量动作、流量投放节奏等二级细类。

4. 短视频内容

短视频内容指标包括播放量、点赞量、评论量、转发量等二级细类等。

5. 产品销售数据

产品销售数据指标包括产品名称、购物车序号、直播浏览量、直播点击量、产品点击率、支付订单数、产品转化率、GMV、UV 价值等二级细类等。

基于数据分析的要素，进行整理、分析，形成结论性、导向性、战略性的直播数据复盘结论。

技能　制作直播复盘表并分析数据

一、操作准备

电脑、无线网络或有线网络等。

二、操作步骤

步骤 1　制作直播复盘表（见表 9–4）。

表 9-4 直播复盘表

×× 直播复盘表

数据概览	账号		直播日期		直播时间	
	观看人数		付款人数		销售额	
					直播时长	
					付款订单数	

直播内容吸引力指标	关联因素	问题记录	复盘结论
直播内容吸引力分析			
在线人数峰值			
平均停留时长			
新增粉丝数			
粉丝转化率			
评论人数			
互动率			

直播销售效率指标	关联因素	问题记录	复盘结论
直播销售效率分析			
转化率			
订单转化率			
客单价			
客单件			
UV价值			

续表

直播流量来源分析				复盘结论
直播流量来源	占比	人数/人	问题记录	
短视频推荐				
直播推荐				
其他				
关注				
同城				
付费流量总数				
Dou+短视频				
Dou+直播				
Feed直播				
直播流量总数				

短视频内容分析					分析与建议
短视频链接	完播率	播放量、点赞量、评论量、转发量/次	总播放量	视频导流人数	视频点击进入率	

续表

短视频内容分析

短视频链接	完播率	播放量、点赞量、评论量、转发量/次	总播放量	视频导流人数	视频点击进入率	分析与建议

产品销售数据分析

产品名称	购物车序号	直播浏览量/次	直播点击量/次	产品点击率	支付订单数/个	产品转化率	GMV/元	UV价值/元

续表

产品销售数据分析							
产品名称	购物车序号	直播浏览量/次	直播点击量/次	产品点击率	支付订单数/个	产品转化率	GMV/元	UV价值/元

产品分析与建议：

综合优化建议（执行任务）：

步骤2　将直播内容吸引力的数据填入直播复盘表，在问题记录栏中进行记录。

步骤3　将直播销售效率的数据填入直播复盘表。从流量精准、直播产品给力、关联销售、直播展示、直播销售员引导力等方面进行分析。

步骤4　将直播流量来源的数据按照免费流量和付费流量填入直播复盘表。针对数据及存在的问题进行综合分析，得出结论及建议。

步骤5　将短视频内容的数据填入直播复盘表。重点关注视频点击进入率，是衡量短视频引流效果的重要指标。如果发现视频点击进入率较高，可以按照该条视频的方向和思路拍摄、制作更多同类型的短视频。如果数据较低，则需要调整改进。

步骤6　将产品销售数据填入直播复盘表。通过数据分析，可以得出营销情况，发现产品的营销潜力，并在直播计划中有针对性地调整产品的讲解频次和讲解时长。

步骤7　分析数据后，将得出的结论记录在直播复盘表中。

三、注意事项

1. 分析不同维度的数据，单独形成复盘结论，整合复盘结论后，形成执行任务清单。
2. 执行任务清单需要明确到具体负责人，确保下一场直播顺利完成。

培训单元3　主数据采集

1. 数据采集的程序。
2. 采集主数据。

一、数据采集的程序

数据采集应遵循科学的程序。数据采集可以理解为计划、执行、检查和行动的有机、顺序且无限循环的过程。在每次数据采集的循环过程中，旧内容会被新内容替代，解决前次循环的问题。每次数据采集都能够促使直播管理水平不断改进、优化、升级，从而满足更高的需求。直播数据采集，按科学的程序，转化为"采集、提交、审核"的循环。

二、主数据采集

主数据是指直播团队各系统之间需要共享的数据，主数据不是直播团队所有的业务数据，只是有必要在各个系统之间共享的数据，如大部分交易数据、账目数据等都不是主数据，而描述直播核心业务的实体数据，如用户、供应商、账户、组织部门、员工、合作伙伴、位置信息等即主数据，应注意区分辨别。

主数据通常需要在直播团队范围内保持一致性、完整性、可控性，为实现目标，需要科学有效地管理主数据。

三、主数据提交

以主数据为核心进行数据采集后，直播团队可以通过预先制定的数据分析流程，制作复盘分析报告，经过自查、自审无误后，提交直播团队负责人。

技能 采集、审核主数据

一、操作准备
电脑、无线网络或有线网络等。

二、操作步骤
步骤1 从直播的基础数据中，采集主数据。
步骤2 对采集的主数据进行分析，并形成复盘分析报告。
步骤3 对复盘分析报告进行自查、自审。
步骤4 复盘分析报告自查、自审完毕后，打印材料提交直播团队负责人。
步骤5 直播团队负责人对复盘分析报告进行审核后，落实执行。

三、注意事项
严格执行各层级复盘分析报告审阅流程，以免在落实执行过程中出现偏差。